JOACHIM DYCK: TICHT-KUNST

ARS POETICA

TEXTE UND BEITRÄGE ZUR DICHTUNGSLEHRE UND DICHTKUNST

Herausgegeben von

AUGUST BUCK, HEINRICH LAUSBERG, WOLFRAM MAUSER

Band 1

JOACHIM DYCK: TICHT-KUNST

VERLAG DR. MAX GEHLEN · BAD HOMBURG VOR DER HÖHE · BERLIN · ZÜRICH

TICHT-KUNST

DEUTSCHE BAROCKPOETIK UND RHETORISCHE TRADITION

von

JOACHIM DYCK

VERLAG DR. MAX GEHLEN · BAD HOMBURG VOR DER HÖHE · BERLIN · ZÜRICH

LIAN GEWIDMET

INHALTSVERZEICHNIS

EINLEITUNG

I.

Die antike Rhetorik hat weit über das Mittelalter hinaus die literarische Theorie und Praxis geprägt. Bis tief in das 18. Jahrhundert hinein bleibt sie eine Bildungsmacht, der die europäische Literatur in Geist und Form nachhaltig verpflichtet ist. Das ist erstaunlich: steht sie doch in dem Ruf, nur ein System von leeren Vorschriften und technischen Kniffen zu vermitteln, das einer gehaltlosen Schönrednerei Vorschub leistet und von der wahren Beschäftigung mit den Dingen ablenkt. Dieser althergebrachte Vorwurf trifft sie vor allem von seiten der Philosophie, die sich als diejenige Wissenschaft geachtet wissen will, die den Menschen zur Erkenntnis der Wahrheit führt und ihm dadurch allein in der rechten Weise nützt. Seit Cicero jedoch, der im Redner das Ideal menschlicher Vollkommenheit sieht und ihn als philosophisch Gebildeten begreift, erhebt die Rhetorik den stolzen Anspruch, selbst Trägerin einer universalen Bildungsidee zu sein. Sie versteht sich als „nutrix omnium artium" und reicht dem humanistisch gebildeten Menschen das Rüstzeug seiner geistigen Existenz. Aus ihr schöpft der gelehrte Künstler, sei er nun Maler, Musiker, Architekt oder auch Dichter, die Anschauung vom Wesen seiner Kunst, sie zieht er zu Rate, wenn er versucht, sein Selbstverständnis zu formulieren, und mit ihrer Hilfe bewältigt er die inhaltlichen und formalen Probleme, die sein Werk von ihm fordert. Auch die deutsche Poetik des 17. Jahrhunderts erschließt sich dem Verständnis und der wissenschaftlichen Beschäftigung nur dann, wenn man sie so versteht, wie sie sich selbst verstanden hat: als eine späte Blüte am weitverzweigten Baum der rhetorischen Theorie.

Die Schriftsteller des 17. Jahrhunderts in Deutschland ziehen sowohl ihr Sachwissen wie auch ihre sprachlich-formale Bildung aus dem überlieferten Kanon der Antike. Sie treten damit humanistisches Erbe an. Betrachtet man jedoch ihr Verständnis der Antike genauer, so fällt auf, daß sie dem geistigen Universum, das sich in den Werken der Autoren spiegelt, nur geringe Aufmerksamkeit widmen. Ihr Verhältnis zur lateinischen Tradition bleibt eigenartig unlebendig und distanziert. Wir bemerken wenig von dem freien und aufgeschlossenen Umgang, den etwa die italienischen Humanisten mit dem antiken Schriftsteller pflegten, der ihnen Freund und Berater war und in dessen Werk sie den Geist einer lebendigen Person spürten[1].

Das mag damit zusammenhängen, daß die Denkformen des 17. Jahrhunderts in Grenzen eingeschlossen wurden, die ihnen die nationale Entwicklung zog. Schon

---

1. vgl. dazu A. Buck, Die „studia humanitatis" und ihre Methode, BHR 21 (1959) 273—290.

der deutsche Humanismus hatte sich aus der Verwurzelung im Boden der mittelalterlich-christlichen Bildung nicht lösen können. Für ihn blieb „das wichtigste Kennzeichen scholastischen Denkens erhalten: die völlige Abhängigkeit von feststehenden Autoritäten"[1]. Die Philosophie war noch immer im System des mittelalterlichen Aristotelismus befangen und sie stand — wie auch alle anderen Wissenschaften — unter der Herrschaft der Theologie, die dem Geistesleben ihren Stempel aufdrückte. Die katholische Lehre hielt seit eh und je an den Autoritäten fest und war Neuerungen abgeneigt. Die Reformation erstarrte seit der 2. Hälfte des 16. Jahrhunderts in einer lähmenden Orthodoxie, die den alten Autoritäten neue hinzugesellte. Gerade die protestantische Theologie hielt die Sprach- und Altertumsstudien fest im Griff, da sie wegen ihres Biblizismus auf die vermittelnde Methode kritischer Textbetrachtung angewiesen war. Sie nahm die Rhetorik in ihren Dienst und übte auf die weltliche Bildung einen entscheidenden Einfluß aus.

In den gleichen Bahnen bewegt sich auch das Denken der deutschen Gelehrten des 17. Jahrhunderts. Sie streben ihren Vorläufern, den Humanisten, zwar eifrig nach, verengen jedoch den Blickwinkel, unter dem ihnen die Antike erscheint: Aus dem Philologen, der sich in forschender Entdeckerfreude um die Herstellung und Kommentierung der alten Texte bemühte, ist der sammelnde Polyhistor geworden, der seine Arbeit auf vorzüglich edierte und bereits kommentierte Ausgaben stützen kann. Seine Erudition steht im Dienst einer anderen Aufgabe: das Wissen der Zeit im enzyklopädischen System zu gliedern und so das Chaos der Welt in eine überschaubare Ordnung zu fassen. Ihm fehlt das lebendige Verhältnis zur Antike, er durchdringt die geistige Welt nicht mehr, die sich seinem Auge darbietet, sondern er verwaltet die Schätze, die ihm die Tradition überliefert hat. Für ihn besteht der Wert der antiken Literatur nurmehr darin, die „eigene Meinung nach dem Exempel eines ansehnlichen Scribenten" (Joh. P. Titz) zu richten und sie durch die Worte eines anerkannten Kronzeugen zu stützen. Er fragt nach der Autorität, nicht nach dem Autor, ihm geht es um das Zitat, weniger um den Kontext. Sein Wissen zeigt er zwar gerne durch reichliches Zitieren vor, doch besagt das über die Kenntnis der Quellen noch wenig: Florilegien und poetische Schatzkammern gehören zu seinem unentbehrlichen Handwerkszeug. Sie versorgen ihn mit passenden Sentenzen, über die er nach Maßgabe ihres exemplarischen Wertes frei verfügt. Dieses besondere Verhältnis zur Tradition mag uns heute unselbständig, wenn nicht gar steril anmuten. Um es jedoch recht würdigen zu können, muß es als integraler Bestandteil eines Bildungssystems begriffen werden, das der Entfaltung individueller Anschauungsweisen nur einen geringen Wert beimaß.

---

1. G. Ritter, Die geschichtliche Bedeutung des deutschen Humanismus, HZ 127 (1923) 393—435. Dort S. 415.

Literarische Bildung zu vermitteln war die Aufgabe der Gymnasien und Universitäten[1]. Ihr Programm entfernte sich vom „gelehrten Unterricht" des Mittelalters nicht wesentlich, denn der deutsche Humanismus hatte die gewünschte Reform des scholastischen Bildungswesens nur wenig vorangetrieben und war über die Forderung, den logischen Apparat zu vereinfachen, kaum hinausgekommen. „Praktisch bedeutete das gewöhnlich den schulmäßigen Gebrauch kurzer Kompendien an Stelle der umständlichen Erörterung wissenschaftlicher Kontroversen: also pädagogische Verbesserung, nicht wissenschaftlichen Fortschritt"[2]. Aber auch die Reformbestrebungen im 17. Jahrhundert, die sich mit den Namen Ratichius und Comenius verbinden, beeinflußten die Unterrichtspraxis nur gering. In der Enge einer Schulstube, die den mittelalterlichen Geist nicht verleugnen konnte, und die von heiterer Urbanität antiker Lebensformen und einer freien Kreatürlichkeit des Menschen weniger zu sprechen wußte als von der Eitelkeit der Welt und dem drückenden Joch der Sündenangst, wurde den Scholaren literarische Bildung durch den klassischen Kanon der „artes liberales", besonders des Triviums (Grammatik, Rhetorik, Dialektik), das auch die Disziplinen „poëtica" und „historia" einbezog, vermittelt. Daneben erwarb sich der Schüler durch tägliche Lektüre eine genaue Kenntnis der Heiligen Schrift: Heidnische Literatur und biblische Offenbarung schlossen einander nicht aus. Beide bildeten die axiomatische Basis, auf die sich das Bildungsziel im 17. Jahrhundert gründete.

Das Unterrichtsverfahren wurde von drei Säulen getragen: praeceptum, exemplum, imitatio. „Auf allen Stufen des Unterrichts gehen diese Dinge nebeneinander her: das *Lehrbuch* enthält die praecepta, die Regeln; auf allen Stufen wird das Lehrbuch der Grammatik gebraucht, auf den oberen kommen dazu Lehrbücher der Poesie, der Rhetorik und der Dialektik. Die *Lektüre der Autoren* bietet exempla, Musterbeispiele jeder Art schriftstellerischer Darstellung; der Unterricht zeigt an ihnen die Bedeutung der Regeln, der grammatisch-stilistischen, wie der poetisch-rhetorischen. Sie dient dem Schüler zugleich, Wörter, Wendungen und Gedanken auszuziehen, die er, um sie zu merken, in seine Adversarienbücher einträgt. Die *imitatio* endlich ist das Ziel des ganzen Unterrichts: der Schüler übt sich, an Hand der Regeln des Lehrbuchs, mit dem Material, das ihm die Lektüre zuführt, ähnliche Kunstwerke der Rede zu komponieren, als die klassischen Autoren sie darbieten. Die Erwerbung der *Sachkenntnisse* geht nebenher; indem man die alten Autoren, die Redner und Philosophen, die Dichter und Historiker liest, gewinnt man aus ihnen zugleich philosophisches, historisches, antiquarisches, geographisches, naturwissenschaftliches Wissen (eruditio). Ein besonderer Unterricht ist hierfür nicht

1. Zur Struktur des Schulwesens im 17. Jahrhundert vgl. Fr. Paulsen, Geschichte des gelehrten Unterrichts auf den deutschen Schulen und Universitäten vom Ausgang des Mittelalters bis zur Gegenwart, Bd. I, Leipzig 1896.
2. Ritter, Die geschichtliche Bedeutung des deutschen Humanismus, S. 117.

erforderlich. Nur etwa die Arithmetik und Geometrie, dann auch die Physik und Kosmologie machen eigenen Unterricht und besondere Lehrbücher notwendig. Und natürlich die Religion"[1]. Mögen auch die humanistischen Tendenzen im 17. Jahrhundert stark theologischen Einflüssen ausgesetzt sein, besonders an den Schulen lutherisch-orthodoxer Prägung — denn schließlich war die Antike ja Verkörperung des Heidentums —: der literarische Unterricht war an antiken Vorbildern orientiert.

Voraussetzung für die Nachahmung der klassischen Vorbilder war die kritische Lektüre. Der Schüler hatte die Texte auf ihre formale Gestaltung zu untersuchen und den rhetorischen Aufbau, die verwendeten Stilmittel und die gedankliche Argumentation eingehend zu analysieren. Anleitung dazu fand er in umfangreichen Kompendien, die schon der Humanismus in reicher Zahl hervorgebracht hatte und deren Produktion im 17. Jahrhundert ins Unübersehbare stieg: in lateinisch geschriebenen Rhetoriken. Es handelt sich dabei um Handbücher, die in ausführlicher und detailfreudiger Weise, oft in Form von Frage und Antwort, die gesamte rhetorische Überlieferung kompilierten und systematisch darboten. Sie hielten sich dabei an die traditionelle Einteilung in inventio (Auffindung des Stoffes und der Argumente), dispositio (Anordnung des Gefundenen), elocutio (Stillehre), memoria (Auswendiglernen), actio (Vortrag) und berücksichtigten die drei Arten der Beredsamkeit: Gerichtsrede (genus iudiciale), Beratungsrede (genus deliberativum), Lob- und Prunkrede (genus demonstrativum)[2]. Der Grundbestand rhetorischen Wissens war den Werken Ciceros entnommen, hinzu kam die Herennius-Rhetorik und die »Institutio oratoria« Quintilians. Auch die Griechen wurden ausgeschrieben, obwohl die Kenntnis des Griechischen nicht immer vorausgesetzt werden darf. Aber ihre Schriften lagen in lateinischen Übersetzungen und Kommentaren vor, und so werden Aphtonius, Aristoteles, Dionysius Halicarnassensis und Hermogenes dem Kanon rhetorischer Vorbilder einverleibt. Außerdem exzerpierte man die einschlägigen Schriften Augustins, Martianus Capellas oder Isidors. Die auf solche Weise mit polyhistorischem Eifer zusammengestellten Lehrsätze wurden mit Beispielen aus klassischen, mittelalterlichen und humanistischen Autoren illustriert, so daß die Kompendien oft neben dem Wissensstoff die gesamte Latinität in ausgewählten Beispielen darboten.

Aber die Rhetorik war nicht allein ein Instrument der Kritik, das die Wertmaßstäbe bestimmte, mit denen ein Sprachkunstwerk auf seine Vollkommenheit geprüft werden konnte. Sondern sie war genausogut ein Lehrbuch für die Anleitung zur selbständigen literarischen Praxis. Denn der Sinn des gelehrten Studiums lag

---

1. PAULSEN, Geschichte des gelehrten Unterrichts, S. 357.
2. Zum rhetorischen System vgl. H. LAUSBERG, Handbuch der literarischen Rhetorik. Eine Grundlegung der Literaturwissenschaft, 2 Bde., München 1960; dazu die Rezensionen von K. DOCKHORN, GGA 214 (1962) 177—196 und W. SCHMID, Archiv 200 (1964) 451—462.

nicht allein in der Erkenntnis formaler und inhaltlicher Prinzipien; man legte vielmehr bedeutendes Gewicht auf die praktische Anwendung der erworbenen Kenntnisse. Noch galt die humanistische Ansicht, daß erst die Imitation der kanonisierten Autoren den krönenden Abschluß der literarischen Bemühungen darstelle. Deswegen waren die Vorfälle des öffentlichen und privaten Lebens, soweit sie sich über das Alltägliche erhoben, willkommene Anlässe, um die erlernten Kunstregeln in den Dienst einer wohlgesetzten Deklamation zu stellen. Akademische Feierlichkeiten, Besuche berühmter Persönlichkeiten, Geburtstage, Hochzeiten und Begräbnisse wollten mit einer Prunkrede bedacht sein[1]. Anleitung und Stoff lieferte die Rhetorik.

Aber auch der Theologe griff zum rhetorischen Handbuch, wenn er die Predigt konzipierte. Den lutherischen Geistlichen galt die Schrift Melanchthons »De officiis concionatoris« (1535), in der er die Predigt nach augustinischem Muster an die Vorschriften der antiken Rhetorik band, als vorbildlich[2]. In seiner Nachfolge entstand eine reiche homiletische Literatur. Der reformierte Theologieprofessor Johann Heinrich Alsted (1588–1638) nimmt in seine Rhetorik ein ausführliches Kapitel über die christliche Predigt auf; er begründet das unter Berufung auf Augustin damit, daß der Prediger mit dem Redner in vielem übereinstimme[3]. In hohem Ansehen bei den Vertretern aller Konfessionen stand das Werk des französischen Jesuiten Nicolaus Caussinus, des Beichtvaters Ludwigs XIII. Er gab im Jahre 1619 seine »Eloquentia sacra et humana« heraus, und schon ihr Titel zeigt, daß es ihm darauf ankommt, geistliche und weltliche Bildung unter dem Dach der Eloquenz zu vereinen. Die geistliche Rhetorik, „oratoria ecclesiastica", „rhetorica sacra" oder „ars concionandi" genannt, unterschied sich von den vorgenannten

1. vgl. dazu die Aufzählung bei Joh. Chr. Männling, Expediter Redner, Frankfurt und Leipzig 1718, S. 10, § 13: „Unter den Reden, so man vornehmlich bey den Deutschen brauchet, finden sich insgemein 1.) fröhliche, 2.) traurige. Die fröhlichen sind theils Hochzeit-Reden. Wo α) Werbungs- β) Verlöbniß- γ) Braut- oder Hochzeit-Sermones vorkommen, und diese sind a) Ausbittung der Braut, vor der Trauung an einigen Orten, b) Ubernehmung der Braut statt des Vaters, c) Reden an das Volck, als eine Invitation, Braut und Bräutigam in die Kirche zu begleiten, und beyden den Seegen erbitten zu helffen, d) Dancksagung nach der Trauung, e) Glückwünschung an die Vertrauten; Oder theils gratulationes zu Ehren-Aemptern, Nahmens-Tagen, hohen Geburthen, Empfahung bey Einziehungen hoher Häupter, Antretung eines neuen Jahres etc. und dann Trauer-Reden oder Parentationes, bey Alten, Jungen, Soldaten, Geistlichen, Bürgern oder Condolirungen und Lamentationes, bey erfolgtem Unglück, Pest, Feuer, Krieg etc. worinn man sein Mitleiden und jenes Beklagen zu erkennen giebt."
2. In dem rhetorischen Handbuch »Elementorum rhetorices libri duo« (1531) führt Melanchthon mit Rücksicht auf die Kirchenpredigt das genus didascalium als vierte Redegattung ein; vgl. dazu P. PETERSEN, Geschichte der Aristotelischen Philosophie im protestantischen Deutschland, Leipzig 1921, S. 63.
3. Alsted, Orator, Herbornae Nass. ³1616, p. 202.

rhetorischen Handbüchern nur durch spezielle Zusätze, die durch die Themenstellung und den besonderen Inhalt einer Predigt gefordert wurden. So geht es in dem Kapitel, das die Inventio behandelt, um das Auffinden passender Bibelstellen; im Kapitel über die Elocutio werden diejenigen Stilmittel diskutiert, die einem Prediger besonders angemessen sind[1]. Auch Fragen der Textexegese, der biblischen Topik und der Konsolation bezog man in die Darstellung ein. Neben den lateinischen Werken, die zu Hunderten für den Unterricht gebraucht wurden — denn geistliche Rhetorik wurde an den Universitäten gelehrt —, gab es Homiletiken in großer Anzahl auch in deutscher Sprache. Ihnen liegen die lateinischen Werke, besonders das von Melanchthon, zugrunde: bedenkenlos wurden die stilistischen Vorschriften auf die Muttersprache übertragen.

Ähnlich liegen die Verhältnisse bei einer anderen Sondergattung rhetorischen Schrifttums: den Epistolographien. Alsted definiert den Briefsteller in richtiger Erkenntnis seiner Abhängigkeit von der Rhetorik als „oratoria specialis". Der Brief gehorcht genau wie die Deklamation oder die Predigt den rhetorischen Gesetzen; denn er will weniger als Übermittler privater Botschaften denn als literarisches Produkt verstanden sein, das den Ruhm des Schreibers in der respublica literaria vergrößert. Da es sich um schriftliche Darstellung handelt — auch viele Reden und Predigten wurden nicht wirklich gehalten, sondern nur schriftlich fixiert und als sprachliches Kunstwerk betrachtet —, fehlen in den Briefstellern die Kapitel über die Memoria und die Actio. Alle übrigen Vorschriften sind den rhetorischen Musterbüchern entnommen. Die rhetorischen Regeln werden ergänzt durch Gruß- und Anredeformeln, die aus den mittelalterlichen „artes dictaminis" stammen und der veränderten gesellschaftlichen Situation im 17. Jahrhundert angepaßt worden sind. Besondere praecepta über den Beginn und den Schluß eines Briefes vervollständigen die Kompendien.

An humanistischen Briefstellern war kein Mangel. Nach den mittelalterlichen „artes dictaminis" hatte Erasmus dieser rhetorischen Untergattung mit seiner Schrift »De conscribendis epistolis« (1522) ein vorbildliches Handbuch geschaffen, und um 1600 stand sie durch Autoren wie Erythraeus, Verepaeus, Lipsius, Junius u. a. in voller Blüte[2]. Das 17. Jahrhundert setzte die lateinische Epistolographie eifrig fort, aber auch der deutsche Briefsteller wurde besonders gegen Ende des

1. vgl. dazu J. Dyck, Ornatus und Decorum im protestantischen Predigtstil des 17. Jahrhunderts, ZfdA 94 (1965) 225—236.
2. V. Erythraeus, De ratione legendi, explicandi et scribendi epistolas, Argent. 1576; S. Verepaeus, De epist. lat. conscribendis, Antw. 1571; J. Lipsius, Epistolica institutio, Lugd. Bat. 1951; M. Junius, Scholae rhetor. de contexendarum epist. ratione, Argent. 1592; zit. nach E. Trunz, Der deutsche Späthumanismus um 1600 als Standeskultur, ZfErz 21 (1931) 17—53; Wiederabdruck in: Deutsche Barockforschung, Dokumentation einer Epoche, hg. R. Alewyn, Köln-Berlin 1965, S. 147—181; dort S. 168; S. 180.

Jahrhunderts zu einem weitverbreiteten Hilfsmittel aus der Feder von Gelehrten, denen die „Wohlredenheit" in deutscher Sprache besonders am Herzen lag. Mustergültig für diese Gattung ist die »Teutsche Sekretariatkunst« von Kaspar Stieler, ein monumentales Werk von etwa 4000 Seiten, das sich sowohl auf Cicero und Quintilian als auch auf Caussinus und Vossius stützt. Stieler bezieht auch die Poetik Harsdörffers, die Grammatik Schottels und die Stilistik Meyfarts als Quellen in seine Darstellung ein. Dadurch gibt er zu erkennen, daß es ihm nicht auf eine säuberliche Trennung der Epistolographie von anderen rhetorischen Untergattungen ankam, sondern daß er bestrebt war, die Fäden rhetorischer Tradition zu einem reichgemusterten Gewebe in deutscher Sprache zu verflechten.

Innerhalb des rhetorischen Unterrichts, der die Komposition einer Rede nach historischem Muster genauso umfaßte wie die Ausarbeitung eines Briefes, hatte auch die Poetik ihren Platz. Als die oberste Stufe jeglicher Eloquenz war die „gebundene Rede" der Prüfstein für das erworbene Wissen. Krönung der literarischen Tätigkeit von Schüler und Lehrer war daher das metrifizierte und gereimte Gedicht, das unter Nachahmung der geheiligten Muster mit größtem Aufwand an Erudition und in mühseliger Arbeit verfertigt wurde. Die Anlässe und damit die Themen waren gegeben: Geburtstage, Hochzeiten, Namenstage, Amtsantritte bedurften des ehrenden Gedichts. Das nötige Rüstzeug entnahm man der Poetik, die neben dem traditionellen Trivium als eigene „ars" betrachtet wurde[1]. Auch für diesen Sektor gelehrter Wortkunst fand der Scholar praktikable Handbücher vor, die von Humanisten geschrieben worden waren: so von Vadianus[2], Scaliger[3] oder Pontanus[4]. Diese Poetiken sind im Grunde auch nichts anderes als „oratoriae speciales", denn sie betrachten das Verfertigen einer metrifizierten und gereimten Dichtung, einer Elegie etwa oder eines Dramas, als einen besonderen Fall der Wohlredenheit. „Wie die Antike und das Mittelalter zieht auch die Renaissance keine scharfe Trennungslinie zwischen Rhetorik und Poetik. Die meisten Theoretiker haben keine Bedenken, die Kategorien der Rhetorik ohne wesentliche Einschränkungen auf die Poetik zu übertragen. Im 15. Jahrhundert dominiert sogar die Rhetorik, da man primär an der Aufstellung einer humanistischen Stillehre interessiert ist, die den Weg zur ‚eloquentia', zur Beherrschung der klassischen Ele-

---

1. vgl. dazu etwa die Enzyklopädie v. J. H. Alsted, die der Poetik ein eigenes Kapitel widmet. An den Universitäten war der Lehrstuhl für Poetik mit dem für Rhetorik oder Geschichte gekoppelt (so lehrte E. Cellius (1546—1606) Rhetorik und Poetik in Tübingen; Wittenberg konnte für die gleichen Fächer mit dem berühmten August Buchner (1591—1661) aufwarten; im Jahre 1700 wird H. D. Meibom Professor für Historie und Poetik in Helmstedt); vgl. außerdem BUCK, Die „studia humanitatis" und ihre Methode, S. 276.
2. De poetica et carminis ratione, Wien 1518.
3. Poetices libri septem, Lyon 1561.
4. Poeticarum institutionum libri tres, Ingolstadt 1594.

ganz des Ausdrucks weist. Aber auch als M. G. Vida im Jahre 1527 die erste selbständige Poetik der Renaissance veröffentlicht, gliedert er sie entsprechend den ‚rhetorices partes' (Quintilian, Inst. or. III 3,1) in ‚inventio', ‚dispositio' und ‚elocutio', die nach ihm in zahlreichen Poetiken des 16. Jahrhunderts wiederbegegnen. Dabei wird der mit der ‚elocutio' überlieferten Lehre von den drei ‚genera dicendi', dem hohen, mittleren und niederen Stil, eine entscheidende Funktion in bezug auf die dichterische Technik eingeräumt. Auch seine hauptsächliche Quelle, die horazische ‚Ars poetica', deutet Vida weitgehend vom Standpunkte der Rhetorik aus"[1]. Vor allem Scaligers Poetik war das Sammelbecken der literarästhetischen Ideen der Renaissance, und die deutschen Barockpoeten betrachteten sie um so lieber als den Grundpfeiler ihrer eigenen Anschauungen, als sie eine Methode vorbildlich praktizierte, die dem Geist der Polyhistoren so angemessen schien: eklektisches Sammeln der vorhandenen Archetypen literarischer Tradition.

So kommt es, daß die Vorschriften für den Inhalt, den Stil und die Argumentation eines Gedichtes aus der Rhetorik stammen. Was die Poetik zu einer Spezialgattung machte, war allein die minutiöse Behandlung von Metrum und Reim, die als Konstituens der Dichtung angesehen wurden. Natürlich behandelt sie eingehend die verschiedenen Dichtungsgattungen und ihre Merkmale. Auch faßt sie in einem Einleitungsteil Gedanken zur Rechtfertigung des Dichters und seiner Kunst zusammen. Aber auch diese Apologetik des Poeten bringt — auch wenn es manchmal anders scheinen mag — keine Gedanken vor, die auf ein grundsätzlich unterschiedliches und wesenhaft neues Verständnis des dichterischen Tuns hinweisen. Im Gegenteil. Die Argumentation stützt sich auf die rhetorischen Exempla, weil sie von der Voraussetzung ausgeht, daß die Dichtung eine Art Redekunst und der Dichter ein besonders wortgewandter und feinsinniger Redner sei.

Die deutschen Poetiken nähren sich aus zwei Quellen: der klassischen Rhetorik und der Humanistenpoetik, die selbst auf rhetorischem Fundament ruht. Sie tragen im Gewande der zum Leben erwachenden deutschen Sprache die traditionellen Lehren vor, die sich auch in jedem lateinisch geschriebenen Handbuch finden. Das neue Gewand aber bringt auch die neue Rolle zum Ausdruck, die sich die deutsche Poetik zumißt: sie will apologetisch verstanden sein. Dem Dichter der Muttersprache soll ein angesehener Platz an der Seite des lateinisch gebildeten Gelehrten gegeben und dem deutschen Idiom im Konzert der Nationalsprachen Gehör verschafft werden. Die Sprache für eine große Aufgabe zu läutern und zu schmeidigen war das erklärte Ziel der deutschen Poetik. Daß sie dabei nicht über ihren eigenen Schatten springen und ihre geistige Herkunft verleugnen konnte, ist nur allzu verständlich. Denn die deutschen Dichter waren allesamt auch lateinisch Gebildete

---

1. A. Buck, Einleitung zum Faksimile-Neudruck von J. C. Scaliger, Poetices libri septem, Lyon 1561, Stuttgart-Bad Cannstatt 1964, S. VII.

und – das darf man nicht vergessen – sie machten keinen Hehl daraus, daß ihnen die Förderung der Muttersprache und der deutschen Dichtung zwar sehr am Herzen lag, die lateinische Sprache als Instrument wissenschaftlicher und gelehrter Darstellung jedoch nicht zu ersetzen war. Mit diesem Vorurteil räumt erst Leibniz auf. So kommt es, daß die deutsche Poetik des 17. Jahrhunderts, mag sie auch in manchen Einzelheiten von der Rhetorik und Poetik in lateinischer Sprache abweichen, ihren Teil dazu beigetragen hat, daß die rhetorische Tradition erst in der Goethezeit einer neuen Kunstauffassung weichen mußte.

So erklärt es sich außerdem, daß der weitaus größte Teil der deutschen Barockdichtung und ihrer Theorie, da er rhetorischen Gesetzen gehorcht, ohne Kenntnis der Quellen nur schwer verstanden werden kann. Ein einziges Beispiel mag vorwegnehmend verdeutlichen, welche Vorsicht bei der Beurteilung von Texten geboten ist, die schon Neues anzukündigen scheinen und die doch noch Fürsprecher des Alten sind. In seiner Poetik, die 1713 unter dem Titel »Academische Neben-Stunden allerhand neuer Gedichte« erschien, behandelt Christian Hunold-Menantes, ein viel gelesener Autor seiner Zeit und Freund von Joh. Seb. Bach, als einer der ersten auch den Roman: Menantes fordert für ein solches „Gedicht" die „genaue beobachtung des Charakters der Personen"[1]. Eine neue Zeit scheint sich anzukündigen, der es bei der Darstellung der Personen auf die Individualität ankommt, die frei von jeder Typisierung den Menschen als unverwechselbar und einmalig auszeichnet. Und doch muß diese Forderung von der Tradition her gelesen werden. „Genaue Beobachtung des Charakters der Personen": das bedeutet gerade, daß der Autor seine Person mit Merkmalen auszustatten hat, die ihr als gesellschaftlicher Figur im Rahmen einer festgelegten Typologie entsprechen. Die Darstellung richtet sich dabei nach dem rhetorischen Decorum, nach der Angemessenheit von Sache und Wort. Eine jede Person hat so zu sprechen und zu handeln, wie es ihrem Stande und Typus gebührt. Das „Gedicht" gehorcht erst dann den Gesetzen der gewünschten Vollkommenheit, wenn sich das Dargestellte auf die Person „wohl schicket". Und der Autor erläutert, um keinen Zweifel an seiner Meinung aufkommen zu lassen: „Auf die Person: wenn es wohlanständig / rühmlich / und in keinem Stücke verkleinerlich"[2]. Menantes ist nicht der Vorläufer einer neuen Kunstauffassung, die sich an Shakespeare orientiert, sondern er ist ein Nachfahre von Ideen, die auf Aristoteles und Cicero zurückgehen.

---

1. Hunold-Menantes, Academische Neben-Stunden allerhand neuer Gedichte, Halle und Leipzig 1713, S. 57.
2. ebd., S. 53. Vgl. dazu Menantes' Tadel derjenigen Dichter, die das Decorum nicht zu wahren wissen: „Es sind einige so niedrig in ihren Nachdencken / daß sie von Tagelöhnern / Dreschern und dergleichen / eine Erfindung auf vornehme Personen nehmen / und die nachtheiligsten oder unflätigsten Gedancken mit untermischen" (ebd., S. 59).

II.

Bei der Bemühung, der deutschen Dichtung Anschluß an die europäische Literatur zu verschaffen, verschmelzen die deutschen Poetiker die verschiedensten Elemente zu einer wenig homogenen Theorie. Auf dem Wege durch das unebene Gelände machte sich daher der Mangel an einschlägigen Vorarbeiten bemerkbar. Für die antike Rhetorik und ihre Wirkungsgeschichte wurden die Darstellungen von ATKINS, BALDWIN, BLASS, BORINSKI, KROLL, NORDEN, WEINBERG u. a. dankbar benutzt[1]. Dem Werke von E. R. CURTIUS[2] verdankt die vorliegende Untersuchung entscheidende Gesichtspunkte. Vieles von dem, was CURTIUS für das Mittelalter aufzeigt, gilt auch für das 17. Jahrhundert, und es wäre eine lohnende Aufgabe zu zeigen, wie sehr die Dichtung und ihre Theorie trotz der Einflüsse des Humanismus dem mittelalterlichen Weltbild verpflichtet ist.

Eine wichtige Ergänzung zu den Arbeiten von CURTIUS bilden die Abhandlungen von KLAUS DOCKHORN[3]. Ihnen kommt das große Verdienst zu, der Forschung neue Anregungen für die Diskussion literarästhetischer Probleme gegeben zu haben. DOCKHORN macht die Einsicht zum Grundansatz ästhetischer Betrachtung, daß die Rhetorik sich primär als eine Kunst der Beeinflussung und Wirkung versteht, der es um das „pragmatische Gewinnenwollen von Menschen durch Menschen" geht. Ethos und Pathos, „conciliare" und „movere" sind die eigentliche Domäne des Redens: „in ihnen konzentriert sich die rednerische Leistung, die also grundsätzlich als eine ausschließlich emotionale in den Vordergrund tritt"[4]. Rückt man das Problem der „persuasio" auf solche Weise in den Mittelpunkt, dann erscheint die als trockener Schematismus verschriene rhetorische Stillehre in einem neuen Licht: sie hat ihre Funktion in der angestrebten Wirkung und darf daher nicht einseitig als Mittel zur gefälligen Ausschmückung von Gedanken begriffen werden. Damit bekommt der sogenannte „Schmuckwille" der Barockpoetik eine gewichtige und historisch angemessene Begründung. DOCKHORN kritisiert mit Recht, daß die geisteswissenschaftliche Forschung ihren Blick zu starr auf das Wahrheits- und Wirklichkeitsproblem heftete und dadurch wesentliche Dispositionsschemata der rhetorischen Tradition nahezu unbeachtet ließ.

---

1. vgl. das Literaturverzeichnis.
2. E. R. CURTIUS, Europäische Literatur und lateinisches Mittelalter, Bern ²1954.
3. K. DOCKHORN, Wordsworth und die rhetorische Tradition in England, Nachr. der Akad. d. Wiss. in Göttingen, phil.-hist. Klasse, Jg. 1944, S. 255–292; ders., Die Rhetorik als Quelle des vorromantischen Irrationalismus in der Literatur- und Geistesgeschichte, Nachr. d. Akad. d. Wiss. in Göttingen, phil.-hist. Klasse, Jg. 1949, Nr. 5, S. 109–150; ders., „Memoria" in der Rhetorik, Archiv für Begriffsgeschichte 9 (1964) 27–35.
4. Die Rhetorik als Quelle usw., S. 115.

Die Anregungen DOCKHORNS sind — soweit ich sehe — nur von BASIL MUNTEANO aufgenommen worden[1]. Er fahndet nach den „principes et structures rhétoriques" in der französischen Literaturtheorie, und auch ihm geht es darum, das rhetorische System von dem Anspruch der Wirkung her zu fassen: „Au centre du système, fonctionne le principe moteur de la persuasion, où je crois qu'il convient de voir l'expression même de l'instinct qui engage l'individu à communiquer avec ses semblables, à leur imposer sa volonté, ses vues, à faire valoir ses intérêts de tous ordres, matériels ou moraux"[2]. Seine Ergebnisse zeigen deutlich, welche Möglichkeiten der Forschung bei richtiger Einschätzung der rhetorischen Konstanten noch offen stehen.

Die vor kurzem in einer neuen Auflage erschienene »Geschichte der deutschen Poetik« von BRUNO MARKWARDT, die in ihrem ersten Band die „Anweisungs- und Lehrpoetik" des 17. Jahrhunderts in Deutschland darstellt[3], scheint eine Studie wie die vorliegende überflüssig zu machen, denn MARKWARDT geht es darum, den Zusammenhang der Poetik im „engen Verbande mit der Metrik und Redekunst" aufzuzeigen und eine Darstellung der Poetik zu geben, die „das Wesen aus den historischen Wuchsformen des Werdens sich gewinnen möchte"[4]. Trotz dieses Programms hat sich die Darstellung als wenig fruchtbar erwiesen. Denn MARKWARDT beurteilt die historische Situation der deutschen Poetik nicht richtig und sieht überall dort Ursprünglichkeit, wo sich die Poetiker auf einem Boden bewegen, der schon lange von anderen bebaut wurde. Außerdem trägt er einen modernen Begriffsapparat an die Poetik heran und verstellt sich damit den Blick für die Anschauungen und Denkweisen, die dem 17. Jahrhundert geläufig waren. Das führt zu Fehlinterpretationen. So wird das traditionelle Argument vom Ingenium, das zu den Voraussetzungen dichterischen Tuns gehört, als „Begabungsbewertung" strapaziert, und Harsdörffer gilt als derjenige, der die „Begabungsabstufung" schon bei Schülern „im kindlichen Entwicklungsstadium" beobachte[5]. Daß der Redner oder Dichter sich nach dem intellektuellen Fassungsvermögen des Hörers oder Lesers zu richten hat, gehört zum rhetorischen Konsens. Auf Grund dieser Forderung bei Harsdörffer

---

1. B. MUNTEANO, L'Abbé Du Bos esthéticien de la persuasion passionnelle, RLC 30 (1956) 318—350; ders., Principes et structures rhétoriques, RLC 31 (1957) 388—420; ders., Humanisme et Rhétorique. La survie littéraire des rhéteurs anciens, RHLF 58 (1958) 145—156; ders., Constantes humaines en littérature. L'éternel débat de la „raison" et du „coeur". In: Stil- und Formprobleme in der Literatur. Vorträge des VII. Kongresses der Internationalen Vereinigung für moderne Sprachen und Literaturen Heidelberg, hg. P. BÖCKMANN, Heidelberg 1959, S. 66—77.
2. Constantes humaines en littérature, in: Stil- und Formprobleme in der Literatur, S. 71.
3. B. MARKWARDT, Geschichte der deutschen Poetik, Bd. I: Barock und Frühaufklärung, Berlin ²1958.
4. ebd., S. 2.
5. ebd., S. 79.

„leichte gefühlsmäßige Einschläge" erkennen zu wollen[1], geht an dem wahren Sachverhalt vorbei. Die Floskel von der „eilfertigen Abfassung" eines Werkes, die ein beliebter Ausdruck der Bescheidenheit ist, darf kaum als „fehlende Muße zur Vertiefung" interpretiert werden[2]. Und wenn Tscherning davon spricht, daß es den Poeten zwar erlaubt sei, neue Wörter zu erfinden, daß sie dabei aber das Maß zu wahren hätten, dann handelt es sich bei dieser Formulierung nicht um einen „Einschlag der kritischen Besinnlichkeit Tschernings"[3], sondern um ein Rezept, das bei Quintilian sehr deutlich formuliert wird, und das in allen Poetiken auftaucht. Da die Poetik sich das rhetorische Grundprinzip der Überzeugung zu eigen gemacht hat und daher darauf besteht, daß das Vorgetragene auch glaubhaft sein müsse, wird das vollkommen Unwahrscheinliche von den Poetikern abgelehnt. Daraus aber den Schluß zu ziehen: „Die Ablehnung des schlechtweg Wunderbaren scheint schon auf die Aufklärung hinzudeuten (Kampf gegen Aberglauben)"[4], ist kaum gerechtfertigt. Das umfangreiche Register zeigt deutlich, daß MARKWARDT zu sehr von dem Bestreben geleitet wurde, in der Barockpoetik schon Ansätze und Elemente kommender Dichtungsauffassungen zu sehen. „Ansätze zur Geschmacksdebatte", „kernhafte Ansätze zu der Frühform des historischen Sinnes", „Ansätze zum Originalitätsbegriff", „Aufsuchen einer Fiktionsdeckschicht", „Lebenskundigkeit und Lebenstüchtigkeit": mit diesen Kategorien mag eine Beurteilung der Dichtungstheorie der Aufklärung gelingen, dem 17. Jahrhundert aber sind sie fremd. Die Weiträumigkeit derartiger Gesichtspunkte erlaubt es natürlich, eine große Menge von Belegmaterial übersichtlich zu gliedern. Es zeigt sich jedoch bei genauerer Interpretation der Zitate innerhalb ihres Kontextes, daß die fortschrittlichen Tendenzen, die sie belegen sollen, im 17. Jahrhundert nicht zum Tragen kommen.

   Die umfassende Darstellung von MARKWARDT wird durch zwei Arbeiten neueren Datums ergänzt. Der Versuch von URSULA STÖTZER, eine Geschichte der deutschen Redekunst im 17. und 18. Jahrhundert zu schreiben, muß als mißglückt gelten[5]. Die Verfasserin hat vor allem die öffentlich gehaltenen Reden im Auge, und sie bezeichnet daher fälschlicherweise die Rhetoriken als „Redelehrbücher, die sich mit der Fertigkeit beschäftigen, in der Öffentlichkeit zu sprechen"[6]. Die sehr richtige Erkenntnis, daß „das kümmerliche Pflänzchen der weltlichen deutschen Redekunst im Schatten der Blüten ausländischer Rhetorik verschwindet"[7], konnte die Verfasserin nicht zu der Einsicht bringen, daß der Ansatzpunkt ihrer Arbeit, die

---

1. MARKWARDT, Geschichte der deutschen Poetik, Bd. I, S. 81.
2. ebd., S. 99.
3. ebd., S. 138.
4. ebd., S. 158.
5. U. STÖTZER, Deutsche Redekunst im 17. und 18. Jahrhundert, Halle (Saale) 1962.
6. ebd., S. 10.
7. ebd., S. 11.

Rhetorik als einen Spiegel der gesellschaftlichen Verhältnisse zu fassen, verfehlt ist. Deswegen preßt sie das Epistelbuch von Johann Rudolf Sattler, die Rhetorik von Johann Matthaeus Meyfart und den »Deutschen Redner« Balthasar Kindermanns in das Prokrustesbett einer gesellschaftspolitischen Interpretation, und die Beobachtung, daß es für die politische Rede im 17. Jahrhundert in Deutschland wenig Platz gab, schlägt sich in der Anklage nieder: „Eine Adelsdiktatur herrschte auch in den kleinen Städten. Hier maßte sich der feudale Stadtherr immer mehr an, die Amtsinhaber ohne jede Mitwirkung des amtierenden Ratskollegiums oder gar der Bürgerschaft von sich aus zu ernennen. Jeder berücksichtigte seine eigenen Vorteile. Kleinliche Interessen in despotischen Formen brachten keine Redekunst hervor"[1]. Wenn STÖTZER die Meyfartsche Rhetorik so definiert: „Nach antikem Vorbild wollte Meyfart ein deutsches Redelehrbuch schaffen"[2], dann geht sie damit an der wahren Intention des Autors vorbei, der sich zur Aufgabe gesetzt hatte, der deutschen Sprache eine Stillehre, keineswegs aber eine Darstellung des gesamten rhetorischen Lehrgebäudes, zu geben. An einem kurzen Beispiel sei gezeigt, auf welche Abwege eine Interpretation gelangen kann, die dem Text nicht vorurteilsfrei genug gegenübersteht. Zum Lobe der Rhetorik gehört das traditionelle Argument, daß sie eine Kunst sei, den Menschen zu beherrschen. In dem einleitenden zweiten Kapitel gibt Meyfart dafür einige Beispiele. Er erinnert diejenigen, die an der Kraft der Rede zu zweifeln wagen, an das rühmliche Vorbild der Kriegshelden, die „mit ihren gelehrten Lippen mehr als mit den scharffen Wehren verrichtet"[3]. Diese Behauptung hindert ihn aber nicht, eine Anfeuerungsrede des Prinzen Moritz an seine Soldaten, „sie solten nun hin eylen / und den unschuldigen Mord ihrer Kriegsgenossen mit Ritterlichen Waffen rechen"[4], abzudrucken und als größere Beispiele tapferer Kriegestaten Alexander und Cäsar anzuführen, die mit gewaltigen Reden eine Meuterei eindämmten. Wenn STÖTZER daher Meyfart als anti-feudalistischen Friedensapostel hinstellt, der sich bemühte, „die Herrscher durch Pflege der Redekunst zu überzeugen, wieviel besser sie ihrem Vaterland mit dem gesprochenen Wort dienen könnten als mit dem Erheben der Waffen"[5], dann mag sie damit Recht haben. Der Text, den sie befragt, gibt darüber jedoch keine Auskunft. „Mit der Macht der Rede dem Frieden zu dienen, das ist der Sinn dieses Kapitels": eine solche zusammenfassende Definition überschreitet die Grenzen erlaubter Einseitigkeit. Sie müßte richtig lauten: Mit ausgewählten Exempeln die Macht der Rhetorik zu demonstrieren und dadurch zu ihrem Lobe beizutragen, das ist der Sinn dieses Kapitels.

---

1. STÖTZER, Deutsche Redekunst, S. 71.
2. ebd., S. 67.
3. Meyfart, Teutsche Rhetorica, S. 11.
4. ebd., S. 12.
5. STÖTZER, Deutsche Redekunst, S. 68.

Die Arbeit von RENATE HILDEBRANDT-GÜNTHER über das Verhältnis von antiker Rhetorik und deutscher Literaturtheorie im 17. Jahrhundert[1] erfüllt den im Titel gesetzten Anspruch nicht. Einer Einführung, die als „knapper Überblick über das Miteinander bzw. Ineinander von Rhetorikanweisung und Literaturtheorie, wie es die geschichtliche Entwicklung aufweist"[2], verstanden werden soll, folgen zwei methodisch getrennte Hauptteile.

Der erste Teil setzt sich zum Ziel, die Äußerungen „über das Verhältnis von dichterischer Weltdarstellung und Wirklichkeit, die eigenständig neben den überwiegend traditionellen Formeln von der Dichtung als Mimesis stehen"[3], zu sammeln. Daher werden in chronologischer Folge die Inhalte der Werke von Opitz, Buchner, Titz, Meyfart, Schottel, Harsdörffer, Kindermann, Birken, Morhof und Weise kurz referiert, wobei die Belege mit allgemeinen Bemerkungen verbunden werden. Der zweite Teil soll zwar „Gleichbleibendes und Neues dieser Regeln und Anweisungen in einem systematischen Überblick" festhalten[4], jedoch bleibt es bei einer Summierung der schon im ersten Teil verwendeten Zitate unter einzelne Paragraphen.

Die Arbeit ist eine Materialsammlung aus den Poetiken des 17. Jahrhunderts. Das wäre noch nicht schlimm, wenn der Leser nicht durch den Titel des Buches irregeführt würde. Denn an keiner Stelle wird eine historische Perspektive aufgerissen, trotz der Beteuerung: „Die vorliegende Arbeit will untersuchen, wie stark noch die *deutsche* literarische Theorie des 17. Jahrhunderts der antiken Rhetorik in Regel und Wertung verpflichtet ist"[5]. Die antike Rhetorik findet im Einführungsteil eine Würdigung von der Länge einer halben Druckseite, die Namen Aristoteles, Cicero oder Quintilian kommen nur gelegentlich vor. Sie fehlen in den Anmerkungen und auch im Literaturverzeichnis, das besonders deutlich werden läßt, warum die Verfasserin so weit hinter bereits vorliegenden Forschungsergebnissen zurückbleibt: Weder die Darstellungen von ATKINS, BALDWIN, BUCK, CONRADY oder WEINBERG wurden berücksichtigt, noch die Aufsätze von DOCKHORN oder MUNTEANO. Für das Imitatio-Problem, das des öfteren erwähnt wird, sind der Verfasserin die Aufsätze von H. GMELIN und J. v. STACKELBERG entgangen[6].

---

1. R. HILDEBRANDT-GÜNTHER, Antike Rhetorik und deutsche literarische Theorie im 17. Jahrhundert, Marburg 1966 (= Marburger Beiträge zur Germanistik, Bd. 13).
2. ebd., S. 12.
3. ebd., S. 12 f.
4. ebd., S. 13.
5. ebd., S. 11.
6. H. GMELIN, Das Prinzip der Imitatio in den romanischen Literaturen der Renaissance, RF 46 (1932) 83—360. J. v. STACKELBERG, Das Bienengleichnis. Ein Beitrag zur Geschichte der literarischen Imitatio, RF 68 (1956) 271—293.

III.

Um anzudeuten, welches Ziel diese Arbeit anstrebt, sei zuvor gesagt, was sie nicht leistet. Sie gibt weder eine Geschichte der deutschen Poetik, noch untersucht sie systematisch die Quellen der einzelnen theoretischen Werke. Das ist bei dem heutigen Stand der Forschung schon allein aus Mangel an kommentierten Ausgaben unmöglich. Vielmehr wurde versucht, die „Dichtkunst" des 17. Jahrhunderts auf ihre Abhängigkeit von der Rhetorik zu befragen und ihr damit einen historisch relevanten Maßstab anzulegen. Die deutschsprachige Poetik stand dabei im Mittelpunkt. Doch schloß sich eine Beschränkung auf sie allein aus, da die Theoretiker auch die zeitgenössischen lateinischen Schulrhetoriken eifrig konsultierten. Diese Literatur, die für die Theorie eine so entscheidende Rolle spielte, ruht noch unerforscht im Dunkel der Bibliotheken, und auch in dieser Arbeit konnte nur ein geringer Teil berücksichtigt werden. Sie ist jedoch für die Interdependenz von Poetik und Rhetorik von entscheidender Bedeutung. Künftige Arbeiten zur Literarästhetik des 17. und 18. Jahrhunderts werden nicht achtlos an ihr vorbeigehen können. Als Aufgabe stellte sich daher, die Poetiken auf ihre der Rhetorik entnommenen Begriffe abzuhorchen und der allgemeinen Behauptung, die Rhetorik habe die Poetik des 17. Jahrhunderts entscheidend beeinflußt, eine empirische Basis zu geben. Dabei galt es, über Grundbegriffe Auskunft zu geben und durch Vergleich mit den Quellen die Bedeutung und den Gehalt der theoretischen Aussagen in deutscher Sprache zu erklären. Besondere Schwierigkeiten machte die uneinheitliche Begriffssprache der deutschen Poetiken. Der Sinn einer Textstelle wurde mitunter erst klar, wenn man ihre lateinische Vorlage, soweit sie auszumachen war, zu Rate zog.

Die Fragestellung der Arbeit zwang dazu, das Gewicht bei der Darstellung auf die „klassische" Linie zu legen und die den Theoretikern bis um 1680 gemeinsamen Anschauungen zu erfassen. Daß die antiklassische Tendenz der Rhetorik, nämlich die Förderung manieristischer Ausdrucksweisen, nur gelegentlich und ganz am Rande zur Sprache kommt, liegt in der Sache selbst begründet. Einmal halten sich die Theoretiker an die Forderung der Rhetorik, daß die Sprache dem Gegenstande, von dem die Rede ist, angemessen sein muß. In allen Poetiken des behandelten Zeitraums wird daher durchgängig betont, daß der Dichter in der Wahl des rhetorischen Schmuckes das Maß wahren und sich vor Übertreibungen hüten solle. Diese Forderung ist ernst gemeint, und sie findet auch in der Praxis Beachtung: Die Dichter des 17. Jahrhunderts in Deutschland sind klassizistischer, als man gemeinhin zugeben will.

Zum anderen ist im Rahmen der klassizistischen Rhetorik manches erlaubt, was dem heutigen Formgefühl als Pomp und Schwulst erscheinen muß. Wenn die Barockpoeten die deutsche Sprache bis an die Grenzen ihrer Möglichkeiten ausloten, dann hat das natürlich seinen Grund in der Entdeckerfreude, mit der sie das neue Instrument experimentell versuchen. Ihnen deswegen aber als „Manieristen" den Vorwurf der Zuchtlosigkeit und der ungebändigten Übersteigerung zu machen, scheint solange unbegründet, bis dieses pauschale Urteil durch eine genaue Analyse des Verhältnisses von Sache, Wort und beabsichtigter Wirkung erhärtet ist. Denn die rhetorische Stillehre, die außer der Theorie der drei Stilarten vor allem die Redefiguren behandelt, ist kein leerer Formalismus, der allein dekorativem Geschwätz dient: Stil muß im 17. Jahrhundert immer auch als Mittel der psychologischen Wirkung gesehen werden. Zur Stillehre gehört auch die Lehre von der Wirkung des Stils, und eine bloße statistische Aufzählung rhetorischer Figuren hat für die Forschung nur einen minimalen Erkenntniswert. Als Instrument zur Erkenntnis von Manierismen ist sie sinnlos, wenn nicht gleichzeitig die Funktion des stilistischen Apparates berücksichtigt wird. Die Theorie beachtet das Verhältnis von res und verba im Zusammenhang mit der pragmatischen Wirkungsabsicht streng, und sie schränkt drohende Wucherungen mit einem Höchstmaß an warnenden Vorschriften ein. Niemand folgt heute noch ernsthaft dem rigorosen Verdammungsurteil, das die Aufklärung auf Grund von Vorurteilen und mangelnder historischer Einsicht über die Barockdichtung pauschal fällte. „Schwülstige Ausgeburt der Unnatur erschien nun die Barockdichtung schlechthin, wenngleich die Aufklärer selbst damit doch vor allem Lohenstein und Hofmannswaldau, die spätbarocken Schüler Marinos, bedacht hatten. Aber auch Dichtungen von äußerster Strenge und edelster Kargheit hat das 17. Jahrhundert hervorgebracht, und von Schwulst zu reden, sollte man besser so lange vermeiden, bis man imstande ist, dies Urteil auf die wirklichen Verirrungen des Stils und Entgleisungen des Geschmacks zu beschränken, bis man entdeckt hat, wieviel es als bloßes Vorurteil dem Blick verdeckt an Wortgewalt und Bilderglut, an festlicher Pracht und leidenschaftlichem Pathos der Sprache"[1]. Eine Untersuchung über manieristische Formen in der deutschen Dichtung des 17. Jahrhunderts ist noch immer ein Desiderat. G. R. Hocke[2] hat das Verdienst, das Problem erneut in den Blick gerückt zu haben. Aber er streift die deutsche Dichtung nur kurz, berücksichtigt bei der Interpretation den Kontext zu wenig und verdeckt den wahren Sachverhalt so sehr, daß sein Buch mehr als fruchtbare Anregung denn als wissenschaftlicher Beitrag gelten kann.

Um das Zusammenspiel von rhetorischer Tradition und literarischer Theorie in der für das 17. Jahrhundert charakteristischen Form zu fassen, durfte sich die Arbeit nicht nur auf die antiken Quellen und ihre zeitgenössische Rezeption beschränken. Denn das 17. Jahrhundert amalgamiert nicht allein die Lehren Ciceros oder Quintilians. Es hat auch das Erbe des Mittelalters angetreten und klassische Bildung in christlichem Gewande übernommen. Die Vermittlerrolle spielen vor

---

1. A. Schöne, Das Zeitalter des Barock. Texte und Zeugnisse, München 1963, S. VI.
2. G. R. Hocke, Manierismus in der Literatur. Sprach-Alchimie und Esoterische Kombinationskunst, Hamburg 1959 (rde 82/83).

allem die Kirchenväter. Ihre Bedeutung für die Bildungsgeschichte des Barock kann nicht hoch genug bewertet werden, obwohl die Forschung bis heute davon noch keine Notiz genommen hat. In den Schriften der Kirchenväter finden die Literaten christliche Unterweisung in rhetorisch-kunstvollem Stil. Das macht sie zu Autoritäten vornehmsten Ranges — auch für die Dichter. Die patres stellen die Rhetorik in den Dienst der Bibelexegese, lehren die Entsprechung profaner und biblischer Literaturformen und fordern weltliche Bildung als Grundlage sinnvollen Bibelstudiums. Die orthodoxe Theologie wird ihnen darin folgen. Die theologischen Anschauungen aber haben wiederum auf die Literaturtheorie bedeutenden Einfluß gehabt.

Auf die Väter aber geht auch der Versuch zurück, die Bibel als Sprachkunstwerk auszuweisen, um den Angriffen des gelehrten Heidentums auf die einfache, unkünstlerische Sprache der Heiligen Schrift den Boden zu entziehen. Aus der Not machten sie eine Tugend: sie belegten rhetorische Stilvorschriften mit Bibelzitaten und wiesen das klassische Bildungsgut in der Bibel nach. Dieses apologetische Problem ist für die nobilitas literaria des 17. Jahrhunderts nichtig geworden. Die Sache selbst aber mündet in den Bildungsstrom ein und kann einer einseitigen und „unchristlichen" Berufung auf heidnische Autoren entgegengestellt werden.

Das Schwergewicht der Arbeit lag, durch die Themenstellung bedingt, auf den Traditionssträngen. Wenn es daher so scheint, daß die Poetik des 17. Jahrhunderts nichts anderes war als ein zweiter Aufguß antiker und humanistischer Literaturtheorie, daß sie außerdem dem persönlichen Ausdruck und der eigenen Leistung des Dichters keinen Raum ließ, dann trügt dieser Eindruck, wenn er auch durch die Einförmigkeit der Inhalte und Formen nahegelegt werden mag. Die vorliegende Arbeit möchte dazu beitragen, die traditionellen Teile in dem großen Gebäude der sprachkünstlerischen Bemühungen zu erkennen, damit der originären Leistung eine angemessene Würdigung in Form der Werkinterpretation zuteil werden kann. Andererseits kann erst die Kenntnis der überkommenen Elemente den Interpreten davor bewahren, den Dichtern voreilig dort eigene Leistungen zuzusprechen, wo sie sich auf dem sicheren Boden der Tradition bewegen. Das angestrebte Ziel, die beschriebenen Phänomene aus ihren Voraussetzungen zu begreifen, ohne der Versuchung zu erliegen, schematisch zu vereinfachen, ist sicher nicht immer erreicht worden. Grundsätzlich wurde jedoch der Ratschlag Hugo Friedrichs beachtet: „Im übrigen stimmt es immer bedenklich, wenn die Erkenntnis von Kontinuitäten mit dem Preis bezahlt wird, daß die geschichtliche Bewegtheit und die Impulse der Autoren erlöschen unter dem farblosen nil novi sub sole. Die Weisheit liegt in der Verknüpfung der Kontinuitätserkenntnis mit der Achtung vor der Individualität der Epochen und Autoren"[1].

---

1. RF 65 (1953), S. 175.

Zum Schluß sei eine technische Anmerkung gestattet. Trotz der einschlägigen Bibliographien des 17. Jahrhunderts war es oft nicht einfach, die Literatur aufzufinden, auf die sich die folgende Darstellung gründet. Selbst Werke, die zu ihrer Zeit hohes Ansehen genossen und in vielen Auflagen erschienen, sind heute nur noch in vereinzelten Exemplaren greifbar. Um daher das Nachprüfen der Belege zu erleichtern und künftigen Forschungen die langwierige Suche zu ersparen, wurde im Literaturverzeichnis der Standort der benutzten Ausgabe mitgeteilt. Es schiene sinnvoll, wenn sich dieses Verfahren in allen Arbeiten zur Literatur des 17. Jahrhunderts durchsetzen würde.

I. DIE RHETORIK IM DIENST DER POETIK

Voller Entrüstung äußert sich der Florentiner Humanist Poggio Bracciolini in einem Brief vom 15. Dezember 1416 über die unwürdige Behandlung von Gefangenen im Kloster St. Gallen. Er schildert, wie sie in einem düsteren Verlies, von aller Welt vergessen, ohne Fürsprecher im Elend verkommen, obwohl sie dieses erbarmenswerte Los zu Unrecht getroffen hat. Es sei ihm jedoch gelungen, so schreibt er stolz, einen von ihnen vor dem sicheren Tode zu bewahren, ihn aus der Haft zu befreien und wohlerhalten der Menschheit zurückzugeben.

Poggio spricht von Büchern. Er meint mit den Eingekerkerten die antiken Autoren, und er bedient sich des anschaulichen Vergleichs, um seinem Freund Guarini von Verona ein großartiges Erlebnis zu beschreiben: die Entdeckung eines vollständigen Exemplars der »Institutio oratoria« Quintilians, die bis dahin nur bruchstückhaft bekannt war. In feierlichen Worten preist er Quintilian als einen Autor, dem die Menschen den größten Dank schuldig seien: habe er sie doch, zusammen mit Cicero, im richtigen Gebrauch ihrer Sprache unterrichtet und sie die Kunst der Rede gelehrt, ohne die Geist und Verstand wertlos seien. Denn „einzig die Sprache gibt uns die Möglichkeit, die Fähigkeiten unseres Geistes auszudrücken und uns so von der Tierwelt zu unterscheiden. Größten Dank schulden wir daher nächst den Urhebern aller übrigen freien Künste vor allen doch jenen, die mit Fleiß und Sorgfalt sich um die Kunst der vollkommenen Rede und um ihre Regeln bemüht und die uns dieselben vermittelt haben; ihnen verdanken wir es, wenn wir uns auf diesem Gebiet vor den andern Menschen hervortun, auf dem der Mensch sich von den Tieren unterscheidet"[1].

Für den begeisterten Lobpreis der Rede, die den Menschen erst zum Menschen erhebt und die ihn vor allen anderen Lebewesen auszeichnet, bedient sich Poggio als echter Humanist ciceronianischer Wendungen. Er greift auf eine berühmte Passage aus der Schrift »De oratore« zurück[2]. Cicero schildert dort die Macht der Rede, der es gelingt, die Aufmerksamkeit der Menschen in den Versammlungen zu fesseln, ihre Gemüter zu gewinnen, die Bewegungen des Volkes, die Bedenklichkeiten der Richter, die Würde des Senates zu lenken, der allein es gegeben ist, den Flehenden Hilfe zu leisten, die Niedergeschlagenen aufzurichten und die Menschen im Staat zurückzuhalten. Die Rede als die Grundlage der geistigen, sozialen und sittlichen Gemeinschaft der Menschen: diese Gedanken hat auch das 17. Jahrhundert im Schatz humanistischer Kenntnisse mitgeführt und für die eigene Denkhaltung als charakteristisch empfunden. So ist es nur eine Paraphrase ciceronianischen Lehrgutes, wenn Harsdörffer schreibt:

1. Poggio Bracciolini, Epistolae ed. Tonelli, 3 Bde., Firence 1832—61, ep. I, 5; zit. nach J. v. STACKELBERG (Hg.), Humanistische Geisteswelt, Baden-Baden 1956, S. 189 f.
2. Cicero, de or. 1, 8, 30 ff.; vgl. auch de or. 2, 9, 35 ff.; de off. 1, 50.

Die Rede ist der Dolmetscher der Gedanken / der Spiegel deß Hertzens / die Abbildung menschlichen Sinnes / der Herold deß Willens / das Band der Freundschafft / die Erklärerin deß Gemütes / der Schlüssel der Gedächtniß / das Pfand menschlicher Gemeinschafft / die Trösterin der Betrübten / die Bottschafterin deß Leides und der Freuden / die Regiererin der Völker / die Rahtgeberin bey den bedrängten / die Gnade über alle Gnade / welche Gott dem Menschen verliehen hat[1].

Aber nicht die gemeine Rede, die allein dem Bedürfnis der Verständigung dient, sondern nur die nach Maßgabe der Kunstvorschriften mustergültig überarbeitete Rede hat die ihr zugeschriebene Kraft, „sintemal weit ein anders ist: Wolreden / als Reden / sagen / sprechen / melden / erzehlen / unterreden / wiederreden / schwatzen / bereden etc"[2]. Die Sprache wird unter das Gesetz der Eloquenz, der „Wolredenheit" gestellt, die die erhabene menschliche Fähigkeit, vernünftig zu denken, in reiner Form widerspiegelt: „Die Vernunft erkennet man durch das Reden", sagt der Pädagoge Johann Joachim Becher[3], und er weiß sich in dieser Auffassung mit seinen Zeitgenossen verbunden, für die der höchste Ausdruck menschlicher Selbstdarstellung in der ciceronianischen Formel „ratio et oratio" beschlossen lag[4]. Die Wohlredenheit ist daher streng zu trennen von einfacher „Beredsamkeit", denn diese besteht nur in der natürlichen Fähigkeit zu sprechen, jene aber ist ein Werk der Kunst[5]. Erst die Wohlredenheit erteilt dem Menschen das Vermögen, „in allen Fällen / von allen anständigen Sachen vernünftig / geschickt und wohlanständig zu reden und zuschreiben / damit dardurch unser Umgang gefällig / des gemeinen Wesens Glückseligkeit und unser eigenes Wohlseyn befördert werde"[6]. In Verbindung mit einem vernunftgemäßen Leben führt sie den Menschen zur Weisheit[7].

Dieser Hochschätzung der menschlichen Rede und ihrer Kunst entspricht die Menge der rhetorischen Schriften — Harsdörffer spricht von Wagenladungen —, die seit der italienischen Renaissance in Umlauf waren und deren Zahl sich im 17. Jahrhundert beträchtlich vergrößerte. Denn die Rhetorik beschränkte sich keineswegs, wie oft angenommen wird, auf den engen Raum der Gerichts-, Beratungs- oder Lobrede. Ihre Macht zeigte sich überall da, wo es um sprachkünstlerische Darstellung ging. Sie nahm daher auch die Poetik unter ihre Schirmherrschaft,

---

1. Harsdörffer, Poet. Trichter III, 2. Teil, Nr. 368, S. 387 f.
2. Kindermann-Stieler, Teutscher Wolredner, S. 10.
3. Joh. J. Becher, Methodus Didactica, S. 3.
4. Cicero, de or. 3, 15, 56; de off. 1, 50; vgl. dazu CURTIUS, Europ. Lit., S. 87; LEONID ARBUSOW, Colores Rhetorici, hg. H. PETER, Göttingen ²1963, S. 110.
5. Stieler, Sekretariatkunst I, Teil I, S. 133. Stieler gibt in einer Anmerkung die lateinische Entsprechung: „Loquentia sive esse disertum. Eloquentia sive esse bene loquendi peritum".
6. Neukirch, Academische Anfangs-Gründe, S. 22 f.
7. Joh. B. Schupp, Schriften, S. 867; vgl. Cicero, de or. 3, 15, 56.

gab ihr Form und Gehalt und ließ dieser Sondergattung rhetorischen Schrifttums nur wenig Eigenständigkeit.

Das zeigt schon die äußere Anlage der barocken Poetik. Sie besteht aus zwei Teilen: der Reim- und der Dichtkunst. Diese Einteilung erscheint oft bereits im Titel[1]. Der Reimkunst ist, wie der Name besagt, die Reimlehre und Metrik vorbehalten. Sie spielt für die Frage nach der Interdependenz von Poetik und Rhetorik im 17. Jahrhundert keine Rolle. Die Dichtkunst aber, die sich ausführlich mit der Darstellung der „res" und ihrer sprachlichen Darbietung („verba") beschäftigt, ist, ganz wie die Humanistenpoetik, auf rhetorischer Basis erbaut[2]. Das einleitende Kapitel, das über den Ursprung und die Zielsetzung der Poesie berichtet, stellt eine Laudatio auf die poetische Kunst und den Dichter dar. Sie gehorcht den Gesetzen der epideiktischen Rede. Darauf folgen die langwierigen Ausführungen über Metrum und Reim. Es schließt sich die Lehre von der „Erfindung" an, „an dieser Erfindung henget stracks die abtheilung [dispositio], welche bestehet in einer füglichen und artigen ordnung der erfundenen Sachen"[3]. Im Unterschied zur Rhetorik ist das Kapitel über die Dispositio den poetischen Gattungen gewidmet. Hier findet sich auch meistens die Diskussion über die Prinzipien, nach denen die Dichtung eingeteilt werden soll. „Nach dem wir biß daher von der Erfindung gehandelt / so folget nu / daß wir auch die Abtheilung beschauen / welche in einer füglichen und artigen Ordnung der erfundenen Sachen bestehet. Zu solcher Ordnung nu rechnen wir die unterschiedliche Arten der Getichte"[4]. Die Betrachtungen über die Stilhöhe und den Schmuck (ornatus) gehören der „Auszierung" (elocutio) an. Diesen formalen Übereinstimmungen entsprechen die inhaltlichen, die wir im Laufe der Arbeit zu untersuchen haben. Wenn Masen daher seine lateinische

---

1. Ludwig von Anhalt, Kurtze Anleitung zur deutschen Poesie und Reimkunst, 1640; Zesen, Hoch-Deutscher Helikon / Oder Grundrichtige Anleitung zur Hoch-deutschen Dicht- und Reimkunst, 1656; Birken, Teutsche Rede-bind und Dicht-kunst / oder Kurze Anweisung zur Teutschen Poesy, 1679; Omeis, Gründliche Anleitung zur Teut · schen accuraten Reim- und Dichtkunst, 1704.
2. vgl. ED. NORDEN, Die antike Kunstprosa vom VI. Jahrhundert v. Chr. bis in die Zeit der Renaissance, 2 Bde., Darmstadt ⁵1958, Bd. II, S. 904 f. Dort eine Fülle von Belegen für den Humanismus.
3. Opitz, Poeterey, S. 17; vgl. die Definition in der Herennius-Rhetorik (= Auct. ad Her.) 1,2,3: „Dispositio est ordo et distributio rerum quae demonstrat quid quibus locis sit collocandum".
4. Kindermann, Poet, III. Buch, Kap. 1, § 1, S. 237. Der Zusammenhang von rhetorischer Dispositionslehre und poetischer Gattungslehre bleibt in dieser Arbeit unberücksichtigt; vgl. dazu IRENE BEHRENS, Die Lehre von der Einteilung der Dichtkunst vornehmlich vom 16. bis 19. Jahrhundert (= Beihefte zur Zeitschrift für romanische Philologie, Heft 92), Halle 1940.

Poetik „Palaestra Eloquentiae Ligatae" nennt[1] und auch die Poesie als einen Teil der Wohlredenheit betrachtet, dann rückt er mit diesem Titel keineswegs, wie MARKWARDT meint, „die Dichtkunst an den Bezirk der Redekunst heran"[2]. Denn die Poetik hat bis in das 18. Jahrhundert hinein die „Mutter aller Lehre"[3], die Rhetorik, nie verlassen. DOCKHORN kann daher mit Recht von der Poetik als einem „Sprößling" der Rhetorik sprechen[4]. Er nimmt damit nur die Metaphorik auf, unter der das Abhängigkeitsverhältnis beider Künste bis ins 18. Jahrhundert gesehen wurde: Johann Georg Neukirch rät dem Liebhaber der Poetik, sich auf den Besitz der Tochter nur dann Hoffnungen zu machen, wenn er bereits vorher mit der Mutter vertraulichen Umgang gepflegt habe[5]. Die im Humanismus bis zur Identifikation reichende Gleichstellung von Poetik und Rhetorik[6] hat auch das deutsche 17. Jahrhundert nicht aufgegeben, und der Satz Melanchthons: „ego vero ita statuo, artificium faciendae orationis non valde dissimile esse poeticae"[7] könnte als Leitmotiv über allen poetischen Bemühungen in Theorie und Praxis stehen.

In dem Vorwort zu seiner Poetik gibt Birken eine Begründung ihres Titels:

> Ich nenne es die Teutsche RedebindKunst / gleichwie im Latein die Poeterei Ligata Oratio genennt wird: wie sie dann darinn von der Prosa oder Redekunst unterschieden ist / daß sie die Wörter in Zeilen / und die Zeilen in ganze Red-gebände / zusammen bindet / da hingegen die andere frei daher fließet[8].

Poesie und Prosa fallen beide unter den Oberbegriff der Rede. Sie sind, wie schon nach antiker Auffassung, „nicht zwei wesensmäßig und von Grund aus geschiedene Ausdrucksformen"[9], sondern sie unterscheiden sich durch die metrische

---

1. Jakob Masen, Palaestra Eloquentiae Ligatae. Dramatica Pars III. et ultima. Quae complectitur Poësin Comicam, Tragicam, Comico-Tragicam. Praeceptis et Historiis rarioribus, cum Exemplis singulorum Poëmatum illustrata, Coloniae Agrippinae 1657.
2. MARKWARDT, Gesch. d. dt. Poetik I, S. 240.
3. Bergmann, Aerarium Poeticum, s. v. Rede-Kunst, S. 1286.
4. DOCKHORN, Die Rhetorik als Quelle usw., S. 109.
5. Neukirch, Academische Anfangs-Gründe, Vorrede, f. Aᵛ.
6. vgl. NORDEN, Kunstprosa II, S. 899.
7. Elem. rhet., corp. ref. XIII 496; zit. bei NORDEN, Kunstprosa II, S. 904.
8. Birken, Redebindkunst, Vorrede, § 26.
9. E. R. CURTIUS, Dichtung und Rhetorik im Mittelalter, DVjs 16 (1938) 435—475. Dort S. 439. Vgl. dagegen Arist. Rhet., p. 1404a. Vgl. außerdem NORDEN, Kunstprosa I, S. 30: „Wenn wir gewohnt sind, Prosa und Poesie sich gegenüberzustellen, so dürfen wir nie vergessen, daß diese Unterscheidung durchaus sekundärer, keineswegs prin-

Bindung und den Reim, die allein hinreichen, um die Poesie vollständig zu determinieren. Eine Rede ist das geschriebene oder gesprochene Wort schlechthin, sei es nun metrischen Gesetzen unterworfen oder nicht. Der Gebrauch des Wortes in diesem Sinne ist noch für das 18. Jahrhundert zu belegen, denn Schleiermacher spricht habituell von Rede, wenn er Werke der Literatur meint[1]. Kempen definiert ein Gedicht schlicht als „eine Rede in gebundener Verfassung"[2]. Titz übersetzt „carmen" mit „die gantze poetische Rede"[3], Kindermann bezeichnet ein Lobgedicht in Alexandrinern als „Lobrede"[4]. Rede ist aber auch der einzelne Vers, der Satz, die Sprache. Wir wollen dieser terminologischen Verflechtung nicht im einzelnen nachgehen. Bedeutsam bleibt, daß es im 17. Jahrhundert das Normale ist, die Poesie als eine Art der Beredsamkeit aufzufassen. Die weite Bedeutung des Terminus „Rede" legt Zeugnis ab von dem Bewußtsein, mit dem man ein Gedicht herstellte und las: Es war gereimte und metrische Rede und daher für ein Gegenüber gedacht und kunstvoll gesetzt. In der Kommunikation sieht die Dichtung ihre

---

zipieller Natur ist. Wenn wir die verschiedensten Völker, mögen sie auf einer hohen oder niedrigen Kulturstufe stehen, in den primitivsten Äußerungen ihrer gehobenen Redeweise betrachten, so erkennen wir, daß die von uns modern empfindenden Menschen gezogene Grenzlinie zwischen Prosa und Poesie nicht vorhanden ist". Kronzeuge für diese Auffassung ist bekanntlich Gorgias, der zwischen Poesie und Prosa stofflich keinen Wesensunterschied anerkannte und der den poetischen Ausdruck bewußt in die Prosa hinüberleitete (vgl. NORDEN, Kunstprosa I, S. 41) Er nützte sprachliche Gleichklänge zur poetischen Wirkung, die Redelehre entwickelte sich dadurch zu einer Stillehre, zu einer literarischen Technik (vgl. CURTIUS, Europ. Lit., S. 73 f.). Seit der platonischen Zeit wurden infolge des übermächtigen Einflusses der sophistischen Rhetorik die einzelnen Gattungen der Poesie entweder völlig verdrängt oder stark umgestaltet (vgl. NORDEN, Kunstprosa II, S. 883). Auch die antike Literaturtheorie stützt sich auf die Rhetorik. Für Aristoteles erklärt die Rhetorik die Poetik, Horaz entlehnt aus Aristoteles, aber auch aus den oratorischen Schriften Ciceros das Mark seiner Poetik (vgl. MARY A. GRANT and GEORGE C. FISKE, Cicero's Orator and Horace's Ars Poetica, Harvard Studies in Classical Philology, Vol. XXXV, Cambridge (Mass.) 1924, p. 1—74; E. TOPITSCH, Der Gehalt der Ars poetica des Horaz, Wiener Studien 66 (1953) 117—130). Die mittelalterliche „ars dictaminis" umfaßt der Theorie nach sowohl Prosa als Poesie. NORDEN hat die Fusion von Rhetorik und Poetik für das Altertum, das Mittelalter und den Humanismus vorzüglich belegt, so daß die historische Sicht hier vernachlässigt werden darf.

1. vgl. DOCKHORN, Rez. zu H. LAUSBERG, Handbuch der literarischen Rhetorik, GGA 214 (1962) 177—196. Dort S. 179.
2. Kempen, in: Neumark, Poet. Tafeln, S. 118.
3. Titz, Zwey Bücher, Vorbereitung III, f. Bᵛ.
4. Kindermann, Poet, S. 170.

Aufgabe, daher fehlt ihr der Charakter kontemplativen Selbstgesprächs. Der Kontakt zum möglichen Partner ist eine Grundlage ihrer Existenz[1], und die Theoretiker des 17. Jahrhunderts können, solange sie die Poesie als eine Form der künstlerischen Rede auffassen, keinen Wesensunterschied zwischen den beiden Ausdrucksformen der Wohlredenheit begründen[2].

Trotzdem versucht Harsdörffer, dem Unterschied zwischen Redner und Dichter in Form eines Streitgesprächs auf die Spur zu kommen[3]. Er führt die sprichwörtliche Behauptung an, „daß die Poëten keine guten Redner und die Redner keine guten Poëten seyn / und daß die [sc. diejenigen, die] viel Gedichte schreiben / schlecht und wenig zu reden pflegen"[4]. Diese Unterscheidung ist, wie Harsdörffer meint, jedoch sinnlos, denn die Ausdrucksformen beider sind ja miteinander verbunden. Sowohl der Dichter als der Redner sind „in ihren Erfindungen zu weilen gleichständig / in ihrer Auszierung / Figuren / allen Ursachen zu bereden und die Gemüter zubewegen vereinbaret"[5]. Eigentlich hängt es von dem Lehrer ab, der die Jugend unterrichtet, ob er sie zu Poeten oder Rednern macht: „Ist der Lehrmeister ein Poët / so wird er seine Lehrlinge darzu anhalten: ist er ein Redner / so wird er der Redkunst treiben / und worzu man den Knaben einen Lust machet / darbey beharren sie biß in das Alter"[6]. Die ungebundene Rede macht weniger Mühe als das in Vers und Reim zierlich gesetzte Gedicht, und der Dichter bedarf „höherer Eingebung", um ein geistvolles Poem zu Papier zu bringen. Dagegen läßt sich einwenden, daß die Redekunst schwer zu erlernen „und selten mit vollständigem Nachruhm auszuwürken" ist; muß sie doch ungezwungen der Natur folgen und die Wahrheit berichten, während die Dichtkunst die Sache schildert, wie sie sein könnte, aber nicht ist[7]. Und schließlich ist auch die Beredsamkeit eine Gabe Got-

---

1. vgl. MUNTEANO, Constantes humaines en littérature, S. 71. — K. O. CONRADY, Lateinische Dichtungstradition und deutsche Lyrik des 17. Jahrhunderts (= Bonner Arbeiten zur deutschen Literatur, Bd. 4), Bonn 1962, S. 50 f. Dort auch (S. 52—54) der Begriff „Nicht-lyrische Lyrik", der in der Auseinandersetzung mit E. STAIGER geprägt wird. .
2. Harsdörffer, Poet. Trichter III, S. 35, § 40: „Was hier und nachgehends von der Rede ins gemein gemeldet worden / das ist so wol von der gebundenen / als auch ungebundenen Wort-Verfassung zuverstehen; Massen beede in vielen gleichen / einerley Figuren / Bezierung und Ausführung gebrauchen".
3. Harsdörffer, Poet. Trichter III, Vorrede, f.) (r—) (ivv.
4. ebd. f.) (v—) (ijr.
5. Harsdörffer, Poet. Trichter III, Vorrede, f.) (ijr. Harsdörffer setzt damit die rhetorische Lehre von der Auffindung des Stoffes (inventio) und der stilistischen Einkleidung des „Gefundenen" (elocutio) für die Poetik als verbindlich. Außerdem nimmt er für sie die rhetorische Zielsetzung, die „persuasio", in Anspruch.
6. ebd., f.) (ijr.
7. ebd., f.) (iijr-v. Zur Wahrscheinlichkeit als Grundlage der dichterischen Nachahmung vgl. Arist. Poet., p. 1451 b.

tes. Harsdörffer schlichtet den Streit mit einem Vergleich: „Diese Streitfrag zu entscheiden / kan sich fügen / daß etlichen die Poeterey / etlichen die Redekunst leichter falle und den Gemütsneigungen vielgemässer käme. [. . .] Diesem nach ist die Poeterey und Redkunst miteinander verbrüdert und verschwestert / verbunden und verknüpfet / daß keine sonder die andre gelehret / erlernet / getrieben und geübet werden kan"[1].

Anstatt beide Künste eingehender zu differenzieren, zieht er das Band zwischen Poetik und Rhetorik fester zusammen, behauptet die Interdependenz beider Künste sowohl im rezeptiven (gelehret / erlernet) als auch im produktiven Tun (getrieben und geübet) und stellt die Identität für die Erfindung, den Gebrauch der Stilmittel und das rhetorische Ziel der Überredung fest. Wenn die poetische Theorie die rhetorischen Vorschriften in dieser Weise aufsaugt und amalgamiert, dann kann es nicht verwundern, wenn umgekehrt rhetorische Handbücher sich auch für die Poesie als zuständig erklären und sie als einen Sonderfall der „Wolredenheit" nach rhetorischen Gesetzen behandeln.

Als Beleg sei der »Thesaurus Oratorius Novus« von Daniel Richter angeführt[2]. Richter begreift seine Rhetorik als Anleitung für alle mündlichen und schriftlichen Darlegungen in gehobener Sprache. Er zeigt mit Hilfe der Lullianischen Topik einen „neuen Weg", auf dem der Redner oder Dichter zu größerem Wortreichtum[3] gelangt. Nach eingehenden Vorschriften für die Inventio, Dispositio und Elocutio aller drei Redegattungen erörtert er im Anhang die „Special-Reden und Schrifften"[4], die nach den gleichen Gesichtspunkten zu gestalten sind. Neben Gattungen der Prosadichtung (Fabel, Parabel, Anekdote, Gebet, Predigt, Roman) haben sich auch die Kirchenlieder, Komödien und Tragödien rhetorischen Aufbau-

1. Harsdörffer, Poet. Trichter III, Vorrede, f.) (iij^v —) (jv^r.
2. Nürnberg 1660, ²1662. Richters Rhetorik ist der Forschung bisher unbekannt geblieben. Ich werde an anderer Stelle eine eingehende Würdigung geben. In einer Geschichte der Rhetorik hätte sie einen bedeutenden Platz einzunehmen, denn Richter beschränkt sich nicht allein auf die Darstellung der Figurenlehre wie Meyfart in der „Teutschen Rhetorica", sondern er gibt eine umfassende Darstellung aller drei Redearten. Dabei bedient er sich, wenn auch in grundsätzlicher Anlehnung an die antike Rhetorik („Der Cicero wird wol vor allen den Ruhm behalten / er ist aber sehr weitläufftig", S. 11) der Lullianischen Topik und Kombinatorik, wie sie Raimundus Lullus (1235—1315) in seiner „Ars Compendiosa" entwickelte. Diese Methode fand im 17. Jh. vor allem durch die Vermittlung der Herborner Schule weite Verbreitung; vgl. besonders die Ausführungen von Joh. H. Alsted in seiner Encyclopaedia, Herborn 1630, tom. I, lib. IX, p. 476 ff.; ders. Clavis Artis Lullianae, Argentorati 1652; ders. Triumphus Bibliorum Sacrorum, Francofurti 1625, p. 599 ff.; Julius Pacius, Artis Lullianae emendatae libri IV, Coloniae Allobrogum 1618; N. Caussinus, De eloquentia sacra et humana, libri XVI, Lugduni ⁷1657; S. Glassius, Philologia sacra, Jena 1623; Athanasius Kircher, Ars magna Sciendi sive Combinatoria, Amsterdam 1669.
3. copia verborum, für den Redner gefordert von Quint., inst. or. 10,1,15.
4. Richter, Thesaurus, S. 189—219.

und Stilprinzipien zu unterwerfen. So sind die Kirchenlieder nach den Vorschriften, die auch für das Gebet gelten, zu arbeiten, „nur daß solche Versweise gemacht werden / und derohalben quoad Elocutionem et Dictionis mehr Freyheiten haben"[1]. Für die Tragödie und die Komödie läßt er dem Schriftsteller seinen Willen, ob es angemessener sei, sie in Versen oder in Prosa zu fassen. Richter selbst empfiehlt die Prosabearbeitung unter Berufung auf das Gesetz der Naturnachahmung; denn „es redet ja weder ein gemeiner noch vornehmer Mann mit dem andern Versweise / sondern in soluta Oratione, und ist also keine Ursach / die uns zum Vers oder Reimmachen bewegen könte / ausser weil es die Alten und fast ohne Ursach gethan"[2]. Für die Behandlung eines Stoffes ist es also gleichgültig, ob er in Prosa oder Poesie dargestellt wird: Auch für die gebundene Dichtung ist die Rhetorik verpflichtender Maßstab. Das einzige, was die Richtersche Rhetorik von der gängigen Poetik unterscheidet, ist der Verzicht auf die Darstellung der Verslehre und die Kürze, mit der die poetischen Gattungen behandelt werden. Aus diesem Grunde kann er auch in den Titel das Wort „Poetik" nicht aufnehmen.

Auch die »Teutsche Rhetorica« von Johann Matthaeus Meyfart gilt gleichermaßen für Poesie und Prosa. Sie ist ein Handbuch des Stils und keine umfassende Rhetorik, denn sie verzichtet auf die Darstellung der Inventio und Dispositio und widmet sich allein der Elocutio, der Beschreibung der Tropen und Figuren. Ihr Titel erklärt sich aus dem terminologischen Gebrauch des Wortes „Rhetorica", der „Redzierkunst", im Gegensatz zur „Oratoria", der „Rednerkunst"[3]. Meyfarts Zeitgenossen haben die spezielle Bedeutung des Titels noch verstanden und faßten die „Rhetorica" nicht als ein rhetorisches Lehrbuch für öffentliche oder private Reden, sondern als „Spraachkunst"[4] oder „Prosodia Germanica"[5]. Die Bedeutung dieses Kompendiums liegt darin, daß es die Gesetze des rhetorischen Schmuckes in deutscher Sprache erläutert und mit deutschen Beispielen in Vers oder Prosa illustriert. Stieler bedauert noch 1673, daß er für Fragen der rhetorischen Auszierung keine anderen deutschen Bücher finden könne als Meyfarts Rhetorik und Harsdörffers Trichter oder dessen Gesprächspiele[6].

---

1. Richter, Thesaurus, S. 193.
2. Richter, Thesaurus, S. 215.
3. Die „Oratoria" behandelt das gesamte rhetorische Lehrgebäude, die „Rhetorica" beschränkt sich auf die Darstellung der Stilmittel. Zur Terminologie vgl. Comenius, Schola ludus, p. 581. Dort die oben angeführten deutschen Begriffe neben den lateinischen. Außerdem Alsted, Encyclopaedia, lib. VII, cap. IX. Alsted definiert die „Rhetorik" als „ars tradens modum ornandi orationem", die „Oratorie" als „ars copiose dicendi; seu est institutio eloquentiae"; vgl. J. DYCK, Ornatus und Decorum im protestantischen Predigtstil des 17. Jahrhunderts, ZfdA 94 (1965), S. 225 ff.
4. Moller, Viridarium Epistolicum, S. 39.
5. Männling, Helikon, S. 73.
6. Stieler, Sekretariatkunst I, Teil II, S. 345.

In vielen Poetiken wird die rhetorische Stillehre nur kurz abgehandelt. Man kann sich mit spärlichen Andeutungen oder Verweisen auf rhetorische Handbücher begnügen. Titz etwa erklärt dem Leser seiner Poetik zwar das Prinzip der Variation einer Verszeile durch rhetorische Figuren, ermahnt ihn jedoch, „in diesem / wie in vielen andern fällen / so die Rede betreffen", diejenigen zu Rate zu ziehen, „welche von der Rede- und Redner-Kunst geschrieben haben"[1]. Schließlich gibt er einen kleinen Abriß rhetorischer Figuren, den er aber mit der Vorbemerkung einleitet: „Was nun entweder in der Grammaticke / oder in der Rhetoricke / vor schöne / angenehme und sonderliche Redensarten und Figuren zu finden sind / derer pfleget ein Poet sich artig und bei guter gelegenheit zu gebrauchen / und seiner Rede damit einen glantz und ansehen zu geben"[2]. Und Schelwig speist den Dichterlehrling kurz und bündig mit der Bemerkung ab: „Die Auszierung wird in der Redekunst weitläufftiger vorgetragen / von welcher der Tichter / was ihm nötig ist / entlehne"[3].

Es ist also bedeutsam, daß die dickleibigen Poetiken sich nur zu einem geringen Teil der sprachlich-stilistischen Technik widmen. Sie verzichten darauf in dem Bewußtsein, daß sie mit gutem Recht auf Vorgänger und Gewährsmänner verweisen können, die die Elocutio ausführlich dargestellt haben, wenn auch in lateinischer Sprache und auf der Grundlage der antiken Rhetorik. Schon Cicero hatte dem Dichter die gleichen stilistischen Mittel zugesprochen, die auch der Redner benutzte[4], und seine Formel „poetis est proxima cognatio cum oratoribus"[5] legitimierte die Übernahme der rhetorischen praecepta ausdrücklich. Das 17. Jahrhundert ist ihm in dieser Auffassung gefolgt und übernahm den gesamten stilistischen Apparat, wie ihn die Rhetorik in der Lehre von der Elocutio ausgebildet hatte, ohne Einbuße in den Dienst der Poetik.

Mit den Gesetzen des Stils übernimmt die Poetik aber auch grundsätzlich eine Zielsetzung, die als die eigentlich rhetorische gedacht wird: die Überredung und Beeinflussung des Hörers (persuasio). Harsdörffer schließt sein oben zitiertes Streitgespräch mit folgenden Worten:

Wie nun der Redner zu seinem Inhalt schickliche Figuren / abgemässne Wort und der Sachen gemässe Beschminkung und Beschmuckung anzubringen weiß / seine Zuhörer zubewegen: Also sol auch der Poët mit fast natürlichen Farben seine Kunstgedanken

---

1. Titz, Zwey Bücher II, Kap. 2, § 12.
2. Titz, Zwey Bücher II, Kap. 4, § 2.
3. Schelwig, Entwurf, S. 21; vgl. auch Buchner, Anleitung, S. 67.
4. Cicero, de or. 1, 16, 70: „Est enim finitimus oratori poëta, numeris astrictior paullo, verborum autem licentia liberior, multis vero ornandi generibus socius ac paene par, in hoc quidem certe prope idem, nullis ut terminis circumscribat aut definiat ius suum, quo minus ei liceat eadem illa facultate et copia vagari qua velit".
5. Cicero, de or. 3, 7, 27.

ausbilden / und muß so wol eine schwartze Kohlen aus der Höllen gleichsam zuentlehnen wissen / die abscheulichen Mord-Greuel eines bejammerten Zustandes aufzureisen; als eine Feder aus der LiebeFlügel zu borgen die Hertzbeherrschende Süssigkeit einer anmutigen Entzuckung zu entwerffen[1].

Der Dichter teilt mit dem Redner die Aufgabe, den Hörer zu beeinflussen und die beabsichtigte Wirkung durch stilistische Mittel zu erreichen. Der Redner gibt den Gedanken und Fakten durch Stilmittel ihre „Beschminkung", er retuschiert seine Rede durch den „color"[2]: Er bringt in der Farbgebung der Rede nuancenhafte Änderungen an, um die Sache in einem günstigeren Lichte zu zeigen, und den Hörer so zu einer Zustimmung zu bewegen.

Das gleiche Verfahren benutzt der Poet. Auch er steigert die Sache, von der er spricht, durch den klugen Gebrauch des Stils, um beim Hörer oder Leser eindringliche Vorstellungen zu erwecken und ihn in den Zustand gläubiger Hingerissenheit zu versetzen. Seine Mittel: Tropen und Figuren, „colores". Das verwendete Verfahren der Farbgebung ist gleichzusetzen mit der „amplificatio", der „Steigerung des von Natur aus Gegebenen durch die Mittel der Kunst"[3]. Harsdörffer meint hier nicht die wahrheitsgetreue Wiedergabe im Sinne einer realistischen „Naturnachahmung", sondern die Wahrscheinlichkeit, die künstliche und künstlerische Korrektur mit dem Ziel einer parteiischen Einflußnahme und emotionellen Erregung[4].

„Finis [Poeticae] est docere, delectare et flectere oratione ligata", schreibt Alsted[5], und er nimmt damit für die Poetik nur die Formel auf, in der die antike Rhetorik die drei Aufgaben des Redners zusammengefaßt hatte[6]. Das Prinzip der „persuasio", der rhetorischen Wirkungsweise in ihren drei Formen ist auch für die Poesie relevant. Daß die Aufgabe der Poesie im „docere et delectare" horazischen Musters liegt, bleibt ohnehin unbestritten. Alsted erweitert die Forderung eines Horaz aber noch um die eigentliche Domäne des Redners, das „movere", die eindringliche Bewegung des Herzens und der Affekte. Darin folgt ihm das Heer

---

1. Harsdörffer, Poet. Trichter III, Vorrede, f.) (jv^r-v.
2. vgl. LAUSBERG § 329: „Die Retouchierung im günstigen (entschuldigenden) Sinne heißt color (Quint. 4, 2, 88)".
3. LAUSBERG § 259.
4. Die richtige Verwendung der colores gehört zum klassischen rhetorischen Lehrgut. Es ist deshalb verfehlt, wenn MARKWARDT das oben angeführte Harsdörffer-Zitat im Sinne „einer fast übernatürlichen Farbgebung im Sinne barocker Aufhöhung" interpretiert (Gesch. d. dt. Poetik I, S. 76).
5. Alsted, Encyclopaedia lib. X, cap. I, reg. III, p. 510.
6. vgl. Cicero, Brutus 49, 185; de or. 2, 29, 128; Orator 21, 69. Die persuasio wird in die drei Grade des docere, delectare, movere (Quint., inst. or. 12, 10, 59) unterteilt. „Hiervon richtet sich das docere an den Intellekt, während das delectare und das movere sich an das Gemüt wenden" (LAUSBERG § 257).

der Poetiker[1]. Harsdörffer besteht auf der Übereinstimmung von Poetik und Rhetorik in „allen Ursachen zu bereden und die Gemüter zu bewegen"[2]. Kempen zieht nicht in Zweifel, daß die Dichtung „in Beherrschung der Gemüther viel vermöge"[3], Opitz sieht den vornehmsten Zweck der Poesie in der „uberredung und unterricht auch ergetzung der Leute"[4].

Belehrung und Erfreuung, Bewegung der Gemüter, Aufreizung des Verstandes und des Herzens: Diese rhetorische Aufgabe ist der Poesie und der Prosa im 17. Jahrhundert noch gemein. Adam Müller wird 1816 in seinen „Zwölf Reden über die Beredsamkeit" eine Klärung des Verhältnisses zwischen Poesie und Beredsamkeit über ihr Ziel anstreben. Ihm stößt auf, „daß die Beredsamkeit es allezeit auf einen bestimmten Zweck absieht, während die Poesie überhaupt keinen Zweck, und wenn ja einen, doch gewiß keinen hat, der im Bezirke unsrer irdischen Neigungen und Bestrebungen liegt"[5]. Dieser Gedanke wäre den Dichtern des 17. Jahrhunderts revolutionär erschienen, denn er hätte die Dichtung von ihrer rhetorischen Zielsetzung getrennt und ihr dadurch das Fundament entzogen, auf dem sie ruhte.

Wieweit das Selbstverständnis der Poetik im 17. Jahrhundert von der Rhetorik bestimmt war, sei an wenigen Äußerungen belegt, die die Dichtkunst historisch aus der Rhetorik ableiten. Harsdörffer gibt für die menschlichen Handlungsweisen drei Urformen an: Sie geschehen aus Notwendigkeit, Nützlichkeit und Belustigung[6]. Als Beispiel dient ihm die Entwicklung der Rede. Sie wurde „unter den ersten Menschen / ohne Zier und Künstlichkeit / zu Verständigung ihrer Gedanken gebrauchet: bald hernach ist die Geschichterzehlung / und bewegliche Rednerkunst (Historia et Oratoria) zu Andichtung der Gemeinschaften / und Bestellung der Regimenter eingeführet worden. Hieraus ist endlich entstanden die Poeterey / welche sich mit dem Ton jeder Sylben und der Zahl der Wort / benebens der wolklingenden Reimung / nach dem Ohr richtet"[7]. Auch das wesentliche Merkmal der Poesie, den Reim, leitet er aus der rhetorischen Prosa ab: „Die Reimen sind gleichsam die Riemen / durch welche das Gedicht verbunden wird; und sollen erstlich von den Rednern seyn abgesehen worden / wann sie die Gleichheit der Wörter /

1. Schon die italienische Renaissance übernimmt die drei Stufen der persuasio in ihre poetischen Traktate. „Erit poetae sic dicere versibus, ut doceat, ut delectet, ut moveat" (Minturno, De poeta libri VI, p. 11); vgl. hierzu J. E. SPINGARN, A History of Literary Criticism in the Renaissance, New York ²1908, p. 52.
2. Harsdörffer, Poet. Trichter III, Vorrede, f.)(ij^r.
3. Kempen, in: Neumark, Poet. Tafeln, S. 12.
4. Opitz, Poeterey, S. 12.
5. Adam Müller, Zwölf Reden, S. 77.
6. Harsdörffer, Gesprächspiele V, S. 443. Vgl. Scaliger, Poetices, lib. I, cap. I, p. 1: „Res omnes nostrae aut necessarii aut utilis aut delectabilis genere comprehenduntur".
7. Harsdörffer, Gesprächspiele V, S. 443.

ihre Rede zu zieren / ausgesuchet als: mit Raht und That beystehen / und an die Hand gehen. Die Treue erneuen / mit Macht und Pracht / Kriegen und Siegen etc."[1]. Harsdörffer zeigt damit, daß das 17. Jahrhundert sich noch bewußt in einer Tradition dachte, deren historische Gültigkeit erst von NORDEN wieder kräftig formuliert wurde[2].

Harsdörffer ist nicht der einzige Zeuge. Prasch erläutert die historische Entwicklung des Reims unter Angabe derjenigen rhetorischen Figuren, die als Reimelemente in Frage kommen: „Denn obwol Griechen und Lateiner das reimen für Barbarisch gehalten / weil es sich ihrer Sprache und Art nach / freylich nicht allerdings geschicket; so haben sie doch auch dergleichen reimhaffte Figuren / als da sind / Epizeuxis, Anaphora, Epistrophe, Homoeototon, Homoeoteleuton, Symploce, Paronomasia; welche / wann sie wol ersonnen und eingerichtet / von ihnen nicht verworffen werden / auch bisweilen ungebeten kommen"[3].

Was Prasch für die griechische und lateinische Kunstprosa nur zögernd zugibt, sieht Grünwald als einen Beweis dafür an, daß der Schluß, die Griechen und Lateiner verzichteten auf den Reim, um sich den Barbaren nicht zu vergleichen, falsch sei:

Hätten sie die Reime durchaus vor unrecht gehalten / so wüste ich nicht / wie sich die Oratores verantworten könten / welche ihre Reden alsdenn vor zierlich halten / wenn eine Paronomasia, eine Parechesis, ein Homoeoteleuton und andre solche Figuren, die einen Reim in den Redens-Arthen machen / fleißig mit unterlauffen[4].

Die Theoretiker des 17. Jahrhunderts konnten diese Auffassung auch etwa bei Beda in seinem Abriß der Figurenlehre finden[5]. Er weist das Homoeoteleuton, d. h. den gleichtönenden Ausklang aufeinanderfolgender Kola, sowohl dem Redner als dem Dichter zu[6]. Meyfart bietet für diese Figur in seiner Rhetorik folgendes Beispiel: „Es ist ein verzweiffelt Werk die Geilheit suchen / die Keuschheit verfluchen / lieben die Schönheit / verlieren die Redligkeit"[7]. Dieser Satz ist eine Übersetzung aus einer ciceronianischen Rede. Er könnte genauso gut aus einem Gedicht des 17. Jahrhunderts stammen. Meyfart belegt stilistische Phänomene oft doppelt

---

1. Harsdörffer, Poet. Trichter I, S. 35, § 1. So auch Gesprächspiele V, S. 32.
2. NORDEN, Kunstprosa II, S. 871: „Wer also in unserm Jahrhundert den Reim aus der rhetorischen Prosa ableitet, unternimmt in Wahrheit nichts anderes als die Wiederherstellung einer Tradition, die ungezählte Jahre Bestand gehabt hatte".
3. Prasch, Gründliche Anzeige, S. 5.
4. Grünwald, Reicher und Ordentlicher Vorrath der Männlichen und Weiblichen Reime, Vorrede.
5. De schematis et tropis sacrae scripturae liber (PL 90, 175—186). Weitere Belege bei NORDEN, Kunstprosa II, S. 871 ff.
6. PL 90, 178 D: „Hac figura poetae et oratores saepe utuntur".
7. Meyfart, Teutsche Rhetorica, S. 337.

mit Exempeln aus Poesie und Prosa. Zur Erläuterung der Paronomasie[1] findet sich neben solchen Sätzen wie: „Derentwegen lasse die Tyrannen summen und brummen / die Feinde sausen und brausen / die Neyder purren und murren . . ." ein Gedicht zitiert:

> Es kräncke diesen alten /
> Und friere diesen kalten /
> Der junge Tityr blüet /
> In Lüsten sich bemühet:
> Jener viel hat deß Lebens
> Der Tityr viel deß Rebens . . .[2]

Diese Beispiele bestätigen nur, daß die Theorie wenig Hilfestellung leistet, wenn es darum geht, unterscheidende Merkmale zwischen Poesie und Prosa zu bestimmen.

Die bisher aufgeführten Belege haben gezeigt, daß die Poetik des 17. Jahrhunderts in ihrem Gehalt und in der Methode der emotionellen Einflußnahme auf das Publikum mit der rhetorischen Theorie übereinstimmt. Sind Poesie und Prosa bis auf graduelle Unterschiede also dasselbe? Es hat den Anschein. Trotzdem stoßen wir immer wieder auf Behauptungen, daß die Poesie von der Prosa zu trennen sei. Sie betreffen den Wert der literarischen Produkte und müssen apologetisch verstanden werden. Harsdörffer beteuert, daß der Dichter den Redner überrage, da dem Poeten mit der Herstellung eines Gedichtes die schwierigere Aufgabe zugefallen sei: Er habe die Rede „gebunden". Denn derjenige wird weniger Mühe haben, so führt er aus, „welcher eine ungebundene / gemeine Rede führet / als derjenige / welcher alle Sylben abmässen / sondre Zierlichkeit aussuchen / mit gleichreimenden Endworten schlüssen / und von der gemeinen Sprache gleichsam abgesonderte höhere Arten zu reden führen muß"[3]. Der Dichter kann zwar die Rhetorik als Grundlage benutzen[4], „doch ist seine Kunst gegen jenen zu achten / als das Gehen

---

1. „. . . die Paronomasia / wenn die Wörter nicht in der Bedeutung / Sondern in der Außsprechung zusammen klingen / Als: Die muthwillige Schertzreden stehen nicht so wohl an den verlebten / als den verliebten" (Meyfart, Teutsche Rhetorica, S. 326 f.); vgl. zur Paronomasie LAUSBERG § 637.
2. Meyfart, Teutsche Rhetorica, S. 328 f.
3. Harsdörffer, Poet. Trichter III, Vorrede, f.)(ij^v.
4. Harsdörffer, Poet. Trichter III, Vorrede, f.)(iv^r: „Es scheinet daß der Poet / wann der den Namen würdig führen sol / mehr natürliche Gaben zu seiner Vollkommenheit erheische / ja von der Redkunst / als der leichtesten / seinen Anfang machen müsse". Innerhalb der einzelnen Disziplinen wird das Verhältnis von „natura" und „ars" heftig diskutiert (vgl. S. 116 ff. der vorliegenden Arbeit). Harsdörffer trennt das Begriffspaar und spricht die natürliche Begabung vor allem dem Dichter zu. Das ist als Argument zur Apologie des Dichters gängig.

gegen dem Dantzen"[1]. Die metrische Bindung vergrößert die Arbeitslast, jedoch auch den Ruhm.

Dem Metrum-Zwang steht die poetische Lizenz gegenüber. Auch sie ist ein Argument für die erhabene Kunst des Poeten. Was den Rednern als Stilfehler angekreidet werden müßte, ist den Dichtern erlaubt. Sie sind ja Diener ihres Metrums, sagt Quintilian, und ihnen ist eine solche Freiheit gegeben, daß man sogar den Fehlern, die in der Dichtung vorkommen, andere Namen gibt[2]. Sie dürfen in der Wahl der Epitheta und der gewagten Metaphern großzügig sein und „zur Unzeit angeführte Beywörter... dulden"[3]. Weiße Milch und feuchter Schweiß: Tautologien, die Aristoteles dem Redner verbietet, sind dem Dichter Zierde[4].

Die poetische Lizenz, die man der Prosa in der Theorie abspricht, gibt man ihr jedoch in der Praxis zurück, wie eine Äußerung Buchners zeigt, der solche Wortverbindungen wie „die braune Nacht" oder „die grün-gezierte Erde" für den Redner tadelt, obwohl er zugeben muß, daß „hierinnen nicht wenige ihnen gefallen / in Meinung sie reden zierlich und prächtig. Da dieses alles hingegen einen Vers oder Reim zieren und angesehen machen würde"[5].

Buchners Kritik enthält das Eingeständnis, daß die zeitgenössische Kunstprosa sich den apologetischen Forderungen einer auf den Ruhm und das Ansehen der gereimten und metrifizierten Dichtung bedachten Theorie nicht fügte. Das ist nicht verwunderlich. Denn einmal begegnet man dem Hinweis auf den Ausspruch des Dionysius von Halikarnaß, daß die beste Poesie rhetorisch sei wie die beste Rede poetisch[6]. Zum andern werden die Redner immer wieder auf die Notwendigkeit hingewiesen, die Dichter zu lesen, „weil sie aus ihnen allerhand schöne Beschreibungen / geschickliche Gleichniß und anmuthige Verblümungen entlehnen können. Sintemal solche Zierlichkeiten in Reden bey keinen Scribenten besser / als bey den Poeten gefunden werden"[7]. Diese Forderung klingt nach manieristischer Verfratzung attizistischer Rhetorik. Sie geht jedoch zurück auf Quintilian, der unter Berufung auf Theophrast dem Redner die Dichterlektüre empfiehlt, ihn aber gleichzeitig davor warnt, in der Wahl der Wörter so frei und in der Wahl der

---

1. Harsdörffer, Poet. Trichter II, § 1.
2. Quint., inst. or. 1,8,14. So heißt etwa der Fehler gegen die korrekte lautliche Zusammensetzung eines Wortes Barbarismus. Wird er wegen des Metrums oder aus Gründen der Auszierung geduldet, spricht man von Metaplasmus; vgl. LAUSBERG § 479 f.
3. Kempen, in: Neumark, Poet. Tafeln, S. 301.
4. Arist. Rhet., p. 1406a; vgl. Opitz, Poeterey, S. 29.
5. Buchner, Anleitung, S. 52.
6. De comp. verb. 25 f.; zit. bei NORDEN, Kunstprosa II, S. 885; vgl. Stieler, Sekretariatkunst I, Teil II, S. 249; Caussinus, De eloquentia, p. 91b: „Dionysius Halicarnassensis, ingeniorum stylique iudex, et censor acerrimus, optimam orationem Poësi simillimam esse debere statuat".
7. Kempen, in: Neumark, Poet. Tafeln, S. 33.

Figuren so überschwenglich zu sein wie der Dichter[1]. Quintilians Warnung verhallt im 17. Jahrhundert ungehört. Sie war durch die zeitgenössische Praxis überholt. Seine Empfehlung der Dichterlektüre konnte jedoch, aus dem Zusammenhang gerissen, zur Apologie des Dichters und seiner Überlegenheit über den Redner umgemünzt werden. Stützende Autorität fand man bei Cicero, der die Dichterlektüre zur Entspannung empfohlen hatte[2]. Zwar konnte er keinen guten Vers schreiben, doch wäre er "nimmermehr zu solcher Vollkommenheit im reden gelanget / wenn er sich nicht / von Jugend auf / die Poeten zu lesen / befließen"[3]. Dieses Argument fand jedermann leicht in einem Handbuch, das die gängigen Sentenzen und Exempla übersichtlich zusammenstellte: in Meyfarts »Melleficium oratorium«[4]. Unter der Rubrik "Poesis" sind alle Argumente gesammelt, die dem Lobe des Dichters und seiner Kunst dienen. Unter dem Stichwort "Rhetorica" finden sich ähnliche Zitate, die von der Größe des Redners Zeugnis ablegen. Von grundsätzlichen Unterschieden zwischen Poetik und Rhetorik, von Poesie und Prosa ist dort nicht die Rede. Das kann auch nicht verwundern, wenn die entsprechenden Definitionen so interpretiert werden, wie sie gemeint waren: als apologetische Argumente, die den Wert und das Ansehen der Kunst betreffen und nicht ihre Substanz. Poesie und Prosa sind beides Formen der Rede, ihre Technik stimmt in vielem überein und läßt sich auf den gleichen Gegenstand anwenden. Trotzdem gilt die Poesie als "höhere" Form der Prosa und macht ihr den Rang streitig, trotzdem ist die Poetik die erhabenere Kunst, obwohl sie sich von der Rhetorik nährt. So wollen es ihre Verfechter. Wir erkennen die Argumente und nehmen sie als historische Größen ernst; ihre Überzeugungskraft jedoch dürfen wir getrost ein wenig in Frage stellen.

---

1. Quint., inst. or. 10, 1, 27 f.: "Memenerimus tamen, non per omnia poetas esse oratori sequendos nec libertate verborum nec licentia figurarum". Vom Dichter empfängt der Redner "in verbis sublimitas et in adfectibus motus omnis et in personis decor". Stieler (Sekretariatkunst I, Teil II, S. 97) führt das Quintilianzitat an, nennt aber Caussinus als seine Quelle, der diese Passage in extenso zitiert (De eloquentia, p. 92 a). Hier wird deutlich, wie im 17. Jh. die Kenntnis antiker Autoren vielfach durch die Handbücher vermittelt wird.
2. Cicero, pro Arch. VI, 12; Quint., inst. or. 10, 1, 27.
3. Stieler, Sekretariatkunst I, Teil II, S. 97.
4. Meyfart, Mellef. orat. I, s. v. Poesis, p. 614: "Marcus Tullius, cujus parem eloquentiam nec superior aetas ulla suspicari potuit, nec posterior aemulari, Poetarum cognitionem ita docet Oratori esse utilem, ut perfectam sine ea eloquentiam nullam esse pronunciet: ex quo etiam ipse, quod ante eum fecerat alterum illud ac geminum lumen eloquentiae Demosthenes, ex uberrimis Poetarum fontibus per amplos campos suarum orationum irrigavit. Aristoteles quoque, optimus videlicet dicendi, ac solus sciendi Magister, poeticis verbis in tempore positis, quasi luminibus ac stellulis illustrari affirmat orationem".

II. ERFINDUNG UND TOPIK

Das Redegebäude wird, wie Cicero sagt, aus Sachen und Wörtern errichtet[1]. Wenn die Dichtungstheorie diese Scheidung der notwendigen Materialien eines sprachlichen Kunstwerks ungeprüft übernimmt, handelt sie weder „naiv", noch macht sie sich irgendwelcher „Abwegigkeiten" schuldig[2]. Sie hält sich an das vorgegebene Schema der Rhetorik, die in den Lehrabschnitten „inventio" und „dispositio" die Auffindung der Sachen (res) und ihre Anordnung ermöglichte, die sprachliche Konkretisierung und Ausgestaltung aber der „elocutio" (verba) zuordnete. Es genügt, an den Beginn des 5. Kapitels der Opitzschen Poetik zu erinnern, um die Relevanz der antiken Tradition sichtbar zu machen: „Weil die Poesie, wie auch die Rednerkunst, in dinge und worte abgetheilet wird; also wollen wir erstlich von erfindung und eintheilung der dinge, nachmals von der zuebereitung und ziehr der worte . . . reden"[3].

Die Zahl der Themen und Gegenstände, die in der Rhetorik verhandelt werden, ist theoretisch unbegrenzt. Der Redner muß daher umfassend gebildet sein, um über alle an ihn herantretenden Fälle mit Sachkenntnis sprechen zu können[4]. Das gleiche gilt für die Poesie und den Dichter[5]. Literarhistorisch hat die Universalität der Gegenstände zur Folge, daß „die Anwendung der rhetorischen Technik in Gedankenbehandlung (res) und sprachlicher Formulierung (verba) auf die ge-

1. Cicero, de or. 2, 15, 63; vgl. Quint., inst. or. 3, 3, 1; 3, 5, 1.
2. G. BRATES, Die Barockpoetik als Dichtkunst, Reimkunst, Sprachkunst, ZfdPh 53 (1928), S. 353. B. sieht außerdem in dieser Gliederung eine „mehr kunstpädagogische als kunstwissenschaftliche Charakterschwäche der jungen Theorie" (ebd.).
3. Opitz, Poeterey, S. 17. Harsdörffer, Poet. Trichter I, S. 15. Die Gliederung in Inventio, Dispositio, Elocutio auch in Stielers Verspoetik; vgl. MARKWARDT, Gesch. d. dt. Poetik I, S. 217. Zur Dispositio gehören die Gattungsfragen; vgl. Opitz (Poeterey, Kap. V), der auf die Anweisung zur Inventio verzichtet und das VI. Kap. der Elocutio vorbehält.
4. Cicero, de or. 1, 6, 21: „vis oratoris professioque ipsa bene dicendi hoc suscipere ac polliceri videatur, ut omni de re, quaecumque sit proposita, ornate ab eo copioseque dicatur"; vgl. Quint., inst. or. 2, 21, 4; LAUSBERG § 49.
5. vgl. S. 123 ff. dieser Arbeit. — Die Forderung einer genauen Sachkenntnis kann aber auch aus der Sprachauffassung des 17. Jahrhunderts abgeleitet werden. Die Sprache ist ein System von Zeichen, die jeweils auf die Gegenstände verweisen. Damit das Wort aber als Zeichen in seiner Verweisfunktion begriffen werden kann, muß dasjenige, wofür es als Zeichen stehen soll, schon bekannt sein. Joh. Buxtorf formuliert: „Verborum intelligentia rerum cognitionem praecedat necesse est, ne verbis non intellectis, res falsas pro veris comprehendat, et alios secum in errorem ducat, quod multis periculose accidit" (Thesaurus Grammaticus Linguae Sanctae Hebraeae, Ep. dedicat., f.) (4ᵛ). Comenius gründet auf diese Erkenntnis seine Forderung, jedem Sprachunterricht einen Sachunterricht beizugesellen, und er richtet seine Lehrbücher dementsprechend ein (Janua rerum 1643; Orbis pictus 1654, ersch. 1658); vgl. Comenius, Prodromus Pansophiae, hg. u. übers. v. H. HORNSTEIN, Düsseldorf 1963, S. 172.

samte Literatur"[1] ausgedehnt wird. Die Zuordnung der Sachen und Wörter bestimmt Cicero so: „Denn da jede Rede aus Sachen und Wörtern besteht, so können weder die Wörter eine Grundlage haben, wenn man ihnen die Sachen entzieht, noch die Sachen Licht, wenn man die Wörter davon absondert"[2]. Die solchermaßen gesetzte Formel für die direkte Beziehung zwischen dem Gegenstand und der ihm angemessenen sprachlichen Gestaltung gehört zum Herzstück der Dichtungstheorie des Humanismus und des 17. Jahrhunderts[3]. Die Zuordnung geschieht jedoch nicht willkürlich, selbst wenn „Wörter" und „Sachen" in einer „distanzierten Verfügbarkeit"[4] bleiben. Die Wörter müssen von der Sache selbst gefordert und ihr daher angemessen sein. Außerdem richtet sich der Ausdruck immer nach der Wirkung, die der Dichter mit seiner Aussage beim Publikum bezweckt. Das Maß und Gesetz der Zuordnung von Gegenstand und Stil ist dem Belieben des Dichters entzogen, denn es wird bestimmt durch die Lehre vom Decorum (Angemessenheit; Schicklichkeit)[5]. Wörter sind immer bewußt einzusetzende Mittel, um „von einem vorgesetzten Ding zierlich zureden / und künstlich zuberreden"[6]. Den „Sachen" ist der erste Teil der Rhetorik, die Lehre von der Auffindung des Stoffes und der Argumente gewidmet[7]. Sie wird definiert als die „excogitatio rerum verarum aut veri similium, quae causam probabilem reddant"[8];

---

1. LAUSBERG § 52, 1.
2. Cicero, de or. 3, 5, 19: „Nam cum omnis ex re atque verbis constet oratio, neque verba sedem habere possunt, si rem subtraxeris, neque res lumen, si verba semoveris".
3. Vgl. dazu die Darstellung bei CONRADY, Lat. Dichtungstradition, S. 46 ff.
4. CONRADY, Lat. Dichtungstradition, S. 47. Noch Klopstock schreibt: „Wenn man den Gedanken hat; so wählt man das Wort, welches ihn ausdrückt. Wenn wir das rechte Wort nicht wählen; so tun wir eben das, was derjenige thut, der durch eine Miene etwas sagen will, und dem die Miene mißlingt" (Von der Sprache der Poesie, Sämtl. Werke Bd. 10, Lpz. 1855, S. 203).
5. Zur Decorum-Lehre vgl. S. 103 ff. dieser Arbeit. Die Divergenz von Gegenstand und Stil ist ein Merkmal des Manierismus, der die Decorum-Lehre vernachlässigt oder sie bewußt ablehnt.
6. Meyfart, Teutsche Rhetorica, S. 59.
7. Da das Auffinden der Gedanken jeweils der Entwicklungsstufe des Gedankengangs der Gesamtrede angepaßt sein muß, gliedert sich die Inventio in fünf Redeteile: 1. Einleitung (exordium), 2. Darlegung des Tatbestandes (narratio), 3. Beweis (argumentatio; probatio), 4. Widerlegung der gegnerischen Behauptungen (refutatio), 5. Schluß (peroratio). Für die Poetik hat diese Gliederung als Gesamt keine Bedeutung. Jedoch konnten die Ausführungen über das Exordium und die Narratio übernommen werden; vgl. CURTIUS, Europ. Lit., S. 93 ff.; 448 ff.
8. Auct. ad Her. 1, 2, 3; Quint., inst. or. 3, 3, 1. Diese Definition erklärt auch Rotths Forderung, die Erfindung solle sowohl „glaublich als ergetzlich und lehrreich sein": Die Wahrscheinlichkeitsforderung wird nicht von außen an den Begriff der Erfindung herangetragen und mit ihm „kombiniert", wie MARKWARDT (Gesch. d. dt. Poetik I, S. 245) meint, sondern sie ist ihm immanent.

mit den Worten Rotths ist sie die „kunstmäßige und deutliche Anleitung zu Aller-
hand Materien / welche sowohl sonst in der Rede-Kunst / als insonderheit in der
Poesie nützlich zu gebrauchen sein wird"[1]. Sie gilt für Prosa und Poesie: „Die
gebundene und ungebundene Reden / haben einerlei Invention und auch einerley
Disposition . . ."[2]. Die prägnante Formel „nutrix inventionis eruditio est", die
Caussinus seinen Ausführungen über die Erfindung voranstellt[3], belehrt deutlich
darüber, wieweit die Literaturtheorie des 17. Jahrhunderts den „schöpferischen
Einfall" ausschloß. Stieler übersetzt die Caussinsche Definition[4] und er verweist
sogleich auf Ciceros Forderung, daß der Redner „mit allen denen Künsten / so
einem wohl erzogenen Menschen geziemen / ausgezieret sey"[5]. Ist die Erfindung
in dieser Weise an die Sachkenntnis gebunden, so muß ihr notwendigerweise die
geniale Komponente fehlen, die der heutige Sprachgebrauch dem Begriff zumißt.
Das 17. Jahrhundert verstand ihn im Sinne der Rhetorik. Nicht freie Erfindung
der Phantasie, sondern Auffindung des Stoffes, des Themas, der „res", sollte die
Inventio ermöglichen. Unter dem Stichwort „Erfindung" notiert Peschwitz: „Die
aller Meisterschafft Grundquällen angezäpfft / durch fleissiges Gesuch erfunden / . . . mit Kunstrichtiger Gewißheit verfasset"[6]. Erfinden heißt also, sich auf
die Suche begeben[7].

Wer etwas finden will, muß aber im groben wissen, wo er suchen soll. Die Aufgabe, das Suchen zu systematisieren und eine Lehre über das ‚Wo' des Suchens

1. Rotth, Vollländ. dt. Poesie, II. Teil, Titel.
2. Männling, Helikon, S. 81. So auch Richter, Thesaurus Oratorius, S. 115. Die gängige
   Unterscheidung zwischen Reim- und Dichtkunst hat in der Zuordnung der Inventio
   zur Dichtkunst ihre Ursache. Während die Reimkunst sich den Problemen von
   Metrum und Reim zuwendet, zeigt „die Ticht-kunst aber / als das nöhtigste und vornehmste Stück der Poeterey / . . . / wie man etwas sinnlich [d. h. sinngemäß] erfinden soll / die Erfindung in gewisse Handlungen und Sätze einschließen / und aufs
   beste mit Fabeln / Gleichnissen und Figuren auszieren / auf daß die Rede als ein
   köstlicher Ring mit prächtigen Edelsteinen geschmücket / glintzer und gleisse /
   strahle und prale: So wol wenn sie frey fortgehet / als wenn sie gebunden ist" (Kempen, in: Neumark, Poet. Tafeln, S. 65). Schottel bezeichnet die Dichtkunst als „ars
   inveniendi materias carminum" (Ausführliche Arbeit, S. 447); so auch Harsdörffer,
   Specimen Philologiae, p. 233.
3. Caussinus, De eloquentia, p. 182b.
4. „Die Gelehrtheit ist eine Mutter und Seugamme der Erfindung" (Sekretariatkunst I,
   Teil I, S. 134).
5. Cicero, de or. 1, 16, 72.
6. Peschwitz, Parnaß, s. v. Erfindung, S. 147.
7. Für Birken ist „der schöne und sonderbare Ausfund / (Inventio)" die Seele des
   Gedichts (Redebindkunst, S. 162). Vgl. die Definition bei Fr. Andreas Hallbauer, Anweisung Zur Verbesserten Teutschen Oratorie, Jena ³1736, S. 230: „Erfinden heist
   in der Oratorie, aus Wissenschaft und Erfahrung Gedancken abfassen, durch welche
   der Endzweck der Rede oder Schrift erhalten werden kan".

zu entwickeln, hat innerhalb der Inventio die vieldiskutierte Topik zu leisten. Sie ist die Lehre von den „Örtern" (τόποι, loci), die die Argumente beherbergen, mit deren Hilfe der Redner die von ihm vorgetragene Sache zu beweisen und glaubwürdig zu machen hat. Quintilian nennt diese Topoi „sedes argumentorum"[1], Cicero spricht von „locis" oder „notis argumentorum" und erläutert ihre Funktion durch einen Vergleich. Es müßte hinreichend sein, so sagt er, jemandem, der Gold sucht, das an verschiedenen Stellen vergraben ist, nur die Kennzeichen und Merkmale dieser Stellen anzugeben; damit der Suchende dann, sobald er sie kennengelernt hat, selbst für sich graben und das, was er wünscht, mit geringer Mühe, ohne zu irren, finden kann[2]. Es handelt sich bei der Topik also um eine Methode zur Auffindung einer Sache oder eines Arguments[3]. Als „Fundstätten und gleichsam Wohnungen aller Argumente" (sedes et quasi domicilia omnium argumentorum) gibt Cicero die folgenden Loci an (de or. 2, 39, 163 ff.):

1. Loci aus dem inneren Wesen der ganzen Sache   (definitio)
      aus einem Teil derselben   (partitio)
      aus ihrem Namen   (notatio)

2. Loci, die von außen an die Sache herangetragen werden und mit ihr in einer bestimmten Beziehung stehen:

das Verwandte	(coniuncta)
die Gattung	(genus)
die Arten	(partes generibus)
das Ähnliche	(similitudines)
das Unähnliche	(dissimilitudines)
das Entgegengesetzte	(contraria)
die Folgen	(consequentia) etc.[4]

---

1. Quint., inst. or. 5, 10, 20.
2. Cicero, de or. 2, 41, 174: „Ut enim si aurum cui, quod esset multifariam defossum, commonstrare vellem, satis esse deberet, si signa et notas ostenderem locorum, quibus cognitis ipse sibi foderet et id, quod vellet, parvulo labore, nullo errore, inveniret: sic has ego argumentorum notas quaerenti demonstravi, ubi sint; reliqua cura et cogitatione eruuntur". Daß Cicero die Aristotelischen Topoi meint, wenn er von argumentorum notas spricht, beweist Orator 14, 46: „Aristoteles . . . locos (sic enim appellat) quasi argumentorum notas tradidit, unde omnis . . . traheretur oratio"; vgl. de or. 2, 34, 146: „locos, ex quibus argumenta eruamus; locos, ex quibus omnia ad omnem orationem inventa ducuntur". — Zum Toposbegriff vgl. den EXKURS I, S. 174 f.
3. vgl. E. MERTNER, Topos und Commonplace, in: Strena Anglica, Festschrift für OTTO RITTER, hg. G. DIETRICH und FRITZ W. SCHULZE, Halle 1956, S. 191.
4. Topossysteme sind variabel und Veränderungen ausgesetzt. Quintilian gesteht die Unvollständigkeit seines Systems ein (Quint., inst. or. 5, 10, 100; vgl. LAUSBERG

Diese Fundstätten, aus denen für jede Sache die ganze Erörterung abgeleitet wird, müssen dem Redner vollkommen vertraut sein. Wie beim Schreiben die Buchstaben ohne Anstrengung aus der Feder fließen, so sollten ihm auch die Loci jederzeit sogleich zufallen[1]. Die intime Kenntnis der Topik, die Cicero hier dem Redner anrät, hat die literarische Theorie des 17. Jahrhunderts noch besessen und für die Verfertigung von Prosa und Poesie eifrig vorgeschrieben und genutzt. Die Topik behielt ihren festen Platz natürlich in den lateinischen Rhetoriken und in den Briefstellern, die sich ausschließlich auf die antike Rhetorik bezogen. Im 8. Kapitel des zweiten Teils seiner »Sekretariatkunst« erörtert Stieler die „Gemeinstellen", die „Merkmahle und Sitze / oder Plätze der Beweisgründe", die dem Schreiber so

§ 377). — Die oben angeführten Topoi finden sich aus bei Quintilian (Quint., inst. or. 5, 10, 54 ff.); wir ergänzen der Vollständigkeit halber in gedrängter Übersicht weitere Topoi (Cicero, de inv. 1, 24, 34 ff.; Quint., or. 5, 10, 20 ff.; vgl. LAUSBERG §§ 373—399):

a) loci a persona: genus, natio, patria, sexus, aetas, educatio et disciplina, habitus corporis, fortuna, animi natura.

b) loci a re: a causa (quare), a loco (ubi), a tempore (quando), a facultate (quomodo), a finitione (per quae), ex similibus (exemplum), a comparatione, a circumstantia etc. —

Vgl. auch Isidor, Et. 2, 30, 1 f.: „Topica est disciplina inveniendorum argumentorum. Divisio Topicorum, sive locorum ex quibus argumenta dicuntur, triplex est":

1. argumenta quae in eo ipso, de quo agitur, haerent:

prima, a toto;
secunda, a parte;
tertia, a nota.

2. effecta argumenta sunt, quae quodammodo ex rebus aliis tracta noscuntur: a nomine, a genere, a specie, a simili, a differentia, a contrariis etc. (Isidor zählt 14 Topoi auf).

3. argumenta quae ducuntur extrinsecus (testimonia): Testimonium vero constat re. Haec dividitur in quinque modis: id est, primo ex persona, secundo ex naturae auctoritate, tertio ex temporibus auctoritatum, quarto ex dictis factisque maiorum, quinto ex tormentis. Vgl. auch Cicero, Topica 2, 7 ff.

1. vgl. Cicero, de or. 2, 30, 130: „Neque enim, quotiens verbum aliquod est scribendum nobis, totiens eius verbi litterae sunt cogitatione conquirendae, nec quotiens causa dicenda est, totiens ad eius causae seposita argumenta revolvi nos oportet, sed habere certos locos, qui, ut litterae ad verbum scribendum, sic illi ad causam explicandum statim occurrant." François Des Rues bestimmt in seinem »Orateur Français« (1614) die Funktion der Topoi so: „Tous les Orateurs ne racourcissent pas leurs arguments en trois mots à la forme des Logiciens...: mais ils les tirent pourtant des mesmes lieux et des mesmes sieges que les Logiciens, soit par l'esclaircissement d'une definition, soit par le denombrement de plusieurs parties, ou par le rapport d'un contraire... Ce n'est pas peu d'avoir la cognoissance de ces lieux là; elle est autant necessaire à l'Orateur qu'à un chasseur, de sçavoir les destroits du païs qu'il court pour arrester quelque beste fauve" (f. Yiiij).

vertraut sein müssen, „gleich wie Buchstaben dem Schreibenden fließen / wenn er gleich nicht besinnet / welchen er setzen oder schreiben soll"[1]. An Topoi zählt er unter anderen die folgenden auf: „Natur und Wesen der Sache" (definitio), „Erzählung der vornehmsten Einteilung" (enumeratio partium), „Benennung" (notatio), „Beystände" (adjuncta), „Wiederwärtige" (contraria), „Gegenstreitige" (repugnantia), „Gleichende" (similia)[2]. Daß es sich bei der Topik nicht um ein hohles Lehrsystem handelt, das zwar in der antiken Gerichtsrede seinen Platz hatte, in der literarischen Theorie des 17. Jahrhunderts aber als überflüssiger Ballast mitgeschleppt wurde, sollen zwei Beispiele zeigen. Wir greifen die beiden Topoi, die allgemein zuerst abgehandelt werden, heraus.

Der erste „Brunnquell der Beweisgründe" ist „die Beschreibung einer Sache / nach ihrem Wesen / Natur und Eigenschaft / auch andern Umständen" (definitio)[3]. Dieser Topos[4] steht in den Rhetoriken des 17. Jahrhunderts an erster Stelle, denn er leitet die Betrachtung „der ganzen Sache" ein, gehört also zur Klasse „ex toto"[5]. Buchner definiert: „Totius igitur capita tria sunt: Definitio, enumeratio partium, et notatio"[6]. Das Wort „definitio" muß, so führt er aus, in einem weiteren Sinne genommen werden, als es bei den Philosophen üblich ist, denn die Rhetoren definieren eine Sache nicht nackt und einfach (nude et simpliciter), sondern sie führen daneben auch die Ursachen (causae) an und definieren durch die Akzidentien und

---

1. Stieler, Sekretariatkunst I, Teil II, S. 107.

2. Stieler, Sekretariatkunst I, Teil II, S. 107 ff.. Stieler schließt sich an Caussinus, De eloquentia sacra et humana, an. Vgl. den Toposkatalog, den Stieler in seinen Anmerkungen zu Kindermann, Teutscher Wolredner, S. 31, aufstellt: „Die Erfindungen sind zweyerley: Innerliche und äuserliche . . . Die vornehmste der innerlichen sind: Das wesen / die einteilung / die ursache / die wirkung / der umstand / der gegenhalt / das gleichnüß und das Wortspiel oder die Deutfolge [Etymologie]: Was von außen herbey kommet / bestehet in sprüchen / beyspielen / zeugnüßen / rechten / gewohnheiten / geständnüßen / abhandelungen und andern kundbarkeiten".

3. Stieler, Sekretariatkunst I, Teil II, S. 107.

4. Die griechische Bezeichnung wird im 17. Jahrhundert selten verwendet. Man spricht von „locus", auch „locus Topicus": „Die Sprüche [zu den Emblemen] werden vornehmlich aus den locis Topicis hergenommen / als: à comparatione oder simili; à Contrario, à Proportione, ab Allusione, à Translatione, à Prosopopoeia, ab Additione, à Proverbio, ab Aequivoco u.s.w." (Kempen, in: Neumark, Poet. Tafeln, S. 214). Die lehrhafte Darstellung der Topik heißt „Topologia".

5. Buchner, De commutata ratione dicendi, p. 390: „Loci insiti, vel sunt ex toto (Totum autem appellatur universa res, quae ad disceptandum proposita est) vel ex iis rebus, quae sunt affectae quodammodo ad id, de quo quaeritur". Zur Unterscheidung zwischen „inneren" und „äußeren" Loci vgl. Cicero, de or. 2, 39, 163.

6. Buchner, De commutata ratione dicendi, p. 390.

Nebenumstände (accidentia et adjuncta)[1]. Buchner verweist auf die Autoritäten Seneca und Ovid, jedoch verzichtet er auf genaue Stellenangaben. Wir können sie aus anderen Handbüchern ergänzen. So zitiert Matthäus Tympius zur Erläuterung des gleichen Topos aus den Fasti Ovids [VI, 267—276], und führt ein Beispiel aus den Paradoxa Ciceros an: „Quid est libertas? potestas vivendi, ut velis. Quis igitur vivit ut vult? nisi profecto qui recta sequitur, qui gaudet officio, cui vivendi via considerata atque provisa est: qui legibus quidem non propter metum paret, sed eas sequitur atque colit, quia id salutare esse maxime judicat? etc."[2]. Aber auch aus dem 23. Psalm (V. 7—12) können wir lernen, was unter dem Topos „ex definitione" zu verstehen ist[3]:

> Attollite portas, principes vestras,
> Et elevamini, portae eternales,
> Et introibit rex gloriae.
> Quis est iste rex gloriae?
> Dominus fortis et potens,
> Dominus potens in praelio.

Gerade der Hinweis auf die Psalmen unterstützt die Legitimation der Topik auch für die Poesie; denn die Psalmen sind Gedichte, „deren etliche übermaßen hoch und mit den schönesten arten zu reden die himmlischen geheimnüß ausdrukken"[4]. Sie können als christliche Kunstdichtung der antiken Dichtung an die Seite gestellt werden. Der Nachweis, daß die Bibel sich nach den rhetorischen Kunstgriffen antiker Rhetorik richtete, mußte für die christlichen Dichter des 17. Jahrhunderts eine doppelte Verpflichtung sein, sich des rhetorischen Lehrguts zu bedienen.

Stieler führt zur Exemplifizierung des Topos „ex definitione" eine Cicerostelle an, die das Wesen des Rathauses beschreibt: „Den Tempel der Heyligkeit / der heilsamen Rathschläge Zeughaus / das Haubt und Krohne der Stadt / den Altar so vieler Bundsgenoßen / den Port und Zuflucht aller Völkerschaften"[5]. Das Beispiel besteht aus mehreren Metaphern und ist weit davon entfernt, eine objektive Beschreibung zu liefern, um die es Stieler auch nicht zu tun ist, will er doch das „Wesen einer Sache" ins Licht rücken. Diese Forderung kann sprachlich gerade von der Metapher geleistet werden. Sie ist per definitionem ein verkürzter Ver-

---

1. Buchner, De commutata ratione dicendi, p. 392; vgl. V. Thilo, Topologia, p. 23: „Definitiones quoque Rhetoricae multum differunt a Philosophicis: cum hac accuratas rerum naturas proponant, istae vero satis functae suo munere videantur, si quocunque modo, res describant".
2. Tympius, Dormi secure, p. 25 f.
3. Tympius, Dormi secure, p. 25.
4. Gryphius, Lyrische Gedichte, hg. H. PALM, Darmstadt ²1961, S. 286.
5. Stieler, Sekretariatkunst I, Teil II, S. 107.

gleich zur näheren Erläuterung[1] und dient dazu, wie andere Tropen auch, ein Ding zu erklären und deutlich vor Augen zu stellen[2]. Um eine Sache zu bezeichnen, gibt die Sprache zwei Möglichkeiten: Entweder benutzt man ein eigentliches Wort, d. h. das sprachliche Zeichen, das der Sache zugehört, oder man definiert sie metaphorisch: „vel ipsa verba proprie adhibentur verbis illis significatae, quibus auctor per quandam translationem utitur, ad rem aliam per analogiam quandam significandam"[3]. Unter dieser Voraussetzung verwundert es nicht, wenn Stieler als Exempel der „Beschreibung der Dinge nach ihrem Wesen" anführt: Der Mensch, das Ebenbild Gottes; der Schlaf, ein Bruder des Todes; der Tod, eine Tür zum Leben, ein Ende allen Jammers; das Gesicht, ein Bild des Gemüts[4].

Daß der Topos „ex definitione" nicht allein für die Prosa Gültigkeit hat, sondern auch für die Poesie, ist klar. Es genügt, ein Gedicht von E. Ch. Homburg zu zitieren, das als Ganzes eine Antwort auf die Frage nach dem Wesen der Liebe gibt:

---

1. Quint., inst. or. 8, 6, 8: „metaphora est brevior similitudo".
2. Girbert, Rhetorica, tab. III, f. H₂ʳ: „Tropi rem clariorem faciunt, significantius ob oculos ponunt, et brevibus exponunt"; vgl. Quint., inst. or. 8, 6, 4; auch 5, 14, 34: „nam et saepe plurimum lucis adfert ipsa translatio" (Metapher).
3. Rivetus, Isagoge ad Scripturam Sacram, p. 214. Vgl. die Definition bei Girbert, Rhetorica, tab. IV, f. H₂ʳ: „Fundamentum Metaphorae est analogia seu proportio ... Ut quod in herba est flos, id in aetate hominis est adolescentia: Hinc solemus Adolescentiam nominare aetatis florem". Die Frage nach der „Übertragung" von Eigenschaften eines Seienden auf ein anderes Seiendes zur näheren Erklärung wird besonders dann wichtig, wenn es um bibelexegetische Probleme geht. Denn die Rhetorik, soweit sie sich den Formen und Ausdrucksmitteln der Sprache widmet, kennt die figürliche Ausdrucksweise nur als innersprachliches Problem. Die Theologen jedoch haben den heilsgeschichtlichen Text auf seinen Wahrheitsgehalt zu befragen und müssen erörtern, ob ein Wort in übertragener Bedeutung zu verstehen ist oder nicht; vgl. Rivetus, Isagoge ad Scripturam Sacram, p. 215 ff.; Dannhauer, Hermeneutica Sacra, sect. I, art. IV f. Als Beispiel führen wir die Stellungnahme Comenius' an, der die metaphorischen Aussagen der Bibel über Gott und damit die weltliche Begrifflichkeit auf ihren Wert prüft. Welchen Zweck hätte es, so fragt er, daß sich Gott in der Hl. Schrift Ohren, Augen, Mund, Hände, Füße, Herz, Antlitz und Rücken zuspricht, sich auch Feuer, Fels, Burg und Anker nennt, wenn uns das von ihm keine Vorstellung gäbe? Bekommen wir aber auf diese Weise eine Vorstellung, dann gewiß keine andere, als von dem, was er wirklich ist, da Gottes Rede die Richtschnur der Wahrheit ist. Nun wissen wir zwar, so fährt er fort, daß das figürlich gemeint ist, „sed figuris tamen (id est metaphoris et parabolis) fundamentum subesse ipsam rerum proportionem seu identitatem nemo negaverit, cum necesse sit prius esse quam praedicari. Quemadmodum igitur artificialia naturalibus, sic naturalia divinis omnino certa proportione respondent" (Prodromus Pansophiae, § 77). Die metaphorische Entsprechung gründet also im Sein der Dinge selbst.
4. Stieler, Sekretariatkunst I, Teil II, S. 107 f.

Was ist die Liebe.
Ein Feuer sonder Feuer, ein lebendiger Tod,
Ein Zorn, doch ohne Gall, ein angenehme Not,
Ein Klagen außer Angst, ein überwundner Sieg,
Ein unbeherzter Mut, ein freudenvoller Krieg;
Ein federleichtes Joch, ein nimmerkrankes Leid,
Ein zweifelhafter Trost und süße Bitterkeit,
Ein unverhofftes Gift und kluge Narretei,
Ja, kürzlich: Lieben ist nur bloße Phantasei.[1]

Oder wir erinnern an das bekannte Gryphius-Gedicht, das die Frage nach dem
Sein des Menschen beantwortet:

> Was sind wir menschen doch! ein wohnhaus grimmer schmertzen,
> Ein ball des falschen glücks, ein irrlicht dieser zeit,
> Ein schauplatz herber angst, besetzt mit scharffem leid,
> Ein bald verschmeltzter schnee und abgebrannte kertzen . . .[2]

Eine Definition kann natürlich auch durch Aufzählung von nichtvorhandenen
Eigenschaften geleistet werden (definitio per negationem)[3]. So ist die Gottesfurcht
„kein euserlich Wortgeschwätze / keine Verstellung der Sitten / keine Beredung
der Heucheley . . . Sie ist eine wahre Demuht gegen Gott / und den Nechsten / ein
innerlicher Abscheu der Sünden / eine Verachtung des zeitlichen / und eine Be-
gierde zu dem ewigen"[4]. Stieler erspart uns, ein Beispiel aus der Lyrik zu suchen,
da er selbst Fleming zitiert:

> Kein tiefer Reverenz / kein hoher Wörterpracht /
> Kein Stiefelweites Glas / kein Blut- und Himmelschweeren /
> Und andre Außenwerk kan Herzen überwinden:

---

1. Deutsche Barocklyrik, hg. Max Wehrli, Basel 1945, S. 48.
2. Gryphius, Lyrische Gedichte, hg. H. Palm, Darmstadt ²1961, S. 103; vgl. Cath. Reg.
   von Greiffenberg, „Über die Tränen" (Wehrli, S. 177):
   > Erläuterung der Angst, des Hertzens Ringerung,
   > Der Schmerzen Wolkenbruch, der Trauer-Augen Regen,
   > Ihr Tränen! die ihr seid, wann sich die Winde legen,
   > Die Seufzer, da das Herz vor Ängsten schier zersprung!
   vgl. auch Hofmannswaldau, „Abriß eines Verliebten" (Deutsche Dichtung des Barock,
   hg. E. Hederer, München o. J., S. 213). Die einzelnen Metaphern sind als Argumente
   innerhalb des Topos aufzufassen.
3. Georg Beckher, Orator extemporaneus, Varadini 1656, p. 10. Dort die Definition von
   „amicus":
   > Non nuda vox Amicus est, non casa nux,
   > Non amabilis risus, non blandi nictus,
   > Non ocelli ludii etc.
   > Cernitus Amicus Amore, More, Ore et Re.
4. Stieler, Sekretariatkunst I, Teil II, S. 110.

Wenn nicht ein treues Herz und Hand die Bündnüß macht /
Wie kan die Freundschaft fest und unverbrüchlich währen?
Von Herzen muß es gehn / was Herzen soll verbinden[1].

Der zweite „Brunn der Beweisgründe" ist die „enumeratio partium", die Beschreibung einer Sache aus ihren Teilen: „Als wenn ich wolte beschreiben / Jedermann trauert üm dieses Mannes Tod: könte man sagen: Das Rahthaus beklaget
seinen getreuen Gesellschafter / die Kirche ihren mächtigen Beschützer / die Schulen ihren guttähtigen Versorger / die Gelehrte ihren sonderlichen Woltähter / die
Arme ihren freygebigen Aushelfer etc."[2] Dieser Topos gleicht der „descriptio"
die mit den Mitteln der epideiktischen Rede eine Person oder einen Vorgang in der
geschmückten und ausgebauten Form schildert. Die Darstellung durch sinnfällige
Einzelheiten hat auf das Publikum eine „realistische" und besonders affekt-
erregende Wirkung. Quintilian nennt daher die Descriptio ein glaubwürdiges Bild,
das die Zuhörer in die Lage versetzt, sich als Augenzeugen der beschriebenen
Szene zu fühlen[3].

Caussinus ordnet diesen Topos der Amplifikation unter. Zur Illustration verweist er auf Quintilian, der als Wort-bild einer Szene (tota rerum imago quodammodo verbis depingitur) die Zerstörung einer Stadt schildert, durch das der Hörer
zu Tränen gerührt werden kann[4]: Die Zerlegung des Vorgangs in seine Einzel-
teile erhöht das Pathos, das Publikum wird dank der Vorstellungskraft des Redners zum teilnehmenden Zuschauer aller beschriebenen Details. Dabei braucht das
Detail nicht historisch wahr zu sein. Wahrscheinlichkeit und damit Glaubwürdigkeit genügen[5]. In vorbildlicher und typischer Form hat Gryphius die hier geforder-

---

1. Stieler, Sekretariatkunst I, Teil II, S. 110.
2. Stieler, Sekretariatkunst I, Teil II, S. 112.
3. Quint., inst. or. 4, 2, 123: „Multum confert adiecta veris credibilis rerum imago, quae
   velut in rem praesentem perducere audientes videtur".
4. Quint., inst. or. 8, 3, 67—68: „Sic urbium captarum crescit miseratio. Sine dubio
   enim, qui dicit expugnatam esse civitatem, complectitur omnia quaecunque talis fortuna recipit, sed in adfectus minus penetrat brevis hic velut nuntius. At si aperias
   haec, quae verbo uno inclusa erant, apparebunt effusae per domus ac templa flammae
   et ruentium tectorum fragor et ex diversis clamoribus unus quidam sonus, aliorum
   fuga incerta, alii extremo complexu suorum cohaerentes et infantium feminarumque
   ploratus et male usque in illum diem servati fato senes . . . Licet enim haec omnia,
   ut dixi, complectatur eversio, minus est tamen totum dicere quam omnia".
5. Die Details können auch erfunden sein (Quint., inst. or. 8, 3, 70), denn ein Argument
   erhebt keinen Anspruch auf Wahrheit: „Argumentum est res sive facta, sive ficta;
   quae tamen fieri aut potuit, aut potest adhuc" (Thilo, Topologia, cap. I, p. 2); vgl.
   Cicero, de inv. 1, 19, 27; Auct. ad Her. 1, 8, 13; Quint., inst. or. 8, 3, 70.

ten Bedingungen in dem berühmten Sonett „Thränen des vaterlandes anno 1636"
erfüllt[1]. Ein weiteres Beispiel soll uns Hofmannswaldau liefern:

> Mit starkem Krachen brach der Bau des Herren ein,
> Die Pfeiler gaben nach, die Balken mußten biegen,
> Die Ziegel wollten sich nicht mehr zusammenfügen:
> Es trennte Kalk von Kalk und riß sich Stein von Stein.
>
> Der Mauern hohe Pracht, der süßen Orgeln Schein,
> Die hieß ein Augenblick in einem Klumpen liegen:
> Und was itzund aus Angst mein bleicher Mund verschwiegen,
> Mußt abgetan, zersprengt und ganz vertilget sein[2].

Wir müssen uns auf die Erläuterung der ersten beiden Topoi beschränken aus
den gleichen Gründen, die Gottsched davon abhielten, die wichtige, aber ver-
schlungene Topik der Alten vollständig zu entwickeln: „Denn was die Lehren der
Alten so weitläuftig machte, das waren die so genannten Loca, oder Classen und
Fächer der Beweisgründe, darauf sie ihre Schüler verwiesen, wenn sie gute Beweise
erfinden sollten. Die Anzahl derselben war nun entsetzlich groß, und die Erklärungen und Exempel zu einer jeden nahmen sehr viel Platz weg . . . und auch ich
würde ein ganzes Buch davon schreiben müssen, wenn ich in ihre Fußtapfen treten,
und alles das beybringen wollte, was sie davon gesagt haben"[3]. Auf die Loci gründet sich jedoch die inhaltliche und formale Struktur der Lyrik des 17. Jahrhunderts,
und eine Arbeit, die sich mit der Erforschung der Motivkreise und der Sachgebun-
denheit von Dichtung dieses Zeitraums beschäftigen würde, fände in den Topoi
eine historisch relevante und angemessene Ausgangsbasis[4].

G. Fricke hat von der „Erfindung" gesagt: Sie „zielt nicht auf ein Individuelles
und Schöpferisches im Sinne etwa der Goethezeit, sondern bedeutet ein analyti-
sches Herausheben und Herstellen von Beziehungen, die irgendwie mit den Dingen
selber gegeben sind, die ablösbar von der Individualität des ‚Erfinders' allgemeine

---

1. Für die Descriptio als Beispiel zitiert von Conrady, Lat. Dichtungstradition, S. 231;
   vgl. die Interpretation von E. Trunz, Fünf Sonette des Andreas Gryphius, in: Vom
   Geist der Dichtung. Festschrift für R. Petsch, Hamburg 1949, S. 180—205. Dort
   S. 186 ff.
2. „Auf den Einfall der Kirchen zu St. Elisabeth", in: Deutsche Barocklyrik, hg. Wehrli,
   S. 57.
3. Joh. Chr. Gottsched, Ausführliche Redekunst, VI. Hauptstück, § II, S. 142.
4. A. Beckmann läßt in ihrer Arbeit (Motive und Formen der deutschen Lyrik des
   17. Jahrhunderts und ihre Entsprechungen in der französischen Lyrik seit Ronsard,
   Tübingen 1960 = Hermaea, N. F. Bd. 5) die rhetorische Tradition für die theoretischen Grundlagen der Lyrik außer acht. Mit der dort gegebenen Interpretation des
   Inventio-Begriffs (S. 29 ff.) stimme ich nicht überein.

und typische Gültigkeit und Verwendungsfähigkeit haben"[1]. Das Treffende dieser Beobachtung wird dann sofort klar, wenn man bedenkt, daß die Erfindungslehre der Poetik auf den detaillierten Anweisungen beruhte, die die Rhetorik in der Topik für die Inventio ausgearbeitet hatte. Diese Anweisungen beziehen sich immer auf das Thema der Rede und ihren Gegenstand[2]. Dem Ingenium des Redners bleibt es vorbehalten, die Regeln auf einen bestimmten Fall möglichst unauffällig zu applizieren. Die Poetik des 17. Jahrhunderts hat diese Tradition übernommen, und für den Dichter kommt es darauf an, die in der Sache selbst liegenden Argumente mit Hilfe der Topoi vollständig zu entdecken. Er kann auf schöpferische Phantasie verzichten, denn sie wird von ihm nicht gefordert, da man ihr keinen eigenständigen Wert zuerkennt. Aber er braucht Forschergeist und Gelehrsamkeit, um den Gegenstand nach den Regeln der Kunst auf die Darstellungsmöglichkeiten abzuklopfen, die in ihm schlummern.

Das System der Loci behauptete in den Erfindungsanweisungen der Poetik ein zähes Leben. „Ohne Erfindung kann kein Verß gemacht werden / diese muß erstlich dem Gemüthe Anlaß geben / was man schreiben solle"[3]. Für dieses Postulat gibt Männling folgende Möglichkeiten: „Die Erfindung geschieht also / daß ich alle Umstände betrachte / als: (1) Die Beschaffenheit der Zeit / ob selbige frölich oder Traurig / gut oder böse / Winter oder Sommer sey / (2) Den Ort / wovon und wohin ich schreibe. (3) Die Gelegenheit oder Ursachen / so es erwecket. (4) Die Personen an die man schreibet / ob solche hoch oder niedrig / ihre Fata. (5) Die zufälligen Umbstände als Glück / Unglück / Tugend / Laster / Gesundheit / Kranckheit / Leben / und Tod. (6) Die Nahmens-Bedeutung / als auch Buchstaben-Wechsel (7) Das Alter oder Jahre / Monate etc. Welche Sachen alle / wenn sie erwogen werden / viel contribuiren zur Invention"[4]. Was Männling hier als seine eigenen Einfälle ausgibt, nachdem er für die Erfindung gefordert hatte „hic Rhodus, hic salta", ist nichts anderes als ein Rückgriff auf die „sedes argumentorum" Quintilians, die er hier in Auswahl aufführt[5]. Er erweitert den Katalog: „Nota:

1. G. FRICKE, Die Bildlichkeit in der Dichtung des Andreas Gryphius, Berlin 1932, S. 19 f.
2. vgl. Quint., inst. or. 5, 8, 4: „neque esse argumentorum loci possunt nisi in iis quae rebus aut personis accidunt" (LAUSBERG § 356).
3. Männling, Helikon, S. 78 ff.
4. Männling, Helikon, S. 78 ff.
5. Wie stark sich Männling an die Erklärungen Quintilians klammert, zeigt der Topos „die Beschaffenheit der Zeit". Quintilian teilt die Argumente aus dem Locus „ex tempore" in zwei Gruppen. Unter die erste Gruppe fallen die allgemeinen Zeitangaben „nunc, olim, sub Alexandro" etc. Die zweite besteht aus definiten Zeitperioden: „Hoc sequens habet et constituta discrimina: — aestate, hieme, noctu, interdiu; et fortuita: — in pestilentia, in bello, in convivio" (5, 10, 42). Die Zeitangaben Pestilenz, Krieg und Gastmahl werden von Männling zu „frölich oder Traurig / gut oder böse" verallgemeinert. Die Reihenfolge der anderen Loci, die M. aufzählt, stimmt mit Quint., inst. or. 5, 10, 23 ff. überein.

zuweilen giebt auch eine Blume / ein Gesang / ein Wort / ein Stein / Fluß / Baum / Geschichte / Gram / Blicke etc. die beste Erfindung / bey welchen ich die Natur und Nutzen erwege / solche applicire und ein zierliches Votum anhencke". Männling beweist durch den Zusatz, daß er die Loci als Hilfsmittel zur Amplifikation begreift. Denn „die Natur und den Nutzen erwägen" ist nichts anderes, als das vorgefaßte Thema durch die Loci „ex rebus ipsis" und „ex utilitate" zu erweitern[1]. Was Männling hier detailliert beschreibt, macht den Kern aller Inventio-Anweisungen der zeitgenössischen Poetik aus. Wir greifen aus der Fülle der Belege einige heraus. Das Amt des Poeten liegt nach Kindermann in der Themenwahl: „Ich wil ein Trau- oder Trauer Gedicht aufsetzen: Ich wil diesem Glück wünschen: Ich wil einen Lobgesang verfassen usf. Diese und dergleichen Materien zugestalten / und mit einer zimlichen Erfindung auszubilden / ist das / was wir dichten und Dichtkunst nennen"[2]. Die Erfindung wird nun hergeführt „von dem Worte oder eigenen Namen [notatio] / oder von dem Dinge selbsten / darvon man handelt [definitio] / oder von den Umständen desselben [genus, differentia, species etc.] / oder von einem gehörigen Gleichnisse"[3]. Da die „Ableitung des Wesens der Sache aus dem Namen" zu den Topoi gehört, die allen Topik-Systemen gemeinsam ist[4], so darf nicht verwundern, wenn dieser Topos auch in den Erfindungssystemen der poetischen Theorie einen wichtigen Platz einnimmt[5]. Alle Argumente, die sich der Etymologie verschreiben, können aus ihm gezogen werden. Harsdörffer räumt zwar ein, daß man diese Erfindungen für „poetische Fechtsprünge" halten kann, gibt jedoch zu bedenken, daß „die Wörter ein Theil der Dinge [sind] / welche sie bedeuten und werden billich am ersten betrachtet"[6]. Die Sprachtheorie des 17. Jahrhunderts hat an dem Grundsatz festgehalten, mit dem

---

1. Der Topos „ex utilitate" gehört zur Topik unbelebter Gegenstände, vgl. Quint., inst. or. 3, 7, 27; LAUSBERG § 247.

2. Kindermann, Poet, S. 49; vgl. Harsdörffer, Gesprächspiele V, S. 24. Männling zeigt an anderer Stelle (Helikon, S. 85), daß die Lobgedichte den Gesetzen der epideiktischen Rede (genus demonstrativum) gehorchen (vgl. Quint., inst. or. 3, 7, 7). Die Abfassung eines „Carmen Genethliacum" hat nach folgenden Gesichtspunkten zu geschehen: „1. Nomen, wie der Freund heist. 2. Aetas, seine Jahre. 3. Patria sein Vaterland" etc. Für eine Untersuchung der Panegyrik und ihrer Grundlagen böte sich gerade im 17. Jh. reichhaltiges Material.

3. Kindermann, Poet, S. 50.

4. Arist., Rhet., p. 1400 b; Cic., Top. 8, 35; Quint., inst. or. 5, 10, 30 f.; Isid., Et. 2, 30, 5.

5. Die Beschäftigung mit dem Wort und seiner Etymologie galt als besonderes Zeichen der Gelehrsamkeit: „Principium eruditionis est nominum trutinatio"; unter Hinweis auf Epiktet zit. von Kempen, in: Neumark, Poet. Tafeln, S. 70.

6. Harsdörffer, Gesprächspiele V, S. 23.

auch Cicero im Anschluß an Aristoteles diesen Topos begründete: „Sunt verba rerum notae"[1].

Hat die Erfindung Personen zum Gegenstand, kann auf die „loci a persona" zurückgegriffen werden. Der Dichter hat zu bedenken „die Personen / oder derselben Tugenden und Laster [animi natura] / ihr Geschlecht und Ankunfft [sexus, aetas, educatio et disciplina] / ihr Glück / Unglükk / Reden / Kleidung / Hoffnung / Verlangen [fortuna, condicio] u. d. g. welches alles mit natürlichen Farben [decorum] als Gegenwärtig und selbständig aufgeführet werden muß"[2].

In der Rhetorik haben die Loci aber nicht nur ihre Berechtigung als Auffindungsquellen für einzelne Argumente. Darüber hinaus liegt ihre Aufgabe darin, einen Satz, eine Sache, ein Thema zu amplifizieren[3]. Die Amplifikation ist ein Mittel zur Überzeugung der Hörer. Es wirkt pathoserregend. Stieler definiert die Amplifikation als eine „Erweiterung als welche durch ermelter Stellen [sc. Loci] Zusammenhäuffung eine Rede und Schrift gleichsam ernehret / und vervollkomnet" wird[4]. Was Stieler für die Briefprosa fordert, gilt in weitaus größerem Maße für die Poesie. Denn die Dichtkunst will „aus einem geringen / oder ungestalten Dinge / etwas herrlich / ansehlich / geist- und lobreich ausarbeiten"[5]. Diese Rolle, eine Sache mit den Mitteln der Kunst zu erhöhen, hatte in der antiken Rhetorik besonders die Lobrede, so daß Quintilian sagen konnte: „Proprium laudis est res amplificare et ornare"[6]. Eine wesentliche Funktion der Dichtung des 17. Jahrhunderts liegt aber im Lob, sei es im Lob Gottes, der Menschen oder auch unbelebter Gegenstände. Es ist daher nur konsequent, wenn Birken in Kenntnis der Tradi-

---

1. Cicero, Topica 8, 35; vgl. Zesen, Helikon, S. 253. Zesen zählt für die „erfündungen / als die innerlichen stükke der Gedichte" u. a. die Zeit, den Ort, den Namen, die Namenverkehrung [Anagramm] auf. Hierher gehören auch Akrosticha, Palindrome, etymologische Spielereien. Schon Quintilian merkt zu den Argumenten aus dem Topos „ex nomine" an: „Iocorum tamen ex eo frequens materia" (5, 10, 31). Er bezieht sich auf ein etymologisches Wortspiel mit dem Namen Verres, das auch Isidor (Et. 2, 30, 5) kennt: „Cicero Verrem dicit everrisse provinciam". Zur „Kurtzweil" der Namenserfindungen vgl. Zesen, Helikon, S. 255. Die Beispiele zur „Erfindung aus dem Namen" in der Dichtung des 17. Jh.s sind Legion. Viele Exempel bei Kindermann, Poet, S. 50 ff.
2. Harsdörffer, Gesprächsp. V, S. 24.
3. Zur amplificatio vgl. LAUSBERG §§ 400—409. Zum Zusammenhang von Topik und amplificatio vgl. MERTNER, Topos und Commonplace, S. 190; P. JOACHIMSEN, Loci communes. Eine Untersuchung zur Geistesgeschichte des Humanismus und der Reformation, Luther-Jahrbuch 1926, S. 27—97. Dort S. 56.
4. Stieler, Sekretariatkunst I, Teil II, S. 105; vgl. Cicero, partitiones oratoriae 15, 52 ff.
5. Harsdörffer, Gesprächspiele V, S. 19.
6. Quint., inst. or. 3, 7, 6. Die Rhetorik als Kunst kann mit dem Amplifikationsvorgang identifiziert werden: „Isocrates interrogatus, quid esse Rhetorica? Ex parvis, inquit, facere magna, ex magnis parva" (Girbert, Rhetorica, tab. II, f. Hᵛ).

tion, auf die er baut, die Verfertigung von Gedichten durch den Amplifikationsvorgang mit Hilfe der Topoi definiert:

> Wer nun poetisieren will / der betrachte erstlich das / wovon er zu schreiben hat: das
> dann entweder eine Person / oder eine Sache / ein Ding oder eine Handlung ist / und
> entweder gelobt / oder gescholten wird. Die Ausführung (Amplificatio) / wann es nicht
> ein Epigramma oder Gedichtling ist / geschihet durch die Umstände / (a Causa, Effecto
> et Fine) von dessen Ursprung / Wirkungen / und Nutzen oder Schaden; von deme / was
> ihm gleich / entgegen und verwand ist; (a Simili, contrario et adjunctis): von dem Ort
> und der Zeit / darinn es ist; von dessen Maße und Beschaffenheit. Es wird auch / nach
> gelegenheit / ein Exempel oder Beispiel angezogen: welche / wie auch Gleichniße / dem
> Gedichte eine sonderbare Zier geben[1].

Der letzte Locus in dem Locus-Katalog, den Birken hier aufführt, ist das
„Gleichniß". Das mag verwundern, ist doch das Gleichnis eine literarische Form,
die selbst der Erfindungshilfen bedarf. Trotzdem hat Birken recht, wenn er es
anführt, und er weicht dabei keinen Schritt vom rechten Wege der rhetorischen
Tradition ab[2].

Alle Argumente teilen sich in zwei Gruppen: die einen gewinnt man aus der
Sache selbst, die andern müssen von außen an die Sache herangetragen werden.
Zu dieser Gruppe gehören Vergleiche, Parabeln, Exempla, historische Parallelen,
Allegorien, poetische Fabeln. Beweiskraft und Autorität erhalten diese Argumente
(quae extrinsecus adducuntur in causam, Quint., inst. or. 5,11,1) jedoch allein dadurch, daß sie mit der zu beweisenden Sache in einer Beziehung stehen. Diese
Beziehung wird durch die Ähnlichkeit (similitudo, Quint., inst. or. 5,11,13) hergestellt, der Topos, aus dem diese Argumente zu beziehen sind, ist der „locus ex
similibus"[3]. Die „similitudo" gehört eigentlich zum Ornatus, aber sie dient gleichermaßen dem Beweis, denn es handelt sich um Analogien, die aus der Natur und
dem allgemeinen menschlichen Leben entnommen werden, also aus Bereichen, die
der Erfahrung jedes Publikums entsprechen[4]. Zur Erläuterung zitiert Quintilian
den ciceronianischen Vergleich des Staates mit dem menschlichen Körper[5], oder er
verweist auf die Metapher der Geisteskultur: „Si animum dicas excolendum,
similitudine utaris terrae, quae neglecta spinas ac dumos, culta fructus creat"[6]. Die
Ausführlichkeit und die sprachliche Formulierung der „similitudo" ist nicht genau
fixiert. Sie kann in Vergleichen, Gleichnissen, Allegorien oder Metaphern zum

---

1. Birken, Redebindkunst, § 143, S. 187.
2. Zum Gleichnis im Topossystem vgl. Kempen, in: Neumark, Poet. Tafeln, S. 100;
   Harsdörffer, Poet. Trichter II, S. 49 ff., § 1; Harsdörffer, Gesprächpiele V, S. 22 ff.
3. Quint., inst. or. 5,10,73. Cic., Top. 10, 44; analog dazu „ex dissimilibus".
4. vgl. LAUSBERG § 422.
5. Quint., inst. or. 5, 11, 25.
6. Quint., inst. or. 5, 11, 24.

Ausdruck kommen[1]. In jedem Falle aber kann sie dazu beitragen, eine Sache eindringlicher zu machen, sie ins rechte Licht zu heben und dem Zuhörer den Sachverhalt anschaulich und deutlich vor Augen zu stellen (ad exprimendam rerum imaginem)[2]. Dem stimmt Kempen zu. Die „Gleichnüsse"[3] sind für ihn die reichste Quelle der Erfindungen. Sie sind wie ein helles Glas: „Denn wie durch selbiges alle Säffte und Blumen so viel herrlicher gläntzen / also wird der Verstand durch die Gleichnüsse desto mehr beleuchtet und vergnüget"[4]. Neben ihrer Funktion zu erklären, haben sie aber auch Beweischarakter: „Es sind zweyerley Gleichnüsse / die entweder etwas erklären oder beweisen / und haben einen großen Nachdrukk bei den Zuhörern"[5]. Diese Einteilung („beweisend" — „erklärend") übernimmt Kempen von Harsdörffer, der sie wiederum bei Quintilian fand:

> Praeclare vero ad inferendum rebus lucem repertae sunt similitudines; quarum aliae sunt, quae probationis gratia inter argumenta ponuntur, aliae ad exprimendam rerum imaginem compositae[6].

Zu den erklärenden Gleichnissen, die etwas Unbekanntes durch Bekanntes erläutern, zählt Kempen den Vergilschen Vergleich von Didos Flehen mit einem Sturm (Aen. IV, V. 441—449)[7].

> Wie wenn im Alpengebirge des hundertjährigen Eichbaums
> Wuchs bald hier bald dort die Wut wetteifernder Winde
> Angreift, rüttelt und lärmt und will ihn stürzen . . .
> Also bestürmt, bald hier bald dort, den Helden endlos
> Flehn: umsonst. (R. A. Schröder)

Den Gleichnissen, die nur erklären, indem sie „eine unbekante Sache / durch eine bekante vorstellig machen"[8], stehen diejenigen gegenüber, die beweisen. Harsdörffer zieht den paulinischen Vergleich (Röm. 12, 4—6) heran:

1. Vergleich und Gleichnis haben gemeinsam, daß explizit auf das Bildhafte aufmerksam gemacht wird (Odyssee 13, 28 f.; Mark. 4, 3 ff.). Jedoch ist beim Vergleich der Bezug zur Lösung bekannt, beim Gleichnis bleibt er bis zur deutenden Reprise unbekannt. Ein formaler Unterschied beider Gattungen liegt in ihrer syntaktischen Struktur. Ist die Vergleichsmaterie des Vergleichs syntaktisch abhängig von der einleitenden Deutung und durch Vergleichspartikel begrenzt, so fehlt dem Gleichnis diese syntaktische Verknüpfung.
2. Quint., 8, 3, 72; vgl. die Liste der Vergleichsmöglichkeiten bei Auct. ad Her. 4, 48, 61, die mit den Worten schließt: „. . . ex his aliqua venari similitudinem, quae aut ornare aut docere aut apertiorem rem facere aut ponere ante oculos possit".
3. Der Terminus ‚Gleichniß' entspricht der similitudo. Er wird als Oberbegriff für alle Formen verwendet, die eine Vergleichsstruktur haben, sei sie sprachlich mehr (Gleichnis, Vergleich) oder weniger (Metapher) konkretisiert.
4. Kempen, in: Neumark, Poet. Tafeln, S. 100. Er entlehnt von Harsdörffer, Poet. Trichter II, 10. Stunde, § 1 f. Harsd. bezieht sich auf Augustin, Ep. 119.
5. Kempen, in: Neumark, Poet. Tafeln, S. 100.
6. Quint., inst. or. 8, 3, 72.
7. Das gleiche Beispiel bei Harsdörffer, Poet. Trichter III, VI, S. 58, § 54.
8. Harsdörffer, Poet. Trichter III, VI, S. 58, § 54.

Gleicher Weise als wir in einem Leibe viel Glieder haben / aber nicht alle Glieder einerley Geschäffte: Also sind wir viel ein Leib in Christo / aber untereinander ist einer deß andern Glied etc.[1].

Die Poetik des 17. Jahrhunderts hat der quintilianischen Trennung keinen Sinn mehr geben können. Sie behält die Einteilung bei, erfüllt sie jedoch mit neuem Gehalt: Beweisende Gleichnisse sind die Gleichnisse der Bibel. Ihr Beweischarakter liegt nicht in der allgemeinverständlichen Analogie, sondern in der Autorität der Heiligen Schrift selbst. Nichts kann die Beweiskraft biblischer Gleichnisse deutlicher zeigen als ihre Anwendung durch Christus zur Widerlegung der Juden. Diese wollten nicht glauben, daß Christus ihnen nach seinem Tode würde nützen können. Er widerlegte sie nach Harsdörffer durch das Gleichnis vom Weizenkorn, das erst verwesen muß, bevor es Frucht bringen kann: „Und beweiset also / daß eine Sache nach und durch dem Tode kan Nutzen bringen"[2]. Harsdörffer ordnet diese Gleichnisse den Exempeln gleich, die allgemein zum Beweis einer Sache angeführt werden. Er hält sich damit an die Aussage Quintilians: „Proximas exempli vires habet similitudo . . ."[3].

Natürlich gehört zu den Gleichnissen die Metapher, denn für die Metapherntheorie des 17. Jahrhunderts ist noch die Meinung eines Aristoteles verbindlich, der die Metapher als eine Art Gleichnis aufgefaßt hatte[4]. Harsdörffer definiert: „Hangen etliche Sachen durch eine Gleichniß aneinander / daß man eines an Statt deß andern setzen kan / und entstehet also die Umsetzung / (Metaphora)"[5]. Sie ist die Königin der rhetorischen Figuren, ein „tropus luculentissimus, frequentissimus, et florentissimus"[6]. Alles kann mit allem durch sie verbunden werden, Unbekann-

---

1. Harsdörffer, Poet. Trichter III, VI, S. 59, § 55.
2. Harsdörffer, Poet. Trichter III, VI, S. 61, § 59.
3. Quint., inst. or. 5, 11, 22.
4. Arist. Rhet., p. 1406b; vgl. Quint., inst. or. 8, 6, 8: „metaphora est brevior similitudo". Zur Kritik an der traditionellen Metapherndefinition und zu ihrer Neufassung auf der Grundlage der synchronischen Semantik vgl. H. WEINRICH, Semantik der kühnen Metapher, DVjs 37 (1963) 325—344.
5. Harsdörffer, Poet. Trichter III, VI, S. 56, § 52.
6. Alsted, Encyclopaedia lib. VII, cap. IX, p. 380. Alsted bestätigt die Zugehörigkeit der Metapher zum „locus ex similibus": „In explicatione metaphorae respiciendum est . . . ad locum similium in Logica". Vgl. auch Buchner, De Commutata Ratione Dicendi, p. 462: „Sequitur nunc Locus a Simili, qui magnum usum habet cum apud Poëtas, tum Oratores quoque habet . . . Est autem Similitudo, cum ex diversa re, ac dispari prorsus traducimus simile aliquid, quo rem, de qua agimus, illustriorem ac evidentiorem faciamus, repraesentantes eam, et oculis subjicientes; ut quemadmodum aquae, ni moveantur, vitium capiunt: si et corrumpi homines solent, qui otio ac voluptatibus indulgent. Nempe aquae et homines res plane diverso genere sunt: Et tamen in eo assimilantur invicem, quatenus torpere et sic corrumpi possunt".

tes hebt sie in die Anschaulichkeit, das Wesen eines Dinges wird durch sie offenbar[1]. Harsdörffer stellt als Beispiel ein Gedicht aus Metaphern zusammen:

> Der Hofmann ist ein Glas / das Spiegel ist benamt /
> weil er in allem Thun nach seinem Herren ahmt /
> der Kriegsmann ist ein Hacht / deß raubens meist beflissen /
> Der Hausmann ist ein Bien / die Nahrung zu versüssen /
> der Schiffer ist ein Fisch / der sich im Meer ernehrt /
> der Kauffmann ist ein Fahn / der wie der Wind sich kehrt.
> Was ist dann der Regent? ein Aug / das viel betrübet /
> ein Nagel in der Wand / der seinen Last beliebet. etc.[2]

Wir können die Erläuterung des Topos „ex similibus" hier schließen. Er hat in der poetischen Theorie deswegen so große Bedeutung, weil er eine für das 17. Jahrhundert so charakteristische Denkform unterstützt: Er verpflichtet zur Suche nach Korrespondenzen und Analogien, die in der Seinsordnung vorgegeben sind. Seine prägnanteste Form ist die Metapher[3].

Wir haben versucht zu zeigen, daß das System der „Beweis-loci", das in der Rhetorik seinen festen Platz zum Auffinden der Argumente und zur Amplifikation hat, zu den Grundlagen der Poetik des 17. Jahrhunderts gehört. Ein Beispiel soll erläutern, wie die theoretischen Kenntnisse in die Praxis umgesetzt werden können. Wir entnehmen es der Poetik von Daniel Omeis. Er hat am anschaulichsten den Weg beschrieben, der mit Sicherheit zum Gedicht führt, wenn man die richtigen „Örter" kennt, „daraus eine unerschöpfliche Menge der Erfindungen kan genommen werden"[4]. Er empfiehlt sie sowohl dem „Artis Oratoriae Studioso, also auch einem Anfänger in der Poësie"[5]. Zum Thema nimmt er den Satz „Der Krieg ist höchstverderblich". Das Gedicht kann begonnen werden „ex loco Etymologiae". Die Römer nennen den Krieg „Bellum d. i. schön". Die Etymologie führt zu der Frage: Was soll am Rauben und Plündern schön sein? Es schließt sich der „locus ex definitione" an, der in dem Satz zum Ausdruck kommt: „Bellum est concertatio per vim". Omeis illustriert: „Wo Gewalt ist / da ist Unrecht und Jammer; wo man streitet / da ist Verderben und keine Sicherheit"[6]. Es folgen die Loci „ex enumeratione partium", „ex effectibus", „ex causa efficiente". Aus dem Topos „ex similibus" ergibt sich der Vergleich des Krieges mit dem Haupt der Medusa, mit

---

1. Alsted, Encyclopaedia, lib. VII, cap. IX, p. 380.
2. Harsdörffer, Poet. Trichter II, S. 58, § 8. An diesem Gedicht wird deutlich, daß die Metapher als sprachliche Form zu mindestens zwei Topoi gehört (ex definitione, ex similibus).
3. Sucht man daher nach Quellen für die Metapherntheorie des 17. Jh.s, so findet man reichhaltiges Material in den Rhetoriken s. v. locus ex similibus.
4. Omeis, Gründliche Anleitung, S. 132.
5. ebd., S. 132.
6. ebd., S. 133.

einem Seesturm oder mit einem kranken Körper. Schließen kann man mit dem locus „ex contrariis".

Die Skizze, die Omeis vorlegt, könnte genauso gut für eine Prosarede gedacht sein, die es unternimmt, den Hörer von der Gefahr des Krieges zu überzeugen. Mit seltener Deutlichkeit bestätigt Omeis, daß der Unterschied von Prosa und Poesie sich auf die Akzidentien Reim und Metrum beschränkt, und daß die rhetorischen Vorschriften unterschiedslos für beide Ausdrucksformen die verpflichtende Norm sprachlicher Gestaltung sind. So mechanisch die Dichterei hier auch erscheint: die Methode setzt hell ins Licht, was man von einem Gedicht verlangt. Sie hat den Gegenstand kunstreich zeigend zu bewältigen[1], gleichzeitig aber den Leser in diese Bemühung einzubeziehen und ihn für die Aussage zu gewinnen, und zwar nicht durch kaltes Dozieren, sondern durch die Bewegung der Affekte. Das letzte Ziel jeglicher rhetorischen Bemühung liegt in der „persuasio", in dem überzeugenden Glaubhaftmachen des Vorgetragenen. Die Rhetorik teilt es mit der Poesie. Ein Instrument dazu sind die Topoi[2].

Das Gedicht, das Omeis als Beispiel der Theorie anführt, lautet (wir verzeichnen die Topoi am Rande):

O Krieg / du schnöde Pest / bist du wol schön zu nennen?	etym.
wie diß die Römer thun. Ach ja / wann mord- und brennen /	
wann rauben / plündern / Tod / wan Hunger / Qual und Pein /	
genehm und lieblich sind / magst du auch lieblich seyn.	
Dein Wesen ist Gewalt und Streit von beeden Theilen!	def.
Diß sind ja lauter Wort gleich harten Donner-Käulen.	
Ach wo Gewalt regiert / ist Jammer; wo der Streit /	
da hat man beederseits nicht Fried noch Sicherheit.	
Da wird das steife Band der Einigkeit zerrißen.	
Das ist gar viel gesagt. Die Tafeln sind zerschmissen	enum. part.
der Göttlichen Gebot; die Kirche liegt zerstört /	
die Häußer wüst und öd / die Raht-Stül umgekehrt;	
die Wälle fallen ein / die hohe Thürme wanken /	
die Aecker stehen kahl / die Leut und Thier erkranken:	
es triefen Schwert und Feld vom armen Christen-Blut.	effect.
Hier wird die Grausamkeit genennt das höchste Gut.	
Wie wann des Menschen Leib gefoltert wird mit Schmerzen:	sim.
am Haubt / am Hals und Zahn / vom drücken bei dem Herzen /	
und wann ihn plagt zugleich die Colic / Stein und Gicht;	
so liegen Land und Staat beim Krieg auch zugericht.	
Hergegen wo der Fried / das guldne Kleinod / glänzet /	contr.

---

1. vgl. CONRADY, Lat. Dichtungstradition, S. 47.
2. Lauremberg (Euphradia, p. 3) vergleicht den Rhetor mit dem Schmied. Wie dieser seinen Hammer, so brauche der Redner die Topoi zur Überzeugung.

da blüht ein Paradis mit Glück und Heil bekränzet.
Es bleib der wilde Mars uns ewig unbewust!
Ach komm Irene / komm / du Brunnquell aller Lust[1].

Die Rolle der Topik für die literarische Inventio sollte bis hierher deutlich geworden sein. Sie hat in der Poetik zwei Aufgaben zu erfüllen: Im engeren Sinne dient sie dazu, die Reflexion bei der Betrachtung des Gegenstandes, von dem die Rede sein soll, zu unterstützen und den Ort für ein beweiskräftiges fiktives oder wahres Argument anzuzeigen. Außerdem unterstützt sie die Amplifikation. Da die Dichtung des 17. Jahrhunderts sich auch das rhetorische Ziel der „persuasio" zu eigen gemacht hat, behält die Topik in der Poetik ihre ursprüngliche Funktion.

Die Topik begegnet im 17. Jahrhundert jedoch noch in einer anderen Bedeutung. Wir kennen bereits die Voraussetzung, die zur Herstellung eines sprachlichen Kunstwerks in Poesie oder Prosa gehört: Der Dichter muß im Besitz eines großen Wissensschatzes sein. Das menchliche Gedächtnis ist jedoch zu schwach, um den ganzen Reichtum jederzeit zugänglich zu machen. Stieler rät daher dem künftigen Sekretär, „Gemeinstellen (loci communes)" einzurichten, „in welche man dasjenige / so man gelesen / einzeichnet / und zu künftigem Gebrauch verwahret"[2]. Als grobes Ordnungsschema schlägt er die Einteilung in Wörter und Sachen vor. In die Rubrik der Wörter gehören Homonyme, Synonyme, Epitheta, Beschreibungen (descriptiones), Sprichwörter und gängige Redensarten. „Exempla, Similia, Testimonia, Sententiae, Definitiones, Distinctiones, Causae, Circumstantiae, Dubia" sollen in die Rubrik der Sachen eingeordnet werden. Wer auf diese Weise „mit guten Fundgruben / das ist / solchen Büchern /darinnen viel Exempei und andere ausgeklaubte Sachen (Selecta) eingetragen oder (welches weit beßer / gewißer / und zuverlässiger / mit selbstverfertigten Gemeinstellen (Locis communibus) und Wahlsachen (Excerptis) versehen / dem ist es gar leicht / hinder dergleichen Erfindungen zu kommen / zumal wenn er nachsinnig / geduldig und unverdroßen seyn kan"[3]. Rotth schließt sich dieser Meinung an. Er würde es begrüßen, wenn ein junger Dichter „in seinen Locis communibus einen Titel machte vom Letterwechsel / und dahin alle dergleichen feine Sachen trüge (sc. Dame-Made, Leben-Nebel) / so hierzugehören"[4]. Und auch Comenius hält das Herausschreiben denkwürdiger Stellen, die man nicht vergessen möchte, für notwendig, da das menschliche Gedächtnis kaum so glücklich sei, daß es sofort bereit habe, was man erinnern wolle, wenn die Exzerpte nicht in Vorratskammern (thesauricos aliquos

---

1. Omeis, Gründliche Anleitung, S. 134 f.
2. Stieler, Sekretariatkunst I, Teil I, S. 141; zum Terminus „locus communis" vgl. den EXKURS I, S. 175.
3. Stieler, Sekretariatkunst I, Teil I, S. 124.
4. Rotth, Vollständige deutsche Poesie II, Kap. II, S. 38, § 27.

carceres) sicher eingelagert seien. Auf die Frage, was das für Kammern seien, antwortet er: „Locos Communes quosdam seu Pandectas; ad quos quicquid utile didiceris, referas; et unde quicquid usus requirit, rursum promas"[1]. Gegen diese Methode wendet sich Joh. Joach. Becher. In seiner Didaktik tadelt er diejenigen[2], die „Nomenclaturen gemacht / darinnen sie die Wörter in gewisse Locos communes gebracht / die sie quoad affinitatem materium außgetheilt". Diese Methode bringt für den Schüler nur Schwierigkeiten, denn er muß sich anstatt der Wörter selbst nun die Locos communes einprägen und „haben solche Tituli, oder Loci communes ausser voriger Beschwerung / daß der Knab erstlich ad locum communem sich wenden muß / nit eine eintzige Facilitirung"[3].

Das hier beschriebene Verfahren, Exzerpte „unter gewisse Stellen zu bringen"[4], stellt die Topoi in den Dienst einer Materialsammlung. Waren die Loci ursprünglich ein Auffindungsprinzip für Argumente, die man zu suchen hatte, so erhalten sie nun die Aufgabe eines Registers für gesammeltes Material (Sentenzen, Exempla, Gleichnisse etc.). Die abstrakte Funktion wird konkretisiert: Aus dem Denkprinzip wird das Stichwort. Der Ort in der geistigen Landschaft, der ursprünglich der Reflexion als fündiger Grund für sachgebundene Argumente diente, wird nun zum Sammelplatz für vorgeformtes Material erklärt, das dort für die „memoria" bereit liegt: „Loci communes sunt memoriae subsidium et signum repraesentativum"[5]. Die von Stieler, Comenius oder Rotth gegebenen Anweisungen sind im Grunde nichts anderes als Regeln zum Verfertigen einer privaten Enzyklopädie, die das intellektuelle Fassungsvermögen und die Belesenheit ihres Autors widerspiegelt. Geistige Inhalte werden aus ihrem Kontext gerissen und unter bestimmten Gesichtspunkten neu gruppiert.

Diese Methode ist keine Erfindung des 17. Jahrhunderts, wenn sie auch im Zeitalter der Enzyklopädie besondere Hochachtung genießt. Sie gehört schon zum humanistischen Schul- und Literaturbetrieb, denn „das gewaltig angewachsene Material, das das intensivere Studium der Antike zu Tage förderte, bedurfte dringend der Gliederung und Organisation"[6]. Vom Schüler wurde verlangt, daß er sich bei der Lektüre Notizen machte und schöne Aussprüche, Sentenzen, passende Beispiele oder nützliche Lebensregeln unter bestimmte Titel sammelte, die „loci communes" genannt wurden; communes deswegen, so sagt Rudolf Acricola, weil sie sowohl alles, was sich über eine Sache sagen läßt, wie auch alle Argumente in

---

1. Comenius, Pampädia XIII, 10.
2. Becher meint vor allem Comenius.
3. Methodus Didactica, S. 61; die gleiche Argumentation auch in Bechers Novum Organum Philologicum, Vorr., f. C7v.
4. Kindermann-Stieler, Teutscher Wolredner, S. 42.
5. Alsted, Orator, p. 20.
6. MERTNER, Topos und Commonplace, S. 194.

sich enthalten[1]. Der Humanist war auf seine Lesefrüchte, die er in Loci-communes-Hefte eintrug[2], angewiesen, brauchte er doch das Wort der Autoritäten zum Beweis einer These, zur Unterstützung der eigenen Aussage oder als schmückende Beigabe. Wenn wir heute bei der Lektüre gelehrter Werke des 16. und 17. Jahrhunderts die ungeheure Belesenheit und das ausgezeichnete Gedächtnis der Autoren bewundern, dann sollten wir bei aller Ehrfurcht vor ihrer Erudition nicht vergessen, daß sie kein Buch beiseite legten, ohne die wesentlichen Stellen sorgsam herausgeschrieben und unter bestimmte „capita" gebracht zu haben[3].

In vielen Rhetoriken findet sich daher die Anweisung, wie Loci-communes-Hefte anzulegen sind. Johann Heinrich Alsted nennt in seinem »Orator« zwei Mittel, die dem Lernenden ein Höchstmaß an Gewinn bringen: „observatio" und „conservatio observatorum"[4]. Manch einer kann seinem guten Gedächtnisse vertrauen. Wer sich dieser Gabe aber nicht rühmen darf, muß sich eine Gedächtnisstütze schaffen, denn „tantum scimus, quantum memoria tenemus"[5]. Nicht alles ist des Aufschreibens wert, sondern nur das Besondere. Alsted schlägt folgende Möglichkeiten für die „libelli memoriales seu volumina locorum communium" vor[6]: Ein „vocabularium" soll Synonyme und Epitheta, ausgezeichnete Tropen und seltene Wendungen enthalten; schmuckreiche Sätze, aber auch Archaismen und „annomales loquendi formulae" werden in die „phraseologia" eingetragen; ein „florilegium" nimmt Exempla, Vergleiche und scharfsinnige Sentenzen auf; Danksagungen, Anrede- und Frageformeln werden im „formulare" zusammengestellt. Diese Regeln zur Katalogisierung von Wortmaterial gelten grundsätzlich für den Gebrauch beim Abfassen von Reden, Briefen oder Predigten. Für die Einteilung und Ordnung der Sachen gelten ähnliche Prinzipien. Alsted stellt frei, die Dinge nach ihrer Substanz, Quantität oder Qualität zu ordnen, ein Verfahren, das in der Theologie, der Philosophie und Logik fruchtbar ist. Jede einzelne Disziplin wird sich besondere Loci wählen. So die Theologie etwa die Loci „de Deo, de Angelis

---

1. vgl. MERTNER, Topos und Commonplace, S. 195.
2. vgl. dazu A. BUCK, Die „studia humanitatis" und ihre Methode, S. 283 ff.
3. Zum synonymen Gebrauch von „locus communis" und „caput" oder „titulus" vgl. Aphtonius, Progymnasmata, ed. B. Harbart, Stetini et Colberge 1656, S. 231; außerdem Erasmus, De copia verborum, zit. bei MERTNER, Topos und Commonplace, S. 196.
4. Alsted, Orator, p. 274: Duo sunt discendi media: Observatio, et observatorum conservatio. Observatio est, qua aliquid discimus ex magistris vivis, vel mutis: idq. vel domi, vel peregre. Observatorum conservatio est vel principalior, vel subsidiaria. Conservatio principalior est, quae fit in mente & memoria. Subsidiaria est, quae fit in subsidio librorum, qui dicuntur Loci Communes.
5. Alsted, Orator, p. 275; A. bezieht sich auf Cicero.
6. Alsted, Orator, p. 21 ff.

etc."[1]. Denn die Dinge des Universums beziehen sich alle auf irgendeine Disziplin, handele es sich nun um Wörter oder Sachen[2]. Wenn Alsted also von Loci communes spricht, dann meint er entweder die „libelli memoriales", die unter einzelnen Stichwörtern das Material bewahren, oder die Stichwörter selbst. In jedem Falle jedoch gibt er dem Begriff die Bedeutung „eines wissenschaftlichen und überhaupt geistigen Ordnungsschemas, einer Methode, mit den Dingen, mit der Welt fertig zu werden"[3]. Damit steht er in der humanistischen Tradition, die die ganze Sachwelt in Loci einzuschließen suchte[4].

Zwei Gesichtspunkte waren für die Loci-communes-Methode maßgebend: der Ordnungsgedanke und die schnelle Verfügbarkeit des gesammelten Stoffes. Es ist daher nur konsequent, wenn Alsted die Loci als Instrument benutzt, um nicht nur aus den verschiedensten Schriften der Antike alles Wissenswerte und Denkwürdige aufzulesen und zu gliedern, sondern die Bibel selbst nach diesem Verfahren aufzuschlüsseln. In dem Vorwort zu seinem »Triumphus Biblicus«, einem Werk, das unter bestimmten Stichworten Bibelzitate anhäuft, nennt er die Ziele, die ihn leiteten. Er will eine Bibelwissenschaft ohne die zeitübliche Hilfestellung der Philosophie (Aristotelismus, Ramismus etc.) begründen und den Lehrgehalt der Heiligen Schrift nach den ihr eigenen Gesichtspunkten (loci communes) für den Schulgebrauch in ein enzyklopädisches System bringen[5].

Was Alsted in großem Rahmen unternimmt, hatte schon Luther, wenn auch in geringerem Maße, für die Kinder empfohlen. Sie sollten die Sprüche der Bibel „yn

---

1. Alsted, Orator, p. 278. Schon Melanchthon stellt die Loci in den Dienst eines theologischen Wissenschaftssystems in seinem Werk »Loci communes rerum theologicarum seu hypotyposes theologicae«, Wittenberg 1521; Melanchthon versteht unter den Loci theologische Grundbegriffe; vgl. dazu P. JOACHIMSEN, Loci communes. Eine Untersuchung zur Geistesgeschichte des Humanismus und der Reformation, in: Luther-Jahrbuch VIII (1926) 27—97; vgl. für das 17. Jahrhundert Johann Gerhard, Loci theologici cum pro adstruenda veritate tum destruenda quorumvis contradicentium falsitate per theses nervosas solide et copiose explicati, hg. J. F. Cotta, Tübingen ²1767 ff. [1. Aufl. 1610—21].
2. Alsted, Orator, p. 280: Quidquid est in toto mundo, potest referri ad aliquam disciplinam, sive sit res, sive verbum. Methodici itaque erunt L. C. si per disciplinas distinguantur, et tot locorum communium genera et volumina constituantur, diversa ac separata, quot sunt partes disciplinae, quam tractamus.
3. MERTNER, Topos und Commonplace, S. 198.
4. ebd., S. 199.
5. Alsted, Triumphus Biblicus, f. (:)2ʳ: Duo mihi proposui hoc in opere: unum, ut animum meum exuerem opinionibus philosophicis, quae non possint non adhaerescere iis, qui vulgarium philosophorum scripto, sepositis Scripturis sacris, evoluunt, neque sibi proponunt canonem: alterum, ut Biblia sacra in locos communes ita redigerem, ut inde systema methodicum conficerem, pandectasque illas sacras iuventuti eo familiariores redderem.

die secklin und beutlin stecken, wie man die pfennige und grossen oder gulden ynn die tasschen steckt"[1]. Die Säcke und Beutel erläutert er als die Loci communes, in die die Summe christlichen Wissens verteilt wird. Dabei soll sich niemand zu klug dünken, solche Beschäftigung als Kinderspiel abzutun: „Wolt Got, das solch Kinderspiel wol getrieben wurde; man solt yn kurtzer zeyt grossen schatz von Christlichen leuten sehen, und das reyche seelen ynn der schrifft und erkentnis Gottis wurden, bis das sie selbst diser beutlin als locos communes mehr machten und die gantze schrifft dreyn fasseten"[2]. Alsted ist Luthers Aufforderung gefolgt. Er hat die Bibel in kleinste Exzerpte zerlegt und sie unter bestimmten Sachgruppen wieder zusammengestellt. Der Index, der über sechzig Titel umfaßt, gibt Aufschluß über die Akribie, mit der Alsted zu Werke gegangen ist. Als Einteilungsprinzip dienen die Wissenschaften (Philosophie, Theologie, Jurisprudenz, Medizin) und freien Künste (Grammatik, Rhetorik, Dialektik). Aber auch Historie und Chronologie, Cabbala, Alchemie und Geographie werden aus der Bibel begründet, erläutert und exemplarisch dargestellt[3]. Alsted macht also den Wissenschaftsbegriff zum Locus communis[4], und auch Stieler hatte, als er die oben angeführten Loci als Einteilungsprinzipien vorschlug, daneben die Möglichkeit angegeben, den Stoff zu sammeln „ad Historiam, Rhetoricam, Ethicam, Politicam atque ad Ius ipsum pertinentia"[5], also nach Wissenschaftsgruppen.

Die zitierten Belege reden eine deutliche Sprache. Die Topik, die in der antiken und spätantiken Rhetorik ein Hilfsmittel besonders der Inventio war[6], wird zu einem Ordnungssystem, zu einem „promptuarium omnium vere universalis eruditionis" (Comenius) erweitert. Hatte die Topik ursprünglich den Sinn, das Suchen

1. Luther, W. A. 19, 77, 23. Zit. bei H. WEINRICH, Münze und Wort. In: Romanica, Festschrift für G. Rohlfs, hg. H. LAUSBERG und H. WEINRICH, Halle 1958, S. 513.
2. Luther, W. A. 19, 78, 15.
3. Alsted, Triumphus Biblicus, p. 620: Prima ordine explicat quatuor facultates, philosophiam, theologiam, iurisprudentiam, et medicinam. Secunda exhibet particulas facultatum et disciplinarum liberalium. Tertia proponit illos titulos, qui sunt veluti farrago facultatum et artium.
4. Die Loci communes, unter die das Material anzuhäufen ist, können grundsätzlich begrifflich enger oder weiter gefaßt werden. Mehrere Möglichkeiten bieten sich an: 1. Das einfache Stichwort; 2. Der umfassendere Begriff (Poesie; Rede); 3. Die Sachgruppe (Parabel; Emblem); 4. Die Wissenschaftsgruppe (Jurisprudenz; Rhetorik); 5. Der Topos in seiner ursprünglichen Gestalt (ex contrariis; ex causa efficiente). Obwohl diese letztere Möglichkeit von Stieler (s. o.) und auch von Harsdörffer theoretisch gefordert wird (Gesprächspiele III, S. 64), kommt ihr in der Praxis keine Bedeutung zu. Denn für eine Materialsammlung, die das Gedächtnis unterstützen soll, ist der Topos als Denkprinzip ungeeignet.
5. Stieler, Sekretariatkunst I, Teil I, S. 142.
6. In diesem Sinne auch in der Rhetorik und Poetik des 17. Jh.s noch gebräuchlich, wie in dem ersten Teil dieses Kapitels gezeigt wurde.

und Auffinden zu erleichtern, so liegt ihre Hauptfunktion nun darin, als Einteilungsschema für gesammelten geistigen Vorrat zu dienen, der, in Schatzkammern, Goldgruben, Promptuarien und Florilegien aufbewahrt und unter die Loci communes verteilt, in dauernder Bereitschaft darauf wartet, genutzt zu werden[1]. Quintilian erkannte die Gefahr, die in der Topik als Methode selbst schlummerte. Im Anschluß an die Erläuterung der Loci sagt er:

> Ich spreche über diese Dinge, nicht weil ich denke, daß eine Kenntnis dieser Örter, aus denen man die Argumente ziehen kann, nutzlos ist (hätte ich das gedacht, dann hätte ich sie nicht erwähnt). Sondern ich wollte diejenigen, die diese Regeln gelernt haben, daran hindern, andere Überlegungen zu vernachlässigen und zu glauben, sie hätten ein vollkommenes und absolutes Wissen der ganzen Sache; und ich wollte ihnen klarmachen, daß wenn sie sich nicht ein gründliches Wissen der übrigen Gesichtspunkte, über die ich noch zu sprechen habe, verschaffen, sie nur Besitzer dessen sein werden, was ich eine stumme Wissenschaft nenne[2].

Das 17. Jahrhundert hat diese Warnung überhört und die lebendige Wissenschaft von den Loci zu einer „muta scientia" erstarren lassen. Es machte aus dem Denkprinzip der Inventio das Stichwort für das Gedächtnis. Die Aufklärung wird der Topik schließlich den Rücken kehren. Thomasius schreibt:

> Loci communes, Poetische Schatzkasten, Poetische Trichter und dergleichen Bücher mehr, ingleichen die Imitationes helfen denjenigen, die kein poetisch Ingenium haben, zu weiter nichts, als daß sie Pritschmeister daraus werden. Wer aber ein Naturell zur Poesie hat, braucht dergleichen armseligen Vorrat nicht.[3]

Die ästhetischen Kategorien haben sich verändert. Thomasius stellt den Erfindungs- und Sammlungsmethoden die „positiven Regeln" gegenüber: „Lies, Beurteile, Versuche, Ändere"[4].

---

1. vgl. etwa Jeremias Drexel, Aurifondina Artium et Scientiarum Omnium, Excerpiendi sollertia, Omnibus Litterarum Amantibus Monstrata, Monachii 1638. (Sacer kritisiert die Dichter, die „nach Anleitung der Aurifondina Drexelii die locos communes herausziehen"; zit. bei Borinski, Poetik d. Renaiss., S. 301); Christoph Lehmann, Florilegium Politicum: Politischer Blumen Garten, Darinn Auszerlesene Sententz, Lehren, Regulen und Sprüchwörter Ausz Theologis, Jurisconsultis, Politicis, Historicis, Philosophis, Poeten ... unter 286 Tituln ... In locos communes zusammen getragen, Lübeck 1639.
2. Quint., inst. or. 5, 10, 119: „Haec non idcirco dico, quod inutilem horum locorum, ex quibus argumenta ducuntur, cognitionem putem, alioqui nec tradidissem; sed ne se, qui cognoverint ista, si cetera negligant, perfectos protinus atque consummatos putent et, nisi in ceteris, quae mox praecipienda sunt, elaboraverint, mutam quandam scientiam consecutos intelligant".
3. Ch. Thomasius, Höchstnötige Cautelen für einen Studiosus juris, 1713, 8. Kap.; zit. bei W. Kayser, Die Wahrheit der Dichter, Hamburg 1959 (rde, Bd. 87), S. 70.
4. zit. bei W. Kayser, ebd., S. 70.

Die Forderung, daß der Dichter Ingenium haben muß, um gut erfinden zu können, gehört zum Idealbild des Barockpoeten. Die Praxis sieht anders aus: Das Ingenium wird durch die Gelehrsamkeit ersetzt. Thomasius jedoch nimmt die Nachbarschaft von Ingenium und Erfindung ernst. Das „Naturell" wird zum Kriterium einer Dichtung erhoben, die sich nicht mehr unter dem Ballast der Erudition zu krümmen braucht. Die Poesie des 17. Jahrhunderts versteht sich anders. Sie kann auf die Gelehrsamkeit, auf Schatzkammern und „Loci Topici" nicht verzichten, ohne diese Stützen ist sie nicht zu denken. Deswegen hat FABER DU FAUR wohl recht, wenn er sagt: „It would be true to say that the Baroque era created its great lyrics more in violation of its own theory than with its help"[1].

1. CURT VON FABER DU FAUR, German Baroque Literature, New Haven, Yale University Press 1958, p. XXI.

III. RHETORISCHE STILLEHRE

Im dritten Buche seines Werkes »De oratore« läßt Cicero gleich zu Anfang Crassus bemerken, daß „weder der Schmuck der Worte sich finden lasse ohne erzeugte und deutlich ausgedrückte Gedanken, noch irgendein Gedanke lichtvoll sein könne ohne das Licht der Worte"[1]. Diese Aufgabe, den gefundenen Gedanken sprachlichen Glanz zu verleihen, kommt der „elocutio" zu, der Lehre vom Ausdruck. Sie ist die schwierigste Materie der Rhetorik[2], denn während es für einen guten Redner schon ausreichend sein mag, wenn er das Nötige sagt, so kann doch allein der wahrhaft beredte Sprecher dieses in einer geschmückten und angemessenen Sprache tun[3]. Harsdörffer würde dem zustimmen, denn er schreibt selbst:

> Gleichwie die Metall ... theils zu der unvermeidlichen Noht / wie Eisen und Kupfer / theils auch zu überflüssigen Pracht / wie Gold und Silber gebrauchet werden: also sind auch die Reden entweder zu nöhtiger Erhaltung Gemein- und Kundschafft deß Menschlichen Lebens / oder auch zu der Zier und Lust grosser Herren und vornemer Leute erfunden und in Gebrauch gelanget. Jenes heisst man recht reden . . . dieses wol reden / nemlich mit schicklichen / bedachten und auserlesnen Begrüff[4].

Stieler spitzt den Gegensatz zwischen „recht reden" und „wol reden" noch weiter zu. Er vergleicht die Rede mit dem Menschen. Den Sachen entspricht die Seele, den Wörtern der Körper. Die einfache Rede ähnelt dem Menschen, der zwar eine Seele hat, dem aber der Gebrauch der Glieder mangelt. Die vollkommene Rede gleicht „einer munteren Seele in einem geraden / gesunden und wolgestaltem Leibe"[5]. Das Ideal ist die vollkommene Harmonie zwischen Leib und Seele, zwischen den Gedanken und ihrem sprachlichen Kleid.

Die Lehre von den stilistischen Gesetzen der Wohlredenheit, der wahren Eloquenz, die sich keineswegs in „Plauderfertigkeit"[6] erschöpft, muß nicht nur als das schwierigste, sondern auch vornehmste Stück der ganzen Rhetorik angesehen werden[7]. Denn die Erfindung und Anordnung des Stoffes ist jedem verständigen Menschen möglich, „ornate autem dicere proprium esse eloquentissimi"[8].

---

1. Cicero, de or. 3, 6, 24.
2. vgl. Quint., inst. or. 8, pr. 13.
3. vgl. Cicero, de or. 1, 21, 94; Quint., inst. or. 8, pr. 13.
4. Harsdörffer, Poet. Trichter III, S. 16, § 21.
5. Stieler, Sekretariatkunst I, Teil II, S. 234.
6. Schottel, Ausführliche Arbeit, S. 168.
7. vgl. Stieler, Sekretariatkunst I, Teil II, S. 235. So auch Kempen, in: Neumark, Poet. Tafeln, S. 297: „Das grösseste Stükk der Poetischen Wissenschaft besteht darinn / daß ein Tichter / die zu einem gewissen Vorhaben erwehlete Erfindung / zierlich und mit sonderbarem Fleisse vollführe / und ausarbeite / damit sie ihre anständige und gehörige Gestalt erlange".
8. Quint., inst. or. 8, pr. 13—14.

Die Elocutio mit ihren Vorschriften ist die Nahtstelle, an der Poetik und Rhetorik seit dem Mittelalter zusammengefügt sind[1]. Die in der „inventio" gefundenen und in der „dispositio" geordneten Gedanken müssen durch das Mittel der Rede eingekleidet und ausgeschmückt werden[2]: „Elocutio est idoneorum verborum et sententiarum ad inventionem accomodatio"[3]. In dem System der Elocutio, so wie es von der antiken Rhetorik entwickelt wurde und durch das Mittelalter und den Humanismus ins 17. Jahrhundert gelangt, besitzen die gelehrten Dichter einen verbindlichen Maßstab für eine sprachlich richtige und erhöhte Rede, den sie ihren Bemühungen um die Muttersprache bedenkenlos zugrundelegen. Nicht nur wird dem Dichter in der Übertragung des antiken Rhetorenideals eine hervorragende Stellung im ständischen System zuerkannt, sondern das überlieferte Lehrgefüge der Rhetorik bleibt auch für die Poetik und Literaturtheorie des 17. Jahrhunderts neben der Bibel die einzig mögliche Grundlage. Es liefert mit den Regeln gleichzeitig die Kriterien der Beurteilung von Dichtung überhaupt.

Opitz beginnt das VI. Kapitel seiner Poetik „Von der zuebereitung und ziehr der worte":

> Nachdem wir von den Dingen gehandelt haben, folgen jetzund die worte; wie es der natur auch gemeße ist. Denn es muß ein Mensch jhm erstlich etwas in seinem gemüte fassen, hernach das was er gefast hat außreden. Die Worte bestehen in dreyerley; in der elegantz oder ziehrligkeit, in der composition oder zuesammensetzung, und in der dignitet oder ansehen.

Die Einteilung der Stilqualitäten, die Opitz hier für die sprachliche Gestalt eines Gedichtes fordert, entnimmt er seiner Vorlage, der Herennius-Rhetorik. Die erste Poetik in deutscher Sprache stellt damit die deutsche Wohlredenheit auf das Fundament lateinischer Stilistik. Die Vollkommenheit des sprachlichen Gewandes, auf die die Elocutio abzielt, wird durch folgende Stilqualitäten garantiert: „puritas" („latinitas"), „perspicuitas", „ornatus" und „decorum". Die Puritas fordert die idiomatisch korrekte Ausdrucksweise[4], die Perspicuitas (oder „explanatio"), die

---

1. Über die Rhetorisierung der Poesie im Altertum vgl. CURTIUS, Europ. Lit., S. 155 ff. — Für die gleichen Zusammenhänge im Mittelalter G. EHRISMANN, Studien über Rudolf von Ems, SB Heidelberg, phil.-hist. Klasse, 8. Abhdlg., S. 5 ff.; H. BRINKMANN, Zu Wesen und Form mittelalterlicher Dichtung, Halle 1928; W. Wattenbach, Über Briefsteller des Mittelalters, Arch. f. österr. Geschichtsquellen XIV (1855), S. 29 ff.; A. BÜTOW, Die Entwicklung der mittelalterlichen Briefsteller bis zur Mitte des 12. Jahrhunderts, mit besonderer Berücksichtigung der Theorien der ars dictandi, Diss. Greifswald 1908; P. JOACHIMSEN, Aus der Vorgeschichte des ‚Formulare und Deutsch Rhetorica', ZfdA 37 (1893) 24—121; CHARLES H. HASKINS, Studies in Medieval Culture, Oxford 1929.
2. vgl. Cicero, de or. 1, 31, 142; Auct. ad Her. 4, 7, 10; Quint., inst. or. 8, pr. 6.
3. Auct. ad Her. 1, 2, 3; vgl. Cicero, de inv. 1, 7, 9.
4. Auct. ad Her. 4, 12, 17: „Latinitas est, quae sermonem purum conservat, ab omni vitio remotum".

intellektuelle Verständlichkeit[1]; der Ornatus geht über Korrektheit und Verständlichkeit hinaus und verleiht der Rede Schmuck und Gefälligkeit[2]. Das Decorum (gr. πρέπον) sorgt für die harmonische Zusammenfügung aller Teile[3]. Die Theoretiker des 17. Jahrhunderts haben sich an dieses Schema gehalten. Es erscheint daher sinnvoll, sich bei der Darstellung der Elocutio den historisch relevanten Begriffen und auch der vorgegebenen Reihenfolge anzuschließen, weil dadurch eine maximale Erkenntnis gewährleistet wird.

1. REINHEIT (PURITAS)

Die idiomatische Korrektheit (puritas sermonis) gehört eigentlich in den Bereich der Grammatik[4]. Sie ist daher die erste und wichtigste aller Tugenden der Elocutio: „Prima virtus est puritas"[5]. Diese Forderung nach einer grammatisch reinen Sprache, die in der Theorie der Rhetorik fest verankert ist, schreiben auch die Poetiker des 17. Jahrhunderts als erste Losung auf ihre Fahnen und überlassen sie keineswegs den Grammatikern:

Dieses zwar [sc. Von Rein- und Zierligkeit der Worte und Rede] gehöret in die Grammatic / und sollte derowegen hier nicht davon gemeldet werden; Weil aber sich etliche fälschlich beredet / es stünde einem Poeten mehr frey / als einem andern / und müste man denselben nicht so genau an die Regeln binden / weil er allbereit der Sylben und Reime wegen gebunden[6] / so hat denselben Wahn zubenehmen die Nothdurft erfordert / auch dieses nicht zurück zulassen. Vor allen dingen aber hat der Poet Fleiß anzuwenden / . . . daß seine Rede der rechten deutschen Grammatic zu stimmen und keine Soloecismos habe[7].

Das reine Hochdeutsch, so wie es in allen Poetiken durchgängig gefordert wird, besteht zunächst in der richtigen Verwendung der Flexionsformen des Einzelwortes. Darüber hinaus sind Dialektwörter zu meiden[8]. Archaismen und ungebräuchliche Wörter sollen eliminiert werden, „jedoch . . . kan es vielleicht noch

---

1. Auct. ad Her. 4, 12, 17: „Explanatio est, quae reddit apertam et dilucidam orationem".
2. Die Herennius-Rhetorik, auf die Opitz sich bezieht, hat eine etwas andere Einteilung. Sie ordnet die Latinitas und die Perspicuitas unter den Oberbegriff „elegantia", nennt als zweite Stilqualität die „compositio" (prosaische Entsprechung des poetischen Versbaus, vgl. LAUSBERG § 911) und bezeichnet den Ornatus als „dignitas" („quae reddit ornatam orationem varietate distinguens", Auct. ad Her. 4, 12, 18). — Detailliertere Forderungen für die Elocutio sind möglich; vgl. dazu LAUSBERG § 460.
3. Cicero, Orator 21, 70 f.; Quint., inst. or. 11, 1, 1—93; LAUSBERG §§ 1055—1062.
4. vgl. Quint., inst. or. 8, 1, 2; LAUSBERG § 459.
5. Alsted, Orator, p. 152.
6. Buchner spielt wohl auf Quintilian (inst. or. 1, 6, 2) an, der im gleichen Zusammenhang sagt: „Auctoritas ab oratoribus vel historicis peti solet; nam poetas metri necessitas excusat".
7. Buchner, Anleitung, S. 19 f.
8. Titz, Zwey Bücher II, 1. Kap., § 2; Quint., inst. or. 1, 5, 55; LAUSBERG § 477 f., § 1058 ff.

wol geduldet werden / wenn man bedachtsamlich und an seinem Orte etwan eines miteinmischet"[1]. Diese Einschränkung rechtfertigt Titz mit dem Hinweis auf Quintilian und er zitiert als Beispiel Opitz („Gifft und Gaben"). Zwei Autoritäten müssen eine Lizenz, die die Sprachreinheit gefährdet, schützen. Der Gebrauch der Fremdwörter ist zu umgehen[2]. Da aber auch die Römer manchen griechischen Wörtern Bürgerrecht eingeräumt haben, so kann diese Lizenz auch dem deutschen Poeten gestattet werden[3].

Welche Norm soll der Sprachgesetzgeber bei der Ausarbeitung der Richtlinien zugrunde legen? Buchner will den „gemeinen Brauch"[4] beachtet wissen. Allerdings versteht er darunter nicht die unkontrollierte Rede des Pöbels, „der nichts verstehet / und Unflaht oft mehr / als Reinligkeit liebet"[5]. Maßgebend allein ist der übereinstimmende Sprachgebrauch aller Gebildeten, gemäß der Definition Quintilians: „. . . consuetudinem sermonis vocabo consensum eruditorum, sicut vivendi consensum bonorum"[6]. Auf diesen Maßstab verpflichtet Buchner die Dichter, denn sie haben immer „ihr Absehen . . . auf Leute / die etwas wissen / und ein gerechtes Urtheil fällen können"[7].

Den „consensus eruditorum" vertreten im 17. Jahrhundert die Sprachgesellschaften, und Stieler weist bei Behandlung grammatischer Fragen darauf hin, daß

---

1. Titz, Zwey Bücher II, 2. Kap., § 4; Quint. inst. or. 8, 2, 12.
2. Titz, Zwey Bücher II, 2. Kap., § 5; Quint. inst. or. 1, 5, 3.
3. Titz, Zwey Bücher II, 2. Kap., § 5; Quint. inst. or. 1, 5, 55—58. — Wenn wir den Rückbezug auf Quintilian hier aufgezeigt haben, dann nicht, um Titz (und mit ihm auch andere Poetiker) dümmlicher Abschreiberei zu bezichtigen. Vielmehr kommt es darauf an, sichtbar zu machen, daß dem grammatischen und darüber hinaus ästhetischen System, an dem sie formten, die antike Rhetorik bis in Detailvorschriften zugrundegelegt werden konnte, weil es kein anderes relevantes System gab, das diese Funktion so vollendet hätte erfüllen können. Nicht unkritisches Ausschreiben einer Autorität wird hier praktiziert, sondern die Poeten werden von der Einsicht geleitet, daß diese Übernahmen sachlich gerechtfertigt sind. Ihr Verhältnis zur „auctoritas" der Alten muß man mit Comenius wohl so einschätzen: „. . . niemand soll gezwungen werden, auf des Lehrers Worte zu schwören, sondern die Dinge selbst sollen seine Einsicht binden; und nicht mehr Glaube soll dem Lehrer geschenkt werden, als er sachlich nachgewiesen hat, wie weit man ihm glauben müsse" (Physik, Praef., S. 35; zit. nach J. A. Comenius, Prodromus Pansophiae, hg. und übersetzt von H. HORNSTEIN, Düsseldorf 1963, S. 201).
4. Buchner, Anleitung, S. 22.
5. Buchner, Anleitung, S. 26.
6. Quint., inst. or. 1, 6, 45; zit. von Harsdörffer, Gesprächspiele III, S. 289. — Selbst die ethische Komponente in der Definition Quintilians gibt Buchner wieder, wenn er von der Redeweise spricht, „die bei Erbahren / Verständigen und Vornehmen Leuten im Brauch" (Anleitung, S. 26).
7. Buchner, Anleitung, S. 26. Vier Richtlinien gelten für die Norm der Puritas: ratio, vetustas, auctoritas, consuetudo. Die richtige Anwendung setzt ein klares Urteilsvermögen (iudicium) voraus (Quint., inst. or. 1, 6, 1; LAUSBERG § 465).

die Reinheit der deutschen Sprache ein „ausdrückliches Ordensgesetz" der Fruchtbringenden Gesellschaft sei[1]. Ein solches Gremium hat die Aufgabe, die „Kunstmäßige Feuer-Arbeit" zu leisten, um die Sprache zu läutern, die wie das Metall in der Erde verborgen liegt und „mit großer Mühe an des Tages Licht gebracht / gereiniget / geläutert" werden muß:

> Gleicher Weiß ist der Schatz mancher Sprache in seinem Grunde verborgen / wird mit vielfältiger Bemühung untersuchet / die Wörter unterschieden / das dienliche von dem undienlichen abgesondert / und nach langer Zeit und vieler Verständigen gesamt Hülffe mit vollständiger Zier / zu nutzlichem Gebrauch befördert[2].

Dieser Schatz „mit seinem hohen Wehrt"[3] muß jetzt endgültig gehoben werden. Zwar schimmerte das „köstliche Gold der Deutschen Sprache" schon immer von Ferne. Die Mühe jedoch, „solches aus den Adern der Erden zu heben / und abzusäubern", war für die Vorfahren zu groß. Das Werk blieb unvollendet. Die Poeten des 17. Jahrhunderts können ihren Fleiß daher noch einmal unter Beweis stellen[4].

Die Gesetzgeber der Dichtersprache nehmen die Richtlinien auf, die ihnen von der Rhetorik und besonders Quintilian angeboten werden, und versuchen, sie mit der selbstmörderischen Strenge der Puristen durchzusetzen[5]. Kempen darf daher im Hinblick auf die bereits geleistete Arbeit verkünden: „Sehen wir uns heutiges Tages in unser Hochdeutschen Sprach ein wenig um / müssen wir uns über ihrer Reinigkeit billich erfreuen"[6].

Die bisher angeführten Belege zeigen die Reinheit der Sprache als einen Diskussionsgegenstand grammatischer und stilistischer Erwägungen. Jedoch kann die „puritas" auch als natürliche Eigenschaft des ganzen nationalen Idioms begriffen werden: „Unsere Teutsche [sc. Sprache] allein ist in ihrer Reinlichkeit von vielen tausend Jahren hero / bis auf unsere letzte Zeit / unbefleckt verblieben", schreibt Harsdörffer in der „Schutzschrift für die Teutsche Spracharbeit"[7]. Sie war von Anfang an von aller fremden Dienstbarkeit frei, ist nie überwunden worden und

---

1. Stieler, Sekretariatkunst I, Teil II, S. 256.
2. Harsdöffer, Poet. Trichter III, S. 9, § 10.
3. Neumark, Der Neusprossende Teutsche Palmbaum, S. 33.
4. Kempen, in: Neumark, Poet. Tafeln, S. 29.
5. Harsdörffer schließt sich dem allgemeinen Rigorismus nur bedingt an. Er rechtfertigt den Gebrauch von Fremdwörtern durch die enge Handels- und Lebensgemeinschaft der Völker (Poet. Trichter III, S. 10, § 12); vgl. auch Leibniz' scharfe Kritik an der Fruchtbringenden Gesellschaft. Er lehnt es ab, „daß man in der Sprach zum Puritaner werde und mit einer abergläubischen Furcht ein fremdes, aber bequemes Wort als eine Todt-Sünde vermeide, dadurch aber sich selbst entkräffte" und geißelt die zu kleinliche Selektion als „Scheinreinigkeit" (Unvorgreiffliche Gedanken, hg. P. PIETSCH, Zeitschrift des Allg. Deutschen Sprachvereins, Beiheft 30, Berlin 1908, S. 332, § 16 f.).
6. Kempen, in: Neumark, Poet. Tafeln, S. 29 f.
7. S. 15. Die „Schutzschrift" bildet den Anhang zum 1. Bd. der Gesprächspiele.

brauchte daher nicht die Wörter und Sitten der Sieger anzunehmen wie etwa das Französische[1]. Sie ist immer „eine Jungfraw" geblieben / und hat kein Brandtmal der Römischen Dienstbarkeit bekommen"[2]. Das Argument von der Unbefleckheit oder Keuschheit[3] steht beim Lobe der Muttersprache an erster Stelle. Auch in der Zeitklage finden wir es in der Form der Aufforderung, dem Einbruch der Fremdwörter in den deutschen Sprachleib, der vom Laster der Blutschande heimgesucht wird, zu wehren[4]. Neumark bringt es in Verse:

Hochberühmter Ohrt der Helden / aller Tugend Schoß /
Armes Teutschland! Du empfindest itzt den Hertzenstoß.
Deine reine Jungferschaft / die du stets erhalten /
Ist geraubet mit Gewalt / Treu' und Zier der Alten /
Hat die junge Welt verkehret / und den Heldenmuht
Stirbet zaplend / weil kein Segen weder Gut noch Blut.
. . .
Halt / behalt die Muttersprach / die so rein und züchtig
Und zu allem Sinnbegriff herrlich / reich und tüchtig.
Was die böse Fremdlingszungen / bey uns eingeflikkt /
Teutscher Geist und Teutsches Hertze wiederüm zerstükkt[5].

Die Metaphorik des Sprachmetalls gibt die Unvollkommenheit der Sprache zu und faßt den notwendigen Arbeitsprozeß in der Läuterung durch das Feuer. Sie ist der Ausdruck für die Bemühungen der Poetik, die deutsche Sprache zu einem brauchbaren Instrument in der Hand der Dichter zu entwickeln. Die Metapher vom keuschen Sprachleib hingegen steht in einem anderen Argumentationszusammenhang und dient einer umfassenderen Idee. In ihr offenbart sich das Streben der Poetiker, der deutschen Sprache mit dem Wert der Reinheit eine ursprüngliche, naturgemäße Vollkommenheit zu unterstellen, die ihr genausowenig zukommt wie anderen Sprachen auch. Die Reinheits-Metaphorik ist Zeichen des apologetischen Denkens der Poeten, die sich zum Ziel gesetzt haben, der Muttersprache eine Vorrangstellung unter den Nationalsprachen zu sichern und durch den metaphorischen Beweis ihrer qualitativen Überlegenheit gleichzeitig den eigenen Ruhm zu vergrößern.

---

1. Harsdörffer, Gesprächspiele I, Schutzschrift, S. 14.
2. Zeiller, 606 Episteln, S. 685.
3. Martin Rinckart bezeichnet das Deutsche als die keusche und unschuldig unterdrückte Mutter der Poesie (Summarischer Diskurs, S. 2).
4. Zeiller, 606 Episteln, S. 685.
5. Neumark, Palmbaum, S. 22, Gedicht des Sprossenden [Neumark].

2. Klarheit (perspicuitas)

Neben die Puritas tritt als weitere rhetorische Tugend die Perspicuitas, die sich in der intellektuellen Verständlichkeit des Ausgesagten manifestiert[1]. Die Poetiken des 17. Jahrhunderts sprechen von der „Deutlichkeit" oder „Verständlichkeit".

„Der Verständlichkeit geben wir billich die fürnehmste stelle / als der fürnehmsten Tugend einer iedwedern Rede[2] / in welcher es höchstübel stehet / nicht allein / wenn sie gar nicht / sondern auch / wenn sie kaum / und mit schwerer müh / kann verstanden werden. Von den Lateinern wird diese wolständigkeit perspicuitas genennet"[3]. Klar ist eine Rede dann, wenn für jede Sache das passende Wort gewählt wird[4]. Nichts liegt der Sprachauffassung des 17. Jahrhunderts näher als die Quintiliansche Forderung nach der „proprietas", dem rechten Verhältnis von Sache und Wort. Denn das Wort gilt für den richtigen Namen des Dinges, so daß derjenige, der den Namen eines Dinges hat oder ein Ding richtig zu benennen versteht, auch über das Wesen des Dinges verfügt[5]. Der rhetorischen Forderung kommt eine Sprachauffassung, die das direkte Verhältnis von Ding und Wort durch die göttliche und adamische Namengebung exemplarisch verwirklicht sieht, zu Hilfe: „Wenn sie [sc. die Rede] klar und deutlich ist / so scheinen die Sachen / die darin enthalten sind / gleichsam durch / und werden von unserm verstande licht und eigentlich begriffen. Ist sie aber dunkel und unverständlich / so können wir / als wie in der nebelichten Lufft und in einem trüben Wasser / nichts sehen"[6].

---

1. vgl. LAUSBERG §§ 528—537.
2. Quint., inst. or. 8, 2, 22: „Nobis prima sit virtus perspicuitas, propria verba, rectus ordo, non in longum dilata conclusio, nihil neque desit neque superfluat: ita sermo et doctis probabilis et planus imperitis erit".
3. Titz, Zwey Bücher II, 3. Kap., § 2; MARKWARDT interpretiert die Perspicuitas-Forderung fälschlicherweise so: „Schon ein wenig Gottschedisch im sprachreformatorischen Sinne wirkt neben der Betonung der schriftsprachlichen Reinheit die Hervorhebung der Deutlichkeit" (Gesch. d. dt. Poetik I, S. 44).
4. „Dieses letztere [sc. die Deutlichkeit] kan man gar leicht erlangen / wenn man nur die Sache mit ihren eigenen Nahmen nennet" (Rotth, Vollst. Poesie II, S. 9, § 13). Quint., inst. or 8, 2, 1: „Perspicuitas in verbis praecipuam habet proprietatem . . . Primus enim intellectus est sua cuiusque rei appellatio".
5. Der Ordnung des Seins ist die Ordnung des Wortes zugeordnet. Zwischen beiden besteht ein unlösbarer Zusammenhang. Der Mensch als Ebenbild Gottes, so führt Matth. Martinius aus, hat die Verpflichtung, den von Gott selbst aufgezeigten Weg der Benennung der Dinge fortzusetzen. Er wurde deswegen mit Verstand und Sprachkraft ausgestattet. „Tota natura sic est fabrefacta et coagmentata, ut verborum et rerum, pro necessitate praesenti, conjugium sit aliquod et nexus indissolubilis; ut res verbis ostendi et verba in rebus fundari gaudeant" (Matth. Martinius, Lexicon Philologicum, f. * 3r).
6. Titz, Zwey Bücher II, 3. Kap., § 2.

Zu eliminieren sind daher alle Wörter, die auf die „res" entweder nicht zutreffen (falsche Synonyme) oder in sich zweideutig sind (lexikalische Hononyme). Titz gibt eine lange Liste: „So sind auch / Krebs / Rasen / Reiff / Weise / Seite / Küssen / Thor / Schloß etc. Homonyma oder Aequivoca, und können durch einen solchen nahmen unterschiedliche dinge verstanden werden"[1].

Aber auch die mißverständliche Gesamtfügung eines Satzes verstößt gegen die Klarheit. Tadelhaft ist deswegen die Amphibolie[2]. Als Beispiel bringt Titz: „Und hat Anacreon Philemon überwunden?"[3]. Dieser Satz muß unverständlich bleiben „wegen der zweifelhafften Construktion".

Besonders verwerflich ist die Anastrophe („verkehrung der worte")[4]. Sie ist häufig bei den „Reimengiessern" zu finden und gilt als ein Zeichen dichterischer Unfähigkeit, weil nicht die Worte den Dichter, sondern der Dichter die Worte beherrschen soll. Auch die gebundene Rede muß sich an die ungezwungene Wortstellung der Prosa anpassen[5].

Dieser Kanon normativer Forderungen findet sich in allen Poetiken des 17. Jahrhunderts. Er läßt sich auf den Generalnenner bringen: Gewollte Dunkelheiten müssen vermieden werden[6]. Eine Rede, die mit „einer dikken Wolken gleichsam bezogen / daß es scheinet / als wäre eine heimliche Gottheit darinn verborgen", läuft der geforderten Klarheit zuwider[7], selbst wenn ihre Liebhaber meinen, daß sie ein besonderes Kennzeichen von Verstand sei. Diese neuen „Heracliten" hüllen den Sinn ein, verwirren ihn und glauben, dadurch eine besondere Gelehrsamkeit an den Tag zu legen[8].

In der Praxis mag man den Perspicuitas-Vorschriften zuwidergehandelt haben: In der Theorie muß man auf ihnen bestehen, denn sie haben in der Darstellung der Elocutio ihren festen Platz. Aus diesem Grunde fehlen auch Reflexionen über die Frage, warum der Poet sich einer deutlichen Ausdrucksweise zu befleißigen habe.

---

1. Titz, Zwey Bücher II, 3. Kap., § 4.
2. Kempen, in: Neumark, Poet. Tafeln, S. 308, übersetzt „Zwierverstand".
3. Titz, Zwey Bücher II, 3. Kap., § 4 (in Analogie zu „Chremetem audivi percusisse Demeam", Quint., inst. or. 8, 2, 16).
4. inversio, Quint., inst. or. 1, 5, 40.
5. Titz, Zwey Bücher II, 3. Kap., § 5. Als abschreckendes Beispiel für die Anastrophe zitiert Titz:
    „Hier liegt begrabn Herr Melcher /
    Ein Pfarr gewesn ist welcher".
6. vgl. dazu jetzt MANFRED FUHRMANN, Obscuritas. Das Problem der Dunkelheit in der rhetorischen und literarästhetischen Theorie der Antike, in: Immanente Ästhetik, ästhetische Reflexion. Lyrik als Paradigma der Moderne, hg. W. ISER, München 1966 (= Poetik und Hermeneutik. Arbeitsergebnisse einer Forschungsgruppe II).
7. Kempen, in: Neumark, Poet. Tafeln, S. 306.
8. Kempen, in: Neumark, Poet. Tafeln, S. 307.

Nur Kempen gibt eine Begründung dafür. Er fordert Verständlichkeit des sprachlichen Ausdrucks, „damit der Leser nicht zu lange aufgehalten und verdrießlich werde"[1]. Diese Begründung kommt ganz aus dem Geist der rhetorischen Tradition und zeigt in überraschender Weise den Dichter-Rhetor, der seine Dichtung als ein Kunstwerk konzipiert, das für ein Gegenüber bestimmt ist und ohne Publikum seine Daseinsberechtigung verliert. Quintilian hatte die Perspicuitas besonders für die Gerichtspraxis empfohlen, damit der Richter nicht abgelenkt werde und die vorgetragenen Gedanken in seinen Geist eindrängen, selbst wenn er unaufmerksam sei[2]. Er sah in der Klarheit einen natürlichen Zwang, der den Hörenden ergreifen und ihn von dem Ausgesagten überzeugen mußte. Fern jeder Gerichtspraxis darf der Poet diese Empfehlung weitergeben, denn sein Gedicht will rhetorisch verstanden sein und hat daher mit dem Leser zu rechnen. Für ihn bedeutet diese Vorschrift: Verzicht auf abstruse Redensarten, auf Gleichnisse und Historien, die an den Haaren herbeigezogen sind[3].

Hätten die Dichter immer nach den Grundsätzen gehandelt, die sie postulieren, dann würde man heute vergeblich nach manieristischen Dunkelheiten in der Dichtung des 17. Jahrhunderts suchen. Die Vorschriften sind eindeutig und kaum zu umgehen, denn der Dichter als ein „vir bonus dicendi peritus" kann sich keine sprachlichen Lässigkeiten gestatten: „Denn weil die Rede ein lebendiges Ebenbild der Seele ist / so kan man daraus einen Menschen / wie er geartet sey / leicht beurtheilen"[4]. Der ethische Anspruch erscheint in der sprachlichen Mustergültigkeit.

Es gibt jedoch keine Vorschrift, der man nicht durch eine Hintertür entgehen könnte. Auch die Dunkelheiten der Dichtung können gerechtfertigt werden, wenn man sie an der Dummheit des Publikums mißt. Die Unverständlichkeit geht dann jedoch nicht auf Kosten des Dichters, sondern auf des „Lesers unerfahrenheit"[5]. Zu entscheiden, ob ein Text dunkel sei oder nicht, gebührt allein dem „geübten", dem Eingeweihten, der Elite: „Jedoch kann selbige Verständlichkeit nicht von einem iedweden / sondern nur von vernünfftigen Lesern geurtheilet werden"[6]. So bestimmen sich die Poeten schließlich doch die Maßstäbe selbst, nach denen sie beurteilt werden wollen, und geben dem Leser die Maxime mit auf den Weg:

1. Kempen, in: Neumark, Poet. Tafeln, S. 306.
2. Quint. inst. or. 8, 2, 23. Meyfart formuliert: „Aus diesem folget / daß ein Redner sich zu hütten habe vor dunckeln / zweiffelhafftigen / verwickelten / abgekürtzten / vbersetzten / und fern hinterhalteten Worten und Reden: Denn mit solchen ist wenig zugewinnen / dargegen die meiste Gunst und Gewogenheit der Zuhörer zuverlieren" (Teutsche Rhetorica, S. 65).
3. Kempen, in: Neumark, Poet. Tafeln, S. 24.
4. Kempen, in: Neumark, Poet. Tafeln, S. 306.
5. Titz, Zwey Bücher II, 3. Kap., § 2.
6. Titz, Zwey Bücher II, 3. Kap., § 2.

„Keiner bald verachten soll / was er nicht verstehet"[1]. Es ist für die poetische Theorie bedeutungslos, in welchem Grade der Dichter in der Praxis die Norm der Klarheit erfüllt, und ob er seine Obskuritäten, mögen sie gewollt sein oder sprachlichem Unvermögen entspringen, mit der mangelnden Einsicht des Publikums entschuldigt: Die Verteidigung der stilistischen Deutlichkeit bleibt in der Theorie oberstes Gebot.

Bei diesem Bemühen, dem erhobenen Anspruch Nachdruck zu verleihen, finden die Theoretiker unerwartete Hilfe in der deutschen Sprache selbst. Sie zeichnet sich, neben anderen Vorzügen, durch Verständlichkeit aus[2]. Wir erkennen in einer solchen Behauptung den Versuch, die Klarheit, die doch als stilistisches Prinzip der Grammatik und Rhetorik zugehört, als eine hervorstechende Eigenschaft der ganzen Sprache auszugeben und ihr damit einen wesensgemäßen, natürlichen Wert zuzubilligen, der ihr nicht zukommt: „Die deutsche Sprache ist die helleste und klärlichste / wirft von sich weg alles ungewiße / zweysinnige und verwirrete Wesen"[3]. Diesem Mythos hängt noch Joh. Georg Neukirch an, wenn er behauptet, daß die Deutschen ihre Fähigkeit, etwas deutlich vorzutragen, „nicht durch gewisse Lehr-Sätze aus der Oratorie / sondern von der Natur" vermittelt bekommen hätten[4]. Dem Mythos von der natürlichen Klarheit der deutschen Sprache ist offenbar kein Erfolg beschieden gewesen. Im 17. Jahrhundert allerdings sind die Bemühungen, ihn unter dem Einfluß der rhetorischen Stilvorschrift der Perspicuitas und dem persönlichen Ethos der Dichtertheoretiker zu inthronisieren, noch zu erkennen. Mit dem sich vermindernden Einfluß der Rhetorik jedoch verliert er die ohnehin schon schwache Wirkkraft. In Frankreich ist er bis heute lebendig. Der klassisch gewordene Satz von Rivarol: „ce qui n'est pas clair n'est pas français" wird noch immer geglaubt[5].

---

1. Kempen, in: Neumark, Poet. Tafeln, S. 308.
2. Stieler, Sekretariatkunst I, Teil I, S. 5.
3. Stieler, Sekretariatkunst I, Teil II, S. 259.
4. Neukirch, Akademische Anfangs-Gründe, S. 7.
5. Discours sur l'Universalité de la langue française, cur. M. Hervier, Paris 1929, p. 90. Zit. bei LAUSBERG § 529: „Die französische Sprachgeschichte hat die Tendenz, von der pureté die clarté zu fordern und so dem Französischen als Sprache von Natur aus eine die bloße Grammatik überschreitende rhetorische virtus (also das bene dicere statt des bloßen recte dicere) zuzuschreiben". Der gleiche Gedanke wird ausführlich dargestellt von H. WEINRICH, Die clarté der französischen Sprache und die Klarheit der Franzosen, ZrPh 77 (1961) 258—544. WEINRICH klärt den Zusammenhang zwischen der grammatischen Virtus, dem sich bildenden Mythos und dem Ethos der französischen Schriftsteller, die sich dem Mythos verpflichtet fühlen.

3. Schmuck (Ornatus)

Meyfart definiert die „Elocution" als eine „Außstaffierung der Rede / von artigen und geschickten Worten / auch klugen und vernünfftigen Sprüchen / die außersonnene Sachen vorzubringen". Denn was würde es helfen, so fragt er, „wenn jemand die schönsten Dinge / zu einer Rede aus den Büchern / von Gleichnissen / von Beweisungen / von Exempeln und andern zusammen gelesen hette / und es mangelte jhm an bequemlichen Worten / und mächtigen Sprüchen? Zwar herrliche Dinge erforschen [inventio] und in lustige Ordnung stellen [dispositio] / lobet einen weisen Mann: Aber diese Außstaffierung an Worten / und Sprüchen / rühmet einen gelehrten Redner"[1].

Meyfart formuliert mit diesen Sätzen das Dogma, das jeder sprachlichen Bemühung im 17. Jahrhundert zugrunde liegt: Die Rede muß geschmückt sein, denn nur in der geschmückten und damit vollkommenen sprachlichen Darstellung wird der Gehalt der Aussage erkennbar. Das gilt für Poesie und Prosa, für Rede und Schrift. Ein Gedanke mag noch so tief, eine Aussage noch so gedankenreich sein: Fehlt der Rede der sprachliche Glanz, so verblaßt auch ihr Inhalt. Alsted bringt diesen Zusammenhang in die einprägsame Formel: „Bene dicere hoc est ornate dicere". Sie bildet für ihn die Grundlage aller stilistischen Vorschriften überhaupt. Die künstlerisch ausgezierte Sprache ist die Sprache schlechthin, die einem humanistisch gebildeten Menschen ansteht, ob er nun „in oratione prorsa et vorsa, sacra et civili" seine Gedanken zum Ausdruck bringt[2].

Man sollte deswegen den Ornatus nicht als eine Verzierung, eine Bordüre betrachten, die der Rede von außen aufgesetzt wird, die ihr über den Inhalt hinaus Gefälligkeit verleiht[3]. Der Ornatus ist nicht schmückendes Beiwerk der Rede, sondern ihr Lebenselement: „Ob schon der Sinn / Geist und Meynung . . . auserlesen / gut und köstlich ist: Wo es aber an denen geschicklichen Worten / dadurch man dieselbe an Tag zu geben hat / fehlet: so ist Hopfen und Malz verlohren"[4].

Die Verpflichtung zu einer rhetorischen Sprachgestaltung, die die Dichter als Erbe der Antike und des Humanismus übernehmen, findet Rückhalt in der theologischen Rechtfertigung: „Mens aeterna, mundi opifex, quae nihil voluit non ornatum, opus suum mundum ab ornatu nominavit", schreibt Caussinus[5], und er

---

1. Meyfart, Teutsche Rhetorica, S. 61 f.
2. Alsted, Encyclopaedia, lib. VII, cap. II, reg. II, p. 373.
3. so P. Böckmann, Formgeschichte der deutschen Dichtung, Bd. I, Hamburg 1949, S. 365. B. vergleicht die Bedeutung der Rhetorik für die Dichtung mit der Bedeutung des Ornaments für die Architektur.
4. Stieler, Sekretariatkunst I, Teil II, S. 235.
5. gemeint ist Gen. 2, 1.

tadelt diejenigen, die in ihren Schriften den Schmuck vernachlässigen: „Si nullus adhibendus est ornatus, cur tot in universo species iucunditatis, voluptatis, pulchritudinis, cur mundus coelo, coelum stellis, stellae luce collustrantur? cur terra vestitur floribus, herbis, arboribus, frugibus, quorum omnium incredibilis multitudo insatiabili varietate distinguitur?" Da doch Gott wollte, daß die Natur geschmückt und schön sei, dürfen wir es da zulassen, daß die Rede als das wahre Abbild der Natur (oratio naturae vera imago) vom Menschen vernachlässigt wird?[1] Birken stützt eine solche Argumentation durch den Hinweis, daß man aus Gedichten zwar die Namen der antiken Götter fortzulassen habe[2], was aber noch keineswegs bedeute, daß man „in dergleichen Gedichten / alle Poetische und Figürliche Red-zierden hinweglassen / und nur schlechthin leblose Reimen leimen und daher lirlen müße. Gott / der uns den Verstand und die Rede verliehen / hat uns ja nicht verboten / zierlich von ihm und vor ihm zu reden"[3]. Genau das Gegenteil ist richtig. Gott hat befohlen, die Rede zu schmücken, denn er verlangte, daß ihm nichts Dürres, Gebrechliches oder Räudiges geopfert würde[4]. Der Ornatus, aus der antiken Rhetorik geschöpft, aus christlicher Weltsicht und durch biblische Autorität gerechtfertigt, bleibt für das ganze 17. Jahrhundert die wesentliche sprachliche Verpflichtung. Als die glanzvollste und wirkungsträchtigste Tugend der Rede ist er „das große Anliegen und bleibt es bis in das 18. Jahrhundert hinein"[5].

Der Ornatus umfaßt die Lehre von den Tropen und Figuren, die dem Knochengerüst der Rede Fleisch und Blut verleihen und ihr ein lebendiges Ansehen geben[6]. Quintilian vergleicht die geschmückte Rede mit der künstlerischen Körperhaltung der Statuen, bei denen der Körper nicht einfach in Ruhestellung ist, sondern eine Bewegung ausdrückt[7]. Der Ornatus kann das Gewürz sein, das man der Rede hinzusetzt[8], oder die Farbe, mit der man die Rede ausmalt: „Omne genus orationis, . . . dignitate afficiunt exornationes . . .; quae si rarae disponentur, distinc-

---

1. Caussinus, De eloquentia, lib. II, p. 122a.

2. Die Namen der antiken Götter gehören zum Schmuck, besonders als mythologische Metonymie; vgl. Cicero, de or. 3, 42, 167: „. . . ‚Martem belli esse communem', ‚Cererem' pro frugibus, ‚Liberum' appellare pro vino . . .".

3. Birken, Redebindkunst, S. 190, § 147.

4. Birken, Redebindkunst, S. 190, § 147; gemeint ist Lev. 22, 22.

5. CURTIUS, Europ. Lit., S. 80.

6. vgl. Ludovicus Granatensis, Ecclesiastica Rhetorica, lib. VI, cap. XI, p. 520.

7. Quint., inst. or. 2, 13, 8.

8. Männling, Helikon, S. 54.

tam, sicuti coloribus, si crebrae collocabuntur, obliquam reddunt orationem"[1]. Der Vergleich der Rede und der Poesie mit der Malerei, ein Gemeinplatz, der, durch Horaz' Autorität gestützt, ein zähes Leben gezeigt hat, ist im 17. Jahrhundert genau so heimisch wie in der antiken und mittelalterlichen Rhetorik[2]. „Was dem Poeten die Wort sind / das sind dem Mahler die Farben"[3]. Der Schmuck hat also unter anderem die Aufgabe, die Dinge möglichst lebhaft vor Augen zu stellen. Er ist daher kein Überfluß, sondern eine Notwendigkeit, dem Poeten nicht nur erlaubt, „sondern auch von der günstigen Lehr-Meisterin / der Natur anbefohlen"[4].

Darüber hinaus kommt den Tropen und Figuren die wichtige Rolle zu, dem Überdruß (taedium) des Publikums entgegenzuwirken. Die Gedankenführung und die sprachliche Form der Rede müssen wechseln, damit der Zuhörer sich an dem Vorgetragenen erfreut. Die Rede soll dem Prinzip der „varietas" unterworfen sein[5]. Buchner übernimmt die gleiche Forderung für die Poesie: „weil sein [sc. des Poeten] Zweck zu belustigen ist / und aber solches zu foderst erhalten wird / wenn man immer etwas neues hervorbringet / so hat er dahin fleissig zu sehen / daß er eine Rede auf viel und mancherley Weise abwechseln und verändern könne / damit ob er gleich von einer Sache rede / dieselbe doch immer eine neue Gestalt gewinne / und also ausser allem Eckel [taedium] seyn möge"[6].

Vor allem aber verleiht der Ornatus der Rede ihren „Glanz" und gibt ihr ein prächtiges und repräsentatives Aussehen. Der Redner hat durch den häufigen Ge-

---

1. Auct. ad Her, 4, 11, 16. Dabei meint „color" eigentlich den allgemeinen Charakter der Rede, die als Körper die vom Blut verbreitete Farbe anmutiger Schönheit haben soll (Cicero, de or. 3, 52, 199). Doch erfuhr der Begriff im Mittelalter eine Umdeutung und bezeichnete die verschiedenen Möglichkeiten des „ornatus verborum", so in dem „Colores rhetorici" des Ornulf von Speier (Curtius, Europ. Lit., S. 357). N. v. Wyle benutzt das Wort „color" im gleichen Sinne; vgl. Translationen von N. v. W., ed. A. von Keller, Bibl. d. Litt. Ver. in Stuttgart, Bd. 57, Tübingen 1861, S. 9, S. 364; dazu P. Joachimsen, Frühhumanismus in Schwaben, Württemberg. Vierteljahreshefte f. Landesgeschichte, N. F. V (1897), S. 93. — Langius (Florilegii Magni seu Polyantheae Floribus, s. v. color) gibt als Definition: „Colores praeterea apud rhetores dicuntur orationis ornamenta".
2. vgl. H. Brinkmann, Zu Wesen und Form mittelalterlicher Dichtung, Halle 1928, S. 54 ff. G. Ehrismann, Studien über Rudolf von Ems, SB Heidelberg, phil.-hist. Klasse, 1919, S. 25, S. 32. Faral, Les Arts poétiques du XIIe et du XIIIe siècle, Paris 1924, passim.
3. Harsdörffer, Gesprächspiele V, S. 31.
4. Männling, Helikon, S. 54.
5. Belege bei Lausberg § 257, 2, b.
6. Buchner, Anleitung, S. 48 f. Buchner gibt als praktisches Beispiel die Variation eines Aussagesatzes („Der Mensch ist von Natur zum Bösen nur geneiget") durch die Gedankenfigur der interrogatio, die nicht der Information, sondern der Emphase dient (Quint., inst. or. 9, 2, 7), und durch die communicatio (Quint., inst. or. 9, 2, 21), der Meyfart (Teutsche Rhetorica, S. 412) einen „gewaltigen Nachzwang" zubilligt.

brauch der Redefiguren den ganzen Vortrag gleichsam mit Lichtpunkten (luminibus) der Gedanken und Worte auszuschmücken und zu beleben[1]. Alsted kann daher sagen, der Ornatus bestehe „in verborum et sententiarum luminibus atque
coloribus. Lumina illa sunt tum tropi, tum figurae"[2].

Alle diese Funktionen hat der Ornatus — auch. Sie ordnen sich jedoch der
Hauptaufgabe unter, die die Rhetorik dem Schmuck und damit dem Stil überhaupt
zumißt: den Hörer zu beeinflussen. „Der *ornatus* ist nicht ein den Intellekt ergöt-
zender Schmuck, sondern bewegende und hinreißende Sinnfälligmachung und Ver-
gegenwärtigung, Erlebnis"[3].

Die folgenden Betrachtungen über den Ornatus in der Poetik des 17. Jahrhunderts zielen daher nicht darauf, festzustellen, daß die Lehranweisungen für den
Poeten, soweit sie den Stil betreffen, sich nach der Figuren- und Tropenlehre der
antiken Rhetorik richten. Diese Abhängigkeit ist bekannt[4], wenn auch ihre Kenntnis bis heute zu wenig in den Dienst der werkimmanenten Interpretation von
Dichtung im 17. Jahrhundert gestellt wurde. Es gilt vielmehr zu zeigen, daß der
bewußte Einsatz von Stilmitteln weit über die beiläufige formale Ausschmückung
der Aussage hinausgeht. Die Dichtungstheorie hat mit den rhetorischen Stilmitteln
auch das Wesentliche aller rhetorischen Bemühungen ererbt und sich zu Nutze
gemacht: Das Bewußtsein nämlich, daß die Form „mit allem, was zu ihr gehört,
Redestruktur, Rhythmus und vor allem die zu Unrecht berüchtigte Lehre von den
Tropen und Figuren — was alles unter ‚elocutio' und ‚ornatus' abgehandelt
wird —"[5], aus der beabsichtigten Wirkung der Rede folgt.

Cicero hatte dem fähigen Redner drei Modi des Überzeugens zugesprochen:
Er sollte entweder durch Beweisgründe überzeugen (probare, docere) oder den
Hörer durch Neigung seines Willens gewogen machen (delectare, conciliare) oder
ihn durch die Bewegung seines Gemütes zur Zustimmung zwingen (flectere, movere)[6]. Die gleiche Zielsetzung spricht Alsted auch dem Dichter zu, und er identifiziert damit die Aufgabe des Redners mit der des Poeten: „Finis eloquentiae poëticae

---

1. Cicero, de or. 3, 52, 201; Auct. ad Her. 4, 23, 32: „si raro interseremus has exornationes et in causa tota varie dispergemus, commode luminibus distinctis illustrabimus
   orationem".
2. Alsted, Orator, p. 112 f.
3. DOCKHORN, GGA 214 (1962), S. 190.
4. vgl. BÖCKMANN, Formgeschichte, S. 340 ff.; CONRADY, Lat. Dichtungstradition, S. 87 ff.,
   S. 222 ff.
5. DOCKHORN, Die Rhetorik als Quelle usw., S. 116.
6. Cicero, de or. 2, 29, 128 f.

est docere, delectare et movere oratione ligata"[1]. Jede dieser Absichten erfordert jedoch bestimmte Stilmittel, und der Schmuck muß der intendierten Wirkung angemessen sein. Wenn die Theoretiker daher die Dichter auffordern, sich an die stilistischen Vorschriften der Rhetorik zu halten, dann tun sie das nicht allein, um ihnen einen Schatz formaler Mittel an die Hand zu geben, der seinen Wert in sich selbst hat. Wir würden die Dichtung des 17. Jahrhunderts und ihre Formkunst unterschätzen, wenn wir nicht berücksichtigten, daß der Dichter mit dem bewußten Einsatz rhetorischer Mittel immer auch eines beabsichtigt: Auf den Leser einzuwirken, seine Zustimmung zu erhalten, seine Affekte zu erregen. Die Betrachtung von formalen Qualitäten der Dichtung im 17. Jahrhundert sollte daher immer gekoppelt sein mit der Frage nach dem Sinn ihrer Verwendung. Für den Dichter ist der Stil nicht ein Mittel zur exakten Herausarbeitung eines Gedankens, denn der individuelle Gedanke, das Bekenntnis, hat sich einem typenhaft vorgegebenen Thema zu unterwerfen. Stil ist für ihn ein Mittel, um eine erregende Wirkung auf das Gegenüber auszuüben und es von dem Vorgetragenen zu überzeugen. Das gilt auch dann, wenn man bedenkt, daß die Dichtung nur allgemein bekannte Wahrheiten variiert (z. B. Elend der Welt). Gerade das allgemein Gültige soll durch rhetorische Sprachkunst neu aufgezwungen, das rational oder auch empirisch Erkannte auf dem Umweg über die Emotion nochmals vergegenwärtigt werden. Der Versuch, dem Leser eine subjektive oder objektive Wahrheit aufzuzwingen, geschieht von seiten der Poeten oft mit einem Hochmaß an formaler Intelligenz, und es ist nicht einfach, das Ineinander absichtsvoller Zwecke und zweckfreier künstlerischer Gestaltungsfreude immer säuberlich zu trennen. —

Meyfart definiert die Rhetorik als die Kunst, „von einem vorgesetzten Ding zierlich zureden / und künstlich zuberreden"[2]. Zierlich überreden konnte im 17. Jahrhundert, das den Menschen in die gottgewollte Ordnung einbettete, aber nur bedeuten: In der Ordnung reden und dichten. Die Rhetorik als ein System, das die Grundlage für die Ordnung des Wortes bildete, konnte daher einer Dichtung, die das Bekenntnis weitgehend ausschloß, als ideale Voraussetzung dienen.

---

1. Encyclopaedia, lib. X, cap. I, praecepta, p. 509. Der gleichen Meinung war schon Roger Bacon. Für ihn gründet sich die angewandte Theologie und Moral auf diejenigen Argumente, „welche zur Praxis, das heißt zum guten Werk anspornen und zum liebenden Streben nach ewiger Seligkeit hinführen". Die Beweggründe, die die Seele zum Glauben, zu Mitgefühl, Mitleid und zu entsprechenden Handlungen führen, nennt er die rhetorischen. Sie werden vor allem von der Dichtung repräsentiert, denn diese verlockt zu gesittetem Verhalten. „Mit dem Lehren ists dabei nicht getan: man muß die Freude am Rechttun erwecken. Das ist aber die dreifache Aufgabe des Dichters oder Redners: Lehren, um seine Hörer in gelehrige Schüler zu verwandeln, Erfreuen, um sie aufmerksam zu stimmen, und Rühren oder Bewegen, um sie zur Tat anzuspornen". Zit. nach J. v. STACKELBERG (Hrsg.), Humanistische Geisteswelt, Baden-Baden 1956, S. 98 f.
2. Meyfart, Teutsche Rhetorica, S. 59.

Wenn sich die Dichtungstheorie auf die Rhetorik gründet, dann übernimmt sie damit auch das Ziel der Einflußnahme und sieht die Dichtung auch in diesem Einfluß begründet: „Die ungemeine und zierliche Rede machet Verwunderung und Anmuth / die wolgefügten Sylben und ungezwungene Reime / dringen hindurch / und führen ein wolgeartes Gemüthe fort unter einer angenehmen Gewalt"[1]. Dichtung wird nicht verstanden als beziehungsloser Monolog, sondern als Aussage, die sich in der sprachlichen Norm rhetorischer Gesetze an den Partner wendet und versucht, durch die „beywohnende Kraft der Redarten / die Gemüter zu gewinnen"[2]. In ungezählten Varianten zieht sich die Grundanschauung, daß es die Poesie mit einer emotionalen Beeinflussung des Publikums zu tun habe, durch die Poetiken. Sie wird ausdrücklich bezeugt von Titz, der vom Gedicht fordert, daß es „schön und zierlich" sei: „Dadurch verstehen wir hier / daß die gantze Rede anmuthig / fein und munter sein / und gleichsam ein Leben und durchdringende Krafft in sich haben soll / dadurch sie den Leser unvermerckt fangen und einnehmen möge"[3]. Die Poesie hat die Aufgabe, „der Zuhörenden Verstand mit höflicher Gewaltsamkeit zu bestricken"[4], die Herzen der Menschen zu fangen[5], „die Gemüther zu gewinnen"[6], die Leser zu bewegen[7].

Cicero vergleicht die gewaltige Macht der Rede mit einem tapferen Feldherrn, der auch die Widerstrebenden gefangen nehmen kann, und nennt sie die Lenkerin der Herzen und die Beherrscherin aller Dinge[8]. Sie vermag es, den Flehenden Hilfe zu leisten und die Niedergeschlagenen zu trösten[9]. Die Fähigkeit, das menschliche Gemüt umzustimmen, die Cicero hier der Rhetorik zuspricht, betonten auch die mittelalterlichen Rhetoren: „Laetos in lacrymas, tristes in laeta ciebat, Omnia nam voto compote sic poterat"[10]. Auch Meyfart läßt sich dieses Argument zum Lobe der Rhetorik nicht entgehen: Sie kann die „Verzagten aufmuntern", „die melancholische Trawrigkeit erfrewen"[11]. Ein solches Vermögen, das die Rhetorik vor allen anderen Künsten auszeichnet, nimmt der Dichter des 17. Jahrhunderts gerne für seine Kunst als kennzeichnendes Merkmal in Anspruch:

1. Treuer, Deutscher Dädalus, Vorrede [von Buchner]; zum Begriff „Gemüt" und seiner Bedeutung im 17. Jh. vgl. EXKURS II, S. 175 f.
2. Kempen, in: Neumark, Poet. Tafeln, S. 297.
3. Titz, Zwey Bücher II, 3. Kap., § 6.
4. Harsdörffer, Der Teutsche Secretarius, Vorrede.
5. vgl. Titz, Zwey Bücher, f. Aiij^r.
6. Kempen, in: Neumark, Poet. Tafeln, S. 297.
7. vgl. Buchner, Anleitung, S. 6.
8. Cicero, de or. 2, 44, 187.
9. Cicero, de or. 1, 8, 32. Vgl. auch das Lob auf die Redekunst bei Tacitus, Dialogus de oratoribus, cap. 5; für die Dichtung Horaz, ep. II, 1, 130.
10. Baudri von Bourgueil, der sich wiederum auf Martianus Capella stützt; zit. bei CURTIUS, Europ. Lit., S. 81, Anm. 1.
11. Meyfart, Teutsche Rhetorica, S. 4; S. 31.

Poeten können Hertz und Sinn
Durch ihre Kunst zum Trauren hin
Wann sie nur wollen / bringen.
Sie können wiedrumb schweres Leid
Verkehren bald in lauter Freud
Und solches durch ihr singen[1].

Kempen setzt voraus, jedermann wisse, daß die Dichtkunst „in Beherrschung der Gemüter viel vermöge", weiß sie doch „den Menschlichen Begierden / wie grausam sie auch wüten mögen / durch ihre Lieblichkeit den Zaum anzulegen"[2]. Daß die Poesie „die menschlichen Gemüter einnehmen / die Wilden zähmen / die Betrübten erfreuen / ja gar verneuen" könne[3], ist ein Argument, das im Lobpreis der Dichtkunst lange mitgeschleppt wird, und noch Menantes bringt es in seiner »Einleitung zur deutschen Poesie« (1713): „Ein Gemüth zur Freude und Traurigkeit / zur Liebe und Wiederwillen zu bewegen / ist einem rechtschaffenen Redner und Poeten gegeben"[4]. Und er formuliert das rhetorische Prinzip mit den Worten: „Dieses muß aber nicht nur mit großer Geschicklichkeit / sondern auch unvermerckt geschehen: sonsten wiedersetzen sich die Menschen zum öfftern / daß man sie weder persuadieren noch ihr Hertz rühren kan"[5].

Das Hauptziel aller rhetorischen Lehranweisungen liegt darin, die Kunst der „persuasio" zu vermitteln. Die Rhetorik hat es nicht wie die Philosophie nur mit dem Wahren, sondern vor allem mit dem Wahrscheinlichen zu tun. Das Vorgetragene soll geglaubt werden und es soll dem Hörer einleuchten. Um diese Zustimmung zu erreichen, stehen dem Redner zwei Wege offen: Er kann entweder Beweise beibringen, die in einer nicht leugbaren Tatsache liegen und vom Verstande als glaubwürdige Argumente anerkannt werden (probare). Oder er bringt Argumente, die emotional gebilligt werden, weil es dem Redner gelungen ist, im Hörer eine Bewegung des Wohlwollens zu erzeugen oder ihn gar hinzureißen zu affektiver Bejahung des Gesagten (delectare et movere). Um allein sachlich Begründetes mitzuteilen, braucht sich der Redner nur einer einfachen Sprache zu bedienen, denn die Sache spricht für sich selbst. Erst für den zweiten Weg muß er sich aller derjenigen formalen Mittel versichern, die ihm die Rhetorik dafür zur Verfügung stellt. Der Weg zum Herzen des Lesers führt über den Ornatus. Quintilian beruft sich auf die hohe Autorität Ciceros, wenn er die Figuren als solche Ausdrücke bezeichnet, „quae essent clarissima et ad movendum auditorem valerent plurimum"[6].

---

1. Peschwitz, Parnaß, s. v. Poet, S. 604.
2. Kempen, in: Neumark, Poet. Tafeln, S. 12.
3. Kempen, in: Neumark, Poet. Tafeln, S. 61.
4. Menantes, Academische Neben-Stunden, S. 46.
5. Menantes, Akademische Neben-Stunden, S. 46.
6. Quint., inst. or. 9, 1, 25.

Quintilian versteht die Figuren als ein Mittel der Affekterregung und -dämpfung, wenn er auch darauf verzichtet, jede Figur systematisch einem bestimmten Affekt zuzuweisen[1]. Unter Berufung auf Ciceros Verteidigung des Cornelius erläutert er die Wirkung des Ornatus und fragt, ob Cicero das römische Volk wohl dazu gebracht hätte, ihm zu applaudieren, wenn er allein in einem klaren und idiomatischen Latein gesprochen hätte. Er verneint und antwortet, daß die Erhabenheit, die Brillanz und die Autorität der Ansprache das Auditorium zu rauschendem Beifall hinriß und so in Ekstase versetzte, daß es willenlos der Macht der Rede folgte[2] Die rhetorischen Lehrbücher des 17. Jahrhunderts haben niemals außer Acht gelassen, daß zur Stillehre auch die Lehre von der Wirkung des Stils gehört. Sie haben vielmehr die Zuordnung der einzelnen rhetorischen Figuren zu bestimmten Affekten systematisiert und in übersichtliche Schemata gebracht. Die reine Beschreibung der Tropen und Figuren wird sogar scharf getrennt von der Erklärung ihrer Wirkungsweise und dieser Unterschied auch terminologisch festgelegt. Und selbst da, wo die Stillehre sich von ihrem tragenden Grund, dem Ziel des Glaubhaftmachens, ablöst und formalisiert, wird die natürliche Beziehung immer wieder durch eine Rückkopplung an die Affektenlehre hergestellt[3]. Wir ziehen als Modellfall die Ausführungen von Alsted in seiner Enzyklopädie heran.

Die Aufgabe der „Rhetorica" ist es, Regeln für eine angemessen geschmückte Rede zu vermitteln und eine detaillierte Darstellung der Tropen und Figuren zu geben. Alsted definiert die Rhetorik als „ars tradens modi ornandi orationem"[4]. Mit dieser Definition entfernt er sich jedoch von der klassischen Auffassung, die die Rhetorik als „ars bene dicendi" im weitesten Sinne verstanden wissen wollte. Er grenzt die Bedeutung des Wortes „Rhetorik" allein auf die Darstellung der stilistischen Mittel ein, ohne sich an dieser Stelle um ihre Wirkungsweise zu kümmern. Jedoch stellt er der Rhetorik als Stillehre im engeren Sinne die „oratoria" gegenüber. Sie wird definiert als „ars copiose dicendi: seu est institutio eloquentiae"[5]. Ihr innerer Zweck liegt in der Vermittlung derjenigen Vorschriften, die zu einer in sich vollkommenen Rede führen; ihr äußerer Zweck ist die Kunst, den Hörer angenehm zu erfreuen, deutlich zu belehren, leidenschaftlich zu bewegen

---

1. vgl. DOCKHORN, GGA 214 (1962), S. 190.
2. vgl. Quint., inst. or. 8, 3, 3 f.: „Sublimitas profecto et magnificentia et nitor et auctoritas expressit illum fragorem . . . Atque ego illos credo, qui aderant, nec sensisse quid facerent nec sponte iudicioque plausisse, sed velut mente captos et quo essent in loco ignaros erupisse in hunc voluptatis adfectum".
3. vgl. DOCKHORN, Die Rhetorik als Quelle usw., S. 116, Anm. 26.
4. Encyclopaedia, lib. VII, cap. I, p. 373.
5. Encyclopaedia, lib. IX, cap. I, p. 468.

und begründet zu überreden[1]. In diesem Kapitel nun gibt Alsted genaue Anweisungen über die Auffindung des Stoffes und der Argumente (inventio), über die „loci communes" und ihre Anwendung in den vier Arten der Beredsamkeit: der Schulrede (genus didascalium), der Lobrede (genus demonstrativum), der Beratungsrede (genus deliberativum) und der Gerichtsrede (genus iudiciale). Darauf folgen die Regeln über die Anordnung des Stoffes (dispositio) und Bemerkungen zum Stil (elocutio). In einem Katalog handelt er die Tropen und Figuren ab. Wenn Alsted hier nochmals von diesen Stilmitteln spricht, dann in einem anderen Sinne: „Porro Rhetorica *explicat* formulas troporum et figurarum, Oratoria ipsarum *usum ostendit*"[2]. Der „Oratoria" kommt es also zu, den Gebrauch des rhetorischen Schmuckes zu lehren. Der Gebrauch richtet sich aber nach der Wirkung, die der Redner im Gemüt der Zuhörer erzielen will. In einem eindringlichen Vergleich faßt Alsted die psychologische Kraft der Stilmittel zusammen: „Figurae rhetoricae, inprimis sententiae, sunt validissimae machinae, quibus arx affectuum expugnari potest"[3].

Keine wohlgesetzte Rede kann auf die rhetorischen Figuren verzichten, da sie ihr nicht allein Anmut und Grazie verleihen und den Intellekt des Hörers erfreuen, sondern zur Erregung der Affekte unentbehrlich sind. Dabei ist es gleichgültig, welchen Grad der Erregung der Redner beabsichtigt, ob er „delectare" („conciliare") oder „movere" („flectere") will: „Delectare est motum leniorem in corde auditoris excitare. Flectere denique est motum vehementiorem in auditoris animo excitare, et velut aculeos ibi relinquere"[4]. Wir erfahren, daß die Metonymie die Rede besonders wirksam und emphatisch gestaltet (ut magis movebis, si dicas, ‚Contemnit Mosen', quam si dicas, ‚Contemnit scripta Mosis'), daß die Synecdoche „in vehementibus animi commotionibus significandis, magna cum gratia adhibetur"[5], daß die Anadiplose „in affectu vehementioris amoris, admirationis, odii, irae, doloris" zu gebrauchen ist, daß die Epanalepse die Aufmerksamkeit und den Affekt der Liebe, des Hasses und des Mitleids erregt, daß die Paronomasie

---

1. Encyclopaedia, lib. IX, cap. I, p. 468. Diese Kunst unterscheidet sich von der Grammatik, der Rhetorik und der Logik: „Cum enim eloquentia sit copiose loquens sapientia, necesse est ut sit aliqua ars, quae copiam et ubertatem illam dicendi certis regulis gubernet. Id vero non praestat Grammatica, neque Rhetorica, neque etiam Logica: cum illa sibi propositam habeat puritatem, ista ornatum, haec perspicuitatem orationis. Relinquitur itaque peculiaris facultas, quam cum Scaligero et aliis viris omni exceptione majoribus vocamus Oratoriam" (Encyclopaedia, lib. IX, cap. I, p. 468).
2. Encyclopaedia, lib. VII, cap. III, p. 374.
3. Encyclopaedia, lib. IX, cap. VI, p. 473.
4. Encyclopaedia, lib. IX, cap. I, p. 468. In der Aristotelischen Rhetorik entspricht dem „delectare" das Ethos, dem „flectere" das Pathos; vgl. dazu DOCKHORN, Die Rhetorik als Quelle usw., S. 112 ff.
5. Encyclopaedia, lib. IX, cap. IX, reg. II, p. 482.

alle Affekte gleichermaßen erregen kann, daß schließlich die Exclamatio „est magnum prorsus animi commovendi instrumentum, et quidem affectuum variorum: videlicet admirationis, desperationis, doloris, optationis, indignationis, irrisionis, gaudii, exaltationis, obtestationis, commiserationis, execrationis, imprecationis"[1].

In Alsteds Äußerungen spiegelt sich nur die allgemeine Auffassung der Rhetorik, daß nämlich ihre Figurenlehre kein „öder Formalismus ist, sondern aufs innigste mit der Lehre vom ‚Bewegen' und ‚Hinreißen' zusammenhängt"[2]. Die grundsätzliche Anerkennung dieses Zusammenhanges findet sich auch in der »Teutschen Rhetorica« von Johann Matthäus Meyfart. Es handelt sich bei diesem Werk um eine Stillehre. Meyfart beschränkt sich darauf, die Gesetze der „elocutio" wiederzugeben, d. h. er zählt die rhetorischen Figuren auf und belegt sie mit oft sehr weitläufigen, aber instruktiven Beispielen in Vers und Prosa. Für unseren Zusammenhang ist von Bedeutung, daß er es nicht bei einer einfachen Beschreibung der Figuren bewenden läßt, sondern daß er die formalen Erklärungen durch Anweisungen zum „Gebrauch" unterstützt.

In der Beherrschung der Elocutio sieht er das wahre Lob des Redners, der besonders darauf bedacht sein muß, seine Sache „mit reinen / deutlichen / zierlichen und geschickten Worten" vorzubringen: „Weil jhm obliget erstlich zubeweisen / [probare] und das ist die unumbgänglich Nohtwendigkeit: Zum andern zubelustigen / [delectare] und das ist die süsse Lieblichkeit; zum dritten zubewegen / [movere] und das ist die strenge Dapfferkeit[3]. Wer diese drey Stück aus den Augen setzet / thut löblicher / wenn er schweiget: Aber thörichter / wenn er lallet"[4]. Der Schmuck der „tapffern Rede", also der durchdringenden und bewegenden Oration, besteht in den „zierlichen Tropen und stattlichen Figuren"[5].

An der Darstellung der Figurenlehre läßt sich der Bezug auf die Affektenlehre ganz deutlich ablesen. Der Redner benutzt Metaphern aus „Nohtdürfftigkeit", um eine Sache besser erklären zu können. Außerdem wegen ihrer „Zierlichkeit" und

---

1. Encyclopaedia, lib. IX, cap. IX, reg. II, p. 483.
2. DOCKHORN, Die Rhetorik als Quelle usw., S. 147. Man vergleiche dazu etwa die Ausführungen von Koerber, Elementa Rhetorica, lib. II, p. 22 ff.; oder die ausführliche Darstellung von Lauremberg, Euphradia, lib. II, p. 226 ff. Alsted nennt die rhet. Figuren „argumenta moventia" (Orator, p. 91), Lauremberg (Euphradia, p. 222) spricht von ihnen als „pertinentes ad faciendam orationem παθητικὴν", Hülsemann bezeichnet die Figurenlehre als eine „Pathologia verbalis" (Methodus concionandi, cap. XI, § 9, p. 172). Die „Pathologie" ist die Wissenschaft von den Affekten.
3. Meyfart übersetzt hier Cicero, Orator 21, 79: „Probare necessitatis est, delectare suavitatis, flectere victoriae: nam id unum ex omnibus ad obtinendas causas potest plurimum".
4. Meyfart, Teutsche Rhetorica, S. 63.
5. Meyfart, Teutsche Rhetorica, S. 68.

schließlich wegen der „Dapfferkeit / weil es herrlicher durchtringet / als wenn ich sage: Cain sey von dem Zorn angestecket / von der Rache entzündet / und der Blutgierde angetrieben worden"[1]. Diese Dreiteilung in der Begründung des überragenden Werts, den die Metaphern für den Redner haben, ist nicht zufällig. Meyfart billigt ihnen deswegen einen so hohen Rang zu, weil sie allen drei officia des Redners (docere, delectare, movere) gleichzeitig Rechnung tragen. Die Metaphern „unterrichten deutlich", „prangen stattlich", „streichen gewaltiglich"[2]. Sie sind also unerläßlich sowohl zur einfachen Darlegung[3] als auch zum „Belustigen"[4] und „Bewegen".

Die Metonymie bringt der Rede „eine stattliche Zierlichkeit"[5], und mit ihrer Hilfe kann man „den Zuhörer meisterlich uberschwatzen"[6]. Eine Synecdoche ist dann dienlich, wenn man „dem Zuhörer entweder schmeicheln / oder ihm den Zorn / Neyd / Haß und Furcht einjagen will"[7]. Meyfart ist sich mit Alsted über den Wert der Anadiplose einig, denn sie ist „prächtig und mächtig / oder schön und dapffer / auch die Zuhörer zubewegen / gar bequem. Gleich wie ein Schwerdt / wenn man es auff einen Ort zweymahl schläget / desto tieffere Wunden machet; Also auch die Anadiplosis verursacht desto grössere Bewegungen"[8]. Hatte Alsted die Epizeuxis wegen der „major vehementia"[9] gefordert, so bestätigt Meyfart, daß diese „eine hefftige und gewaltige Figur sey / unnd diene wohl die Gemüther zu den Schmertzen / Zorn / Verwunderungen / zubewegen"[10].

Lange Ausführungen widmet er der Symploke. Sie ist „sehr scharff / hefftig / und ernsthafftig ... Zumahl wenn sie mit einer Frage vorgebracht wird: Und auff solche Weise die Symploce vorzubringen / hat Cicero sich beflissen"[11]. Meyfart liefert ein schönes Beispiel in Versen:

---

1. Meyfart, Teutsche Rhetorica, S. 72 f.
2. Meyfart, Teutsche Rhetorica, S. 81 f.
3. vgl. Quint., inst. or. 5, 14, 34: „Nam et saepe plurimum lucis adfert ipsa translatio".
4. vgl. dazu Stieler, Sekretariatkunst I, Teil II, S. 352: „Cicero hält auf dieselbe [sc. die Metapher] in seinem Redner [Orator 39, 134] sehr viel / wenn er spricht: Daß sie / wegen ihrer Vergleichung / das Gemüt entzücken / und hin und wieder bewegen könne. Welche geschwinde Regung der Gedanken vor sich selbsten belustiget".
5. Meyfart, Teutsche Rhetorica, S. 101.
6. Meyfart, Teutsche Rhetorica, S. 101.
7. Meyfart, Teutsche Rhetorica, S. 112.
8. Meyfart, Teutsche Rhetorica, S. 266.
9. Alsted, Encyclopaedia, lib. IX, cap. IX, II, p. 482.
10. Meyfart, Teutsche Rhetorica, S. 255.
11. Meyfart, Teutsche Rhetorica, S. 310 f.

Was schrecket in der Zeitligkeit?
Wenn es nicht thut die Ewigkeit.
Was sterket in der Frömmigkeit?
Wenn es nicht thut die Ewigkeit.
Was tröstet in Trübseligkeit?
Wenn es nicht thut die Ewigkeit[1].

Überzeugend belegt er die Epanorthosis, die dazu dient, „die Gemüther der Zuhörer zubewegen"[2]:

Sprich HERR sprich nur ein Wort: Nein / Nein HERR thu nur wincken /
So müssen meine Feind auff beyden Seiten sincken.
HERR eyle mir zu hülff: Nein thu von ferne schawen
Vor vielen tausenden sol meiner Seel nicht grawen[3].

Die Epistrophe ist die geeignete Figur, um „herrliche Sachen heraus zustreichen / und schändliche Thaten zu lestern: Daher beweget die Epistrophe das Gemüth der Zuhörer / und entzündet inbrünstiglich"[4]: „. . . haben wir herrliche Gesundheit? GOTT hat sie gegeben. Haben wir herrliche Ehren? GOTT hat sie gegeben. Haben wir redliche Freunde? GOTT hat sie gegeben / darumb / wenn solcher Stücke noch viel tausend weren / GOTT hat sie gegeben"[5].

Die unkomplizierte Psychologie, die in solchen rhetorischen Anweisungen zum Ausdruck kommt, gehört zum Bildungsgut des 17. Jahrhunderts[6], und wir müssen ihre Kenntnis auch dort voraussetzen, wo nicht immer in so deutlicher Weise wie in den Rhetoriken auf sie verwiesen wird. Mit dem Formenschatz der Rhetorik dringt das Prinzip der emotionalen Überzeugung, das sich ursprünglich allein in

---

1. Meyfart, Teutsche Rhetorica, S. 310.
2. Meyfart, Teutsche Rhetorica, S. 365. Zur Definition der Epanorthosis vgl. S. 98, Anm. 3 vorliegender Arbeit.
3. Meyfart, Teutsche Rhetorica, S. 363.
4. Meyfart, Teutsche Rhetorica, S. 303.
5. Meyfart, Teutsche Rhetorica, S. 299.
6. Sie ist Gegenstand voluminöser Lehrbücher, die sich außer auf die Rhetorik auch auf Aristoteles' Schrift »De anima« und Senecas »De ira« stützen. Das bekannteste ist die »Pathologia Oratoria sive adfectuum movendorum ratio« von Valentin Thilo, Regiom. 1647. — Joh. Conrad Dannhauer, Pathologia Rhetorica sive disputatio de affectibus, Argent. 1632. Noch Joh. Chr. Männling verweist auf Thilo und sagt von der „Pathologie" allgemein: „Sie ist aber der Geist und Seele der Wohlredenheit, wie Aristoteles, Cicero und Quintilian reden. Denn quod Nautae Portus, hoc Oratori sunt Affectus". Mit wissenschaftlicher Genauigkeit ordnet er bestimmten Figuren: „Die Affecten werden gar leicht moviret durch die figuras Rhetoricas, e. g. die Freude durch Exclamationem, Interrogationem und Prosopopoeiam, die Liebe durch Obsecrationem und Apostrophen, Furcht, Schrecken und Scham durch Anaphoram, Aposiopesin, Communicationem etc." (Expediter Redner, Kap. IX, S. 276 f., § 2).

den Dienst der Rede stellte, auch in die Poetiken ein[1]. Jedoch wollen gerade hier die „eindeutigen" Belege nicht so zahlreich fließen. Dem möglichen Einwand, dadurch sei der Beweis erbracht, daß der Einfluß der Rhetorik auf die Poetik in der vorliegenden Arbeit überschätzt wurde, ist leicht zu begegnen. Der Grund liegt darin, daß die Poetiker gerade dann, wenn es um die Figurenlehre und ihren Gebrauch geht, auf die Rhetoriklehrbücher verweisen und den heutigen Leser mit diesem Verweis entlassen[2]. Um den Zusammenhang von Rhetorik und Poetik im 17. Jahrhundert aber zu erkennen, müssen wir diesen Hinweis ernst nehmen und aus den gleichen Quellen schöpfen, aus denen sich die Poetiker ihr Wissen und ihr Bildungsgut geholt haben. Ihnen ist die Verknüpfung von Ornatus und Emotionserregung geläufig, und wenn Neumark in der dreizehnten Tafel fordert: Die „Ganze Rede . . . soll seyn Schön / daß sie nemlich sey anmuthig / und gleichsam eine lebendige Krafft habe / die Gemüther der Menschen zu bewegen"[3], dann begründet er den Ornatus von der Wirkung her und belegt den Zusammenhang hier einmal ausdrücklich. Kempen erläutert diesen Satz an dem Beispiel: „Der Krieg ist verderblich"[4], den er mit rhetorischen Mitteln amplifiziert (Prosopopoeia[5] „Der Krieg wirft zu Boden", Metapher, Exclamatio, Amplificatio durch den Topos „ab effectibus"): „O welch ein grosses Übel ist der verzehrende Krieg! der alles zu Drümmern und Boden wirffet / ja der alle Ruh und Sicherheit aus den Hertzen der Menschen verjaget! Oder ich kan auch alle Würkungen des Krieges anführen / und eine völlige Beschreibung anstellen der ietzigen Zeit / und dieselbe gegen die vorige halten"[6]. Diesen Aufwand an formalen Mitteln begründet Kempen jedoch damit, „daß dem Leser oder Zuhörer der Unterschied zwischen Krieg und Friede zu Gemüthe dringe"[7]. Mit dieser pauschalen Erklärung müssen wir uns begnügen, denn Kempen verweist uns für zusätzliche Informationen an die „Redekunst".

Als einen weiteren Beleg ziehen wir Buchner heran. Er scheidet den Poeten vom Philosophen, da dieser seine Meinung allein mit klaren und verständlichen Worten vorbringt. „Ein Poet aber / wie wohl er gleichfals dahin zu sehen hat / daß

---

1. Zum Prinzip der „persuasio" in der „Ars poetica" des Horaz vgl. MARY A. GRANT and GEORGE C. FISKE, Cicero's „Orator" and Horace's „Ars Poetica", Harvard Studies in Classical Philology, Vol. XXXV, Cambridge (Mass.) 1924, p. 1—74. Dort p. 32 ff. B. MUNTEANO, Principes et structures rhétoriques, RLC 31 (1957) 388—420. Dort p. 399 ff.
2. vgl. S. 33 dieser Arbeit.
3. Kempen, in: Neumark, Poet. Tafeln, S. 24.
4. Kempen, in: Neumark, Poet. Tafeln, S. 310.
5. Prosopopoeia (fictio personae): Einführung lebloser Dinge als sprechende Personen; vgl. Meyfart, Teutsche Rhetorica, S. 387; LAUSBERG § 826.
6. Kempen, in: Neumark, Poet. Tafeln, S. 310.
7. Kempen, in: Neumark, Poet. Tafeln, S. 310.

seine Rede verständlich sey[1] / so hat er doch über dieses sich zu bemühen / wie er
sie schön / lieblich und scheinbar mache / d a m i t er das Gemüth des Lesers bewegen / und in demselben eine Lust und Verwunderung ob den Sachen / davon
er handelt / erwecken möge / zu welchem Zweck er allzeit zielen muß"[2]. Das Ziel
und die Aufgabe der Rhetorik als einer „persuasio" könnten kaum klarer und
besser formuliert werden, als Buchner das hier für die Poetik tut. Eindeutig ver-
merkt er den kausalen Zusammenhang zwischen dem Stil der Rede und der daraus
resultierenden Bewegung der Affekte.

Der Ornatus dient der Wahrscheinlichkeit, der Glaubwürdigkeit des Ausgesagten[3]. Buchner fragt in diesem Zusammenhang nicht nach der Wahrheit der
Sache, von der gesprochen wird, wichtig ist ihm vielmehr, daß in dem Leser „Lust
und Verwunderung" über die Dinge, die vorgetragen werden, erzeugt wird und er
deswegen dem Gemeinten seine Zustimmung nicht versagt. Diese Zielsetzung wird
von Quintilian gerade dann vertreten, wenn er von der stilistischen Auszierung
als einem Mittel zur Überzeugung spricht: Nach seiner Meinung trägt das rhetorische Ornament (ornatus orationis) nicht wenig zum Erfolg der Sache selbst bei.
Denn bei denjenigen, die ein Vergnügen beim Zuhören empfänden, wüchse auch
die Aufmerksamkeit und die Bereitschaft, das Gehörte zu glauben, und meistens
genüge die Lust schon, die sie empfänden, um sie zu betören. Manchmal risse sie
auch die Bewunderung fort (delectatione capiuntur, nonnumquam admiratione
auferentur). Und er schließt sich der Aussage Ciceros an: „Nam eloquentiam, quae
admirationem non habet, nullam judico"[4]. Quintilian beruft sich außerdem auf
Aristoteles, der gefordert hatte, daß man der Sprache durch den Ornatus den
Schein des Fremden gebe, weil die Leute das Ungewöhnliche anstaunten und die
ses Staunen lustvoll sei[5]. Buchner schließt sich dieser Auffassung an. Es ist bekannt, so sagt er, daß der Mensch gern etwas Neues hört, und sich mehr freut an
dem „was der Wahrheit nahe kömmet [= Wahrscheinlichkeit] . . . als was die
Wahrheit an sich selbsten ist / weil diese gemein und für sich selbst entstehet /
jenes [sc. die Belustigung] aber durch Kunst und Fleiß zuwege gebracht wird /
auch seltzam ist"[6]. Wie Aristoteles und Quintilian knüpft er hier die Delectatio
sowohl an die Wahrscheinlichkeit als auch an das Staunen, das durch die Kunstmittel hervorgebracht wird.

Daß die rhetorischen Figuren nicht allein „das Bremwerk an einer köstlichen
Kleidung"[7], sondern, was viel wichtiger ist, ein mächtiges Mittel darstellen, das

1. Denn die Perspicuitas kommt auch dem Dichter zu.
2. Buchner, Anleitung, S. 14 f. Sperrung von mir.
3. vgl. Quint., inst. or. 4, 2, 19; LAUSBERG § 538.
4. Quint., inst. or. 8, 3, 5 f.
5. Arist. Rhet. 1404 b.
6. Buchner, Poet, S. 5.
7. Kempen, in: Neumark, Poet. Tafeln, S. 310.

zur Überzeugung des Gegenübers sinnvoll eingesetzt werden kann, gehört zum Konsens der Theoretiker des 17. Jahrhunderts. Am Anfang des neuen Saeculum formuliert Menantes diese Einsicht noch einmal deutlich: „Figuren und was zur Bewegung des Gemüths gehört / sind in der Gewalt eines Klugen und Tugendhaften über die maßen dienlich / die kalte Herzen damit zu löblichen Empfindungen anzufeuern. Davon die Geistliche und weltliche Rede-Kunst herrliche Proben aufzuweisen hat"[1]. Die „persuasio" erfordert Geschick. Zwar mag es einfach sein, den Menschen dahin zu lenken, wohin er kraft seiner Neigungen selbst schon strebt. Wichtiger und gleichzeitig schwieriger ist die Aufgabe, „einen allzu lustigen Menschen / der nichts als die Ergetzlichkeiten der Welt suchet / zu einer Betrübniß vollen Betrachtung der Eitelkeit zu führen"[2]. Ein Gedicht muß so gebaut sein, daß der Leser zu Beginn der Neigung nachgibt und nach und nach „mit beweglichen [d. h. bewegenden] Worten" dahin geführt wird, vom Inhalt eingenommen zu werden und ihn für sich als gültig zu akzeptieren.

Wie die Rhetorik im Dienste des tugendhaften Redners steht, so steht die Poetik im Dienste des tugendsamen Poeten, der sich der Aufgabe verpflichtet weiß, moralische Lehre zu vermitteln. Jedoch nicht durch kaltes Dozieren, sondern durch eine angenehme Augenscheinlichkeit oder durch bewegende Sinnfälligmachung des Gesagten. Das Mittel dazu liegt im Stil und in den Regeln der Wohlredenheit. Harsdörffer formuliert diese Aufgabe als ein allgemeines Gesetz, dem sich besonders die deutsche Sprache fügt:

> Die Rede sol zierlich und doch nach Beschaffenheit nachsinnig seyn; Massen wir in unsrer Sprache so schöne und eingriffige Wörter und Red-Arten haben / die durch die Hertzen schneiden / ihre Deutung prächtig und mächtig in den Sinn legen / das Gemüt kräfftig bewegen / zu Zorn anfüren / zu den Grimm erbittern / zu den Neid vergallen / zu dem Gewalt bewaffnen; und im Gegenstande zu der Barmhertzigkeit ermilden / zu der Vergebung erweichen / zu der Vergessenheit bewegen / zu der Liebe erschmeicheln / zu der Freundlichkeit anhalten / und kann dem Menschen nichts zu Sinne kommen / daß ein Sprachkündiger nicht mit genugsamen Worten sattsam vorstellig machen wird[3].

Harsdörffer gibt hier einen Katalog der Affekte, die beim Zuhörer hervorgerufen werden können. Wenn er gerade der deutschen Sprache die besondere Fähigkeit zur emotionalen Erregung zumißt, dann unterstreicht er dadurch nur die Bedeutung, die der „persuasio" von den Dichtern und Theoretikern des 17. Jahrhunderts zuerkannt wird. Er meint natürlich nicht die Umgangssprache, sondern die rhetorisch überhöhte Ausdrucksweise, deren Ziel darin liegt, das Herz des Lesers zu erwärmen und ihn vorsichtig oder auch mit Gewalt dahin zu bringen, daß er das Mitgeteilte versteht, sich daran freut, bewegt wird und dadurch glaubt.

---

1. Menantes, Academische Neben-Stunden, S. 47.
2. Menantes, Academische Neben-Stunden, S. 46.
3. Harsdörffer, Poet. Trichter III, S. 34, § 39.

4. Dreistiltheorie und Decorumlehre

Wir haben versucht zu zeigen, daß Rede und Schrift, Prosa wie Dichtung, im
17. Jahrhundert weit mehr, als es neuzeitlichem Urteil naheliegt, auf ein Gegenüber bezogen, also gesellig ist. Der Stil eines sprachlichen Kunstwerks erschöpft
sich nicht in der Persönlichkeit des Sprechenden als bloße Selbstverwirklichung,
sondern er ist zweifach bedingt: Einmal durch die übergeordnete Idee der Wirkung
auf den Angesprochenen und zum andern durch den Stoff, der zur Darstellung
gelangen soll.

Die Maßstäbe für den jeweils zu wählenden Stil entnimmt die Poetik des
17. Jahrhunderts der antiken Rhetorik und der von ihr ausgebildeten Lehre von
den drei Stilarten. Sie besagt, daß den Gegenständen ("res"), den Themen, die der
Redner behandelt, das sprachliche Gewand (Wahl der Wörter, rhetorischer
Schmuck) angemessen sein muß, denn das Ideal einer Rede besteht in der Harmonie zwischen Stoff und Stil. Cicero charakterisiert dieses Verhältnis so: „Is enim
eloquens, qui et humilia subtiliter et alta graviter et mediocria temperate potest
dicere"[1]. Der dreistufigen Hierarchie der Gegenstände entspricht eine dreistufige
Hierarchie der Stillagen. Dieses Gesetz gehört zum unveräußerlichen Eigentum
auch der mittelalterlichen und humanistischen Stillehren, und es hat seine Gültigkeit in der Barockpoetik bewahrt, wie eine Äußerung Harsdörffers zeigt, die nichts
anderes als eine Übersetzung der ciceronianischen Forderung ist: „Zierlich ist /
wann man hohe Dinge mit hohen prächtigen Machtworten / mittelmäßige mit
feinen verständigen / und nidrige mit schlechten Reden vorträget"[2].

Wir gehen für die folgende Darstellung von Alsteds knappen Bemerkungen in
der »Encyclopaedia« aus. In diese umfassende Summe aller Wissenschaften nimmt
er auch die Poetik auf. Sie füllt nur wenige Seiten und wird als letzte in dem
Kanon der „philologischen" Wissenschaften behandelt[3]. Alsteds Ausführungen

---

1. Cicero, Orator 29, 100. — Vgl. Auct. ad Her. 4, 8, 11; Cicero, de or. 2, 29, 128 f.;
Quint., inst. or. 12, 10, 58 ff. Isid., Et. 2, 17, 2 ff.; Augustinus, de doctr. chr. 4, 17,
34 ff. — Weitere Stellenverweise und eine Analyse der genera dicendi bei Lausberg
§§ 1078—1082. Zu den Stilarten in der literarischen Tradition vgl. E. R. Curtius, Die
Lehre von den drei Stilen in Altertum und Mittelalter, RF 64 (1952) 57—70. Erich
Auerbach, Sermo humilis, RF 64 (1952) 304—364. F. Quadlbauer, Die antike Theorie
der genera dicendi im lateinischen Mittelalter, Sitzungsb. d. österr. Akad. d. Wiss.,
phil.-hist. Kl., Bd. 241, 2, Wien 1962. F. Wehrli, Der erhabene und schlichte Stil in
der poetisch-rhetorischen Theorie der Antike, in: Phyllobolia, Festschrift für Peter
von der Mühll, hg. O. Gigon, Basel 1946, S. 9—34. Zur Theorie der drei Stilarten in
der geistlichen Dichtung vgl. F. Ohly, Wolframs Gebet an den Heiligen Geist im
Eingang des Willehalm, ZfdA 91 (1961/62) 1—36.
2. Harsdörffer, Poet. Trichter I, S. 106, § 7.
3. Encyclopaedia, lib. X, p. 509 ff. Die Poetik folgt auf die Disziplinen Lexica, Grammatica, Rhetorica, Logica, Oratoria.

dürfen als repräsentativ gelten, denn seine Enzyklopädie war als Lehrbuch sehr geschätzt, und noch Leibniz zieht sie der Keckermannschen Arbeit (Systema systematum, Hanau 1613) vor[1].

Die Poetik wird definiert als „ars bene effingendi orationem ligatam: seu est ars de eloquentia poetica, hoc est, certis numeris adstricta"[2]. Sie hat zwei Ziele: Zum ersten lehrt sie die Art und Weise, in der die Rede gebunden werden soll, zum andern, wie der Hörer durch die gebundene Rede belehrt, erfreut und bewegt werden kann[3]. Die Dichtung selbst ist in ihren Themen unbegrenzt; daraus folgt, daß der Dichter umfassend gebildet sein muß[4]. Sie nützt dem Staat und der Kirche und ihre umfassende Aufgabe kann im Gotteslob gesehen werden. Jedoch ist zwischen den Aufgaben der geistlichen und weltlichen Dichtung zu unterscheiden. Während die Hauptaufgabe der sakralen Poesie darin besteht, Gott zu loben, und das „docere vel delectare" für sie erst in zweiter Linie in Betracht kommt, muß die weltliche Poesie hingegen ihr wichtigstes Ziel darin sehen, zu lehren, zu erfreuen und dadurch zu bewegen und zu überzeugen (docendo et delectando movere seu persuadere)[5].

Nach diesen allgemeinen Betrachtungen spricht Alsted über die möglichen Gattungen der Gedichte und über die Form, in der sie zu schreiben sind. Diese Form nennt er „character dicendi": „Character dicendi est forma, similis ejus rei, cujus est nota"[6]. Alsted formuliert hier das Dogma klassischer Rhetorik, daß der Ausdruck dem Inhalt entsprechen muß. Drei Stillagen sind in Gedichten möglich. Die erste nennt er „sublimis seu gravis; qui adhibetur in materia gravi, excellenti, et seria: ut cum heroës, bella, consiliâ, orationes, et similia describuntur"[7]. Dieser Stilart eignet Würde (dignitas). Sie hat es mit pathoshaltigen Situationen zu tun und mit Personen, die würdevolle Vertreter solcher Situationen sein können. Der hohen Stilart entgegengesetzt ist der „character humilis", der bei niedrigen und

---

1. Denkschrift zur Begründung der Berliner Akademie, 1716. Abgedruckt bei L. RICHTER, Leibniz und sein Rußlandbild, Berlin 1946, S. 121. — Alsted als Schulautor vgl. Joh. Balth. Schupp, Schriften, S. 759. Eine Würdigung von Alsteds Leistungen bei C. E. Hübner, Zulängliche Nachrichten / von denen Berühmtesten Nöhtigsten Historicis, Chronologis und Geographis, Hamburg 1705, S. 146.
2. Encyclopaedia, lib. X, cap. I, p. 509.
3. „Finis eloquentiae poëticae est remotus, vel proximus. Remotus est docere, delectare, et movere oratione ligata . . . Proximus est tradere modum bene effingendi orationem ligatam: seu, orationem numeris adstringere" (Encycl., lib. X, cap. I, p. 509).
4. Encyclopaedia, lib. X, cap. I, reg. II, p. 509.
5. Encyclopaedia, lib. X, cap. I, reg. III, p. 510.
6. Die Bezeichnung „character dicendi" für die Stillage stammt aus der Tradition der Vergilkommentare des Donatus und Servius. Vgl. dazu F. QUADLBAUER, Die antike Theorie der genera dicendi, S. 11 ff. Die gleiche Definition bei Scaliger, Poetices, lib. IV, cap. I, p. 399.
7. Encyclopaedia, lib. X, cap. III, reg. II, p. 511.

scherzhaften Dingen zu gebrauchen ist: „ut cum mores hominum privatorum, satyrorum, rusticorum, plantorum, et animalium vulgarium describimus". Diese Stilart zeichnet sich durch Schmucklosigkeit und Einfachheit aus (tenuitas et simplicitas). Der „character aequabilis" liegt zwischen beiden und paßt zu den mittleren Gegenständen (rebus mediocribus[1]). Sein Wert liegt in der „rotunditas, id est media oratio inter humilem et grandem"[2]. Alsted genügen diese kurzen Bemerkungen, denn die Theorie der drei Stilarten konnte aus jeder beliebigen Rhetorik ausführlicher entnommen werden. Für unseren Zusammenhang ist allein wichtig festzustellen, daß er sie ausdrücklich in seine Anweisungen zur Poetik aufnimmt.

Die Identität zwischen der Stilhöhe und dem behandelten Gegenstand ist jedoch nicht die einzige Konsequenz, die sich aus dem System der Stile ergibt. Das wird deutlich, wenn man Alsteds Ausführungen in seiner Rhetorik zu Hilfe nimmt. Dort führt er über die „genera dicendi" aus:

> Diximus, tria esse dicendi genera, subtile, intermedium, et grave. Subtilis generis est, docere cum lenitate; intermedii, delectare; gravis autem et ampli generis est, commovere. Docemus intelligenter et cum fide: delectamus cum voluptate: commovemus cum acrimonia[3].

Die Stilhöhe wird von Alsted hier den drei „officia" des Redners zugeordnet: lehren, erfreuen, bewegen. Auch diesen Zusammenhang zwischen den drei Redefunktionen und den daraus folgenden Stilhöhen hatte die antike Rhetorik ausführlich behandelt: „Sed quot officia oratoris, tot sunt genera dicendi: subtile in probando, modicum in delectando, vehemens in flectendo; in quo uno vis omnis oratoris est"[4]. Will der Redner beweisen oder belehren, so tut er es in einem sachlichen, klaren, schmucklosen Stil, „sermone tenui"; will er den Zuhörer gewinnen und ihn sich geneigt machen, dann redet er in anmutigem Stil, „suaviter" oder „cum iucunditate"; will er schließlich das Auditorium hinreißen und Pathos erregen, so spricht er „cum gravitate" in einem mit allen Mitteln ausgezierten, rhythmisch lebhaften und bewegenden Stil[5]. Die Stilart ist grundsätzlich von zwei Voraussetzungen abhängig: von der Qualität des Gegenstandes, der dargestellt werden soll, und von der intendierten Wirkung des „probare, conciliare, movere". Form und Stil des sprachlichen Kunstwerks liegen also nicht im Ermessen des Dichters oder Redners, sondern sie sind immer sach- und wirkungsgebunden.

---

1. Alsted gibt keine Themen und Gegenstände an. Auch Scaliger beschränkt sich nur auf eine allgemeine Charakteristik der mittleren Stillage. Sie umfaßt alles, was nicht eindeutig dem hohen oder niedrigen Stil zugeordnet werden kann (Poetices, lib. IV, cap. I, p. 399 ff.).
2. Encyclopaedia, lib. X, cap. III, reg. II, p. 511.
3. Alsted, Orator, p. 161.
4. Cicero, Orator 21, 69.
5. vgl. dazu DOCKHORN, Die Rhetorik als Quelle usw., S. 116.

Die Forderung, daß der Stil aus der Wahl der Gegenstände und der beabsichtigten Wirkung folgen muß, äußert sich in einer Systematisierung der Ornatus-Vorschriften. Alsted zählt in seinem »Orator« in gedrängter Übersicht für jede Stillage einige charakteristische Merkmale auf. Wir greifen das Wichtigste heraus.

Der hohe Stil zeichnet sich durch großartige Versmaße (pedes gravissimi) aus (Spondaeus, Dichoreus, Päan, Molossus etc.). Sie dienen dem „terror animi", der hinreißenden Bewegung der Seele[1]. Diesem Ziel nützen alle Tropen und rhetorischen Figuren. Die Metapher des hohen Stils darf „insolens" und „arrogans" sein, sie darf von hohen und himmlischen oder auch von ungewöhnlichen, unerhörten, neuartigen und von entfernt liegenderen Dingen genommen werden[2]. Dem hohen Stil steht vor allem die Prosopopoeia[3] gut: Was im niedrigen Stil untersagt ist, etwa den Staat oder auch die Toten reden zu lassen, das gibt dem hohen Stil erst seinen Prunk.

Die niedere Stilart hat die erhabenen Versmaße zu meiden, nur Jambus und Pyrrhichius sind ihr angemessen[4]. Wortneubildungen sind gestattet, jedoch spärlich, und wenn es nötig ist, mit Zurückhaltung. Der Redner verzichte auf die Paronomasie, die Epanalepse, Anadiplose und Epistrophe. Er gehe der glänzenden Prosopopoeia aus dem Wege und vermeide lange Aufzählungen, denn sie machen die Rede weit und reich (amplam et copiosam). Der Redner benutze „metaphoras quotidianas", logische Schlüsse (enthymemata, conclusiones et argumentationes). Satz- und Gedankenfiguren sind mit Maßen erlaubt: Epanorthosis, Polyptoton und Klimax. Kurze Gedankenwiederholungen und geringe Erweiterungen (amplificatiunculae), die zur Glaubwürdigkeit beitragen, dürfen verwendet werden.

Auch der niedrige Stil kann auf die rhetorischen Figuren nicht ganz verzichten, denn „haec lumina sunt quidem communia omnium trium dicendi generum: nulla enim est oratio tam tenuis, tam exilis, quae non admittat aliquem ornatum"[5]. Jedoch darf der Ornatus das Maß des Alltäglichen nicht überschreiten. Alsted verzichtet zur Erläuterung auf Beispiele, aber er erinnert an das „familiare exemplum", das der Redner vor Augen haben sollte, wenn er nach einem Vorbild für die passende Stilhöhe sucht, nämlich an die Werke Vergils: „Si familiare exemplum cupis, habe Bucolica, Georgica, et Aeneida Virgilii: Illa sunt exilia, ista temperata,

---

1. Alsted, Orator, p. 167.
2. „Impudens autem metaphora est, quae arrogans, quae sumitur a rebus magnis, a rebus coelestibus . . . insolens metaphora est, quae sumitur a rebus non solitis, inauditis, non cognitis, a rebus remotioribus" (Orator, p. 164).
3. vgl. Alsted, Encyclopaedia, lib. IX, cap. IX, p. 483: „Prosopopoeïa in rebus gravioribus, puta in admonitionibus et objurgationibus vehementioribus, est ornatum praestabile".
4. Alsted, Orator, p. 162 ff. Dort auch die folgenden Zitate.
5. Alsted, Orator, p. 167 f.

haec gravis". In allen drei Werken benutzt Vergil den Ornatus, „sed in tenui dicendi genere tenuiter, subtiliter et parce: in medio et temperato mediocriter et modice . . . in amplo vero dicendi genere utitur iis copiose, fortiter, graviter, imo gravissime"[1].

Nur die hohe Stilart darf, gemäß ihrer Aufgabe des „movere" und der Würde oder Pathoshaltigkeit ihrer Gegenstände (Gott, Staat, Krieg etc.), über alle Tropen und Figuren ohne Einschränkung verfügen. Die mittlere und niedrige Stilart mit dem geringeren Anspruch des „docere (probare) et delectare (conciliare)" und den Themen des allgemein Menschlichen und Alltäglichen haben sich auch mit einem geringeren Maß an sprachlichem Schmuck zufriedenzugeben. Ein Traktat erbaulichen Inhalts etwa, oder auch ein Liebesgedicht ernsten oder heiteren Charakters, können auf die hinreißende Gemütsbewegung mittels des Ornatus verzichten.

Erst auf Grund dieser Gesetzmäßigkeit wird verständlich, warum Meyfart in seiner Rhetorik den „wichtigen und tapffern Sachen" ganz bestimmte Figuren zuordnet, die er aus Texten einfacheren Inhalts verbannt wissen will. So ist etwa die Synecdoche ein „sehr Gravitetischer Tropus", der nur in der hohen Stillage Verwendung finden darf, weil er in der niedrigen Stilart „seine Majestet ganz verleuret / und ist eben als wenn man an den Sawstall einen silbern Schild / und an die Ofengabel eine güldene Cron auffhängen wolte"[2]. Die Exclamatio darf „nur in wichtigen Sachen und vornehmen Materien . . . gebrauchet werden"[3], die Hypallage hat „in stattlichen und wichtigen / aber in keinen schlechten Dingen" ihren Platz[4], ebenso die Epanalepse, „die in geringen Sachen . . . mag verschonet bleiben"[5].

Was von Alsted und Meyfart mit der antiken Rhetorik gefordert wird, ist die ideale Einheit von Gegenstand, Stil und Wirkung. Diese Forderung hat bändi-

---

1. Alsted Orator, p. 168.
2. Meyfart, Teutsche Rhetorica, S. 111. Meyfart definiert: „Die Synecdoche . . . ist / wenn der Redner ein gantzes Ding nennet / und versteht doch nur ein Theil desselbigen: Oder nennet nur einen Theil und verstehet doch das gantze Ding: Als wenn der Redner saget: . . . Lucius kan nicht zwischen seinen vier Pfälen sicher sitzen" (S. 101 f.).
3. Meyfart, Teutsche Rhetorica, S. 359.
4. Meyfart, Teutsche Rhetorica, S. 205. Meyfart entnimmt ein Beispiel für die Hypallage dem Aeneiskommentar des Servius, Aen. 6, 268 (zit. LAUSBERG § 685, 2) „ibant obscuri sola sub nocte (für soli obscura)": „Virgilius spricht: Sie gehen dunckel unter der eingen Nacht. Und sol sprechen: Sie giengen einig und allein fort in der dunckelen Nacht" (S. 201 f.).
5. Teutsche Rhetorica, S. 320. „Epanalepsis ist / wann ein oder zween Wort / beydes in dem Anfang deß ersten und dem Ende deß andern Ausspruchs zu finden. Cicero: Er leugnet / er leugnet / daß ers den undanckbaren Bürgern gethan habe / . . . Daß er solches den Furchtsamen und auff alle Gefährligkeit vergafften gethan habe / ist nicht daz so er leugnet" (S. 314).

gende Funktion: Solange sie wirkt und von den Literaten als gültig erachtet wird, kann es zu einem wuchernden, von den Gesetzen klassischer Rhetorik entbundenen Stil nicht kommen. Erst die Trennung des Stils von der sinnvollen Bindung an Gegenstand und Wirkung und seine Herabwürdigung zum zweckfreien Dekor führt zu den Hypertrophien der formalen Mittel, die dem manieristischen Stil eigen sind.

An wenigen Beispielen sei die Dreistiltheorie in der deutschen Literaturtheorie des 17. Jahrhunderts nachgewiesen. Alhardus Moller fordert vom Briefschreiber, daß er die Unterschiede der Stile peinlich genau beachte. Nicht nur muß die Stillage aus dem Inhalt des Schreibens resultieren, sondern auch aus der Aufgabe, die der Schreiber verfolgt. In knapper und deutlicher Weise formuliert er:

> Bey Auszierung der Epistel ist zu behalten / daß gleich wie den Rednern dreyerley oblieget: lehren / erlustigen / und bewegen; also gebrauchen sich dieselbe / in iedem solcher Theile eines / dreyerley Red-arten / bald des vortrefflichsten Geschlechts zu reden / welches sie *sublime vel grande Genus* nennen / bald eines schlechtern und wenigern / solches nennen sie *genus mediocre*, und endlich eines niedrigen und geringen / so geheissen *humile genus*. Welcher Geschlechter man sich nach gestaltsamen Sachen / in Episteln nicht wenig bedienet: inmassen / der geringsten Weise / (welche sich nicht über die tägliche Gewohnheit zu reden schwinget /) gebraucht man sich in Sachen weniger Würde / betreffend die Haushaltung / schlechte Handlung / schimpff- und freundliche Episteln / u. d. g.
>
> Des andern Geschlechts / welches mit schöner Zier-Rede ausgeschmükket / gebrauchen wir in höhern Dingen / doch die Person und Beschaffenheit der Dinge betrachtend; Als in Gruß-Briefen / Glück- und Neu-Jahrs-wünschung / Trost-Klag- und Dank-schreiben / Hochzeit-Gefattern- und Einladungs-Episteln / u. d. g.
>
> Das dritte und fürnemste / welches mit sonderer Zier-Rede / so wol auch mit auserwehlten Reden und Figuren durchsüsset / gebrauchen wir zuweilen in herrlichen Missifen / Empfängnissen / Abdankung und Leichen-Reden / u. d. g.[1]

Auch Kaspar Stieler begnügt sich in seiner »Sekretariatkunst« unter Hinweis auf Cicero mit der Triade der Stillagen, obwohl er andere Stilkategorien kennt[2]. Er begründet seine Beschränkung auf die Dreistiltheorie durch deren lange Tradition, die für eine sinnvolle Verwendung bürge[3] und gibt sowohl gute Beispiele als auch eine Reihe von synonymen Bezeichnungen für die jeweilige Stilart. Das berechtigt uns, ihn im folgenden ausführlich zu Worte kommen zu lassen, damit

---

1. Moller, Viridarium Epistolicum, S. 23 f.
2. Stieler verweist auf die sieben Stil-„Ideen" des Hermogenes: Klarheit, Größe, Sorgfalt und Schönheit, Heftigkeit, Charakterschilderung, Wahrheit, Kraft (Hermogenes, ed. Rabe, p. 213 ff.). Er lehnt jedoch diese Kategorien als zu kompliziert ab, „weil deren Unterscheid kaum mit den Gedanken zu begreiffen / geschweige denn mit Nahmen zu nennen" (Sekretariatkunst I, Teil II, S. 333); vgl. dazu Scaliger, Poetices, lib. IV, cap. I, p. 411 ff. E. R. CURTIUS, RF 64 (1952), S. 62 f.
3. Stieler, Sekretariatkunst I, Teil II, S. 334.

deutlich werden kann, daß Charakterisierungen wie etwa „die stille Schreibart"
oder „die fallende Schreibart" als Übersetzung des Terminus „genus humilis"
festgeprägte Stilkategorien repräsentieren und als termini technici verstanden werden müssen.

Stieler schreibt: „Die gemeine / geringe und niederträchtige / milde Schreibart /
so auch die bürgerliche / häusliche / lieblende / scheinende / stille / lindfließende
und fallende genennet werden könte / bestehet in gemeinen / schlechten / einfältigen / geringen / doch eigenen[1] / deut- und verständlichen Worten"[2]. Sie darf
gelegentlich mit Metaphern geschmückt werden, auch kann sie Sprichwörter,
Gleichnisse und Sentenzen dulden. Auffällige Figuren wie Anapher und Oxymoron sind ihr unangemessen. Mit diesen spärlichen Anweisungen zum Gebrauch
des sermo humilis bleibt Stieler in der Tradition. Er verweist außerdem auf den
niedrigen Stil der Bibel und auf die Kirchenväter, die oft in einfachen Worten
reden, „damit der gemeine Mann sie desto eher faßen und verstehen könne"[3].
Die gegebenen Regeln exemplifiziert er mit folgender Passage:

Gott ist das höchste Guht / darüm soll er billig allen andern Gühtern der Welt vorgezogen werden. Er ist die Liebe / darüm sollen wir ihn über alles lieben; Er ist aber
auch ein Herr und Richter über alles Fleisch / darüm sollen wir uns vor seinem Zorn
fürchten / vor seiner Heyligkeit erschrecken / und gedenken / daß unsere Untugend und
böse Werke vor seiner Gerechtigkeit nicht bestehen mögen[4].

Das Stück ist einfach, aber nicht kunstlos gebaut. Es besteht aus drei Sätzen.
Mit Anapher und Epistrophe (Er ist . . . darum sollen wir) wird ein syntaktischer
Parallelismus aufgebaut. Darüber hinaus steht der dritte Satz zum. zweiten in
Antithese (Er ist aber auch . . .) und ist in einer von zwei auf drei wachsenden Zahl
von Gliedern zunehmender Länge amplifiziert. Dadurch wird trotz der zunächst
weiterlaufenden inhaltlichen Steigerung (bis „erschrecken") formal der imperative
Duktus gemildert, bis der Satz in einer dem reflexiven Inhalt angemessenen Bewe-
gung ausschwingt. Diese wenigen Zeilen einer klaren Prosa verzichten auf stilistisches Raffinement, auf Tropen und ausgefallene Figuren. Der Stil entspricht der
Aufgabe des genus humilis, der Belehrung (docere). Es ist der Stil des geistlichen

---

1. „eigene Worte", d. h. „verba propria" im Gegensatz zu den „verba translata" (Metapher etc.).
2. Stieler, Sekretariatkunst I, Teil II, S. 334.
3. Stieler, Sekretariatkunst I, Teil II, S. 334; zum niedrigen und hohen Stil in der christlichen Tradition vgl. E. AUERBACH, Mimesis, Bern ³1964, S. 139 ff. F. OHLY, ZfdA 91
   (1961/62), S. 10 ff.
4. Stieler, Sekretariatkunst I, Teil II, S. 334. Stieler richtet seine Beispiele nicht nach
   dem Gegenstand, sondern allein nach der Wirkungsfunktion. Ihm kommt es darauf
   an, den Unterschied der Stillagen an der Verwendung des Ornatus zu zeigen.

Traktates, der Erbauungsliteratur. Stieler hätte Metaphern und gängige Figuren nicht zu scheuen brauchen: Gemäß den Alstedschen Forderungen soll auch der niedrige Stil nicht unbedingt jeglichen Schmuck meiden. Es ist anzunehmen, daß Stieler auf den Ornatus ganz verzichtet, um diese Stillage von der nächsthöheren Stufe, dem mittleren Stil, strenger trennen zu können. Denn in der Praxis sind die Stilhöhen nicht in der gewünschten Klarheit zu scheiden, die Übergänge sind vielmehr fließend.

Den „stilus mediocris" (genus dicendi temperatum, intermedium) charakterisiert Stieler so: „Die mittlere / mittelmäßige oder gedämpfte / gemäßigte / so auch die wolgeborne / bewegende / leuchtende / klingende / freundliche / fortfließende / und schallende Schreibart heißen kan / hebt sich etwas mehr in die Höhe / maßet sich einer süßern Lieblichkeit an / hat anmuthige und ausschweiffende Gedanken / führet sinnreiche Gespräche / bescheidene Verschönerungen / künstliche Zusammenfügungen / edle auserlesene Worte / lehrreiche Sprüche / geschickliche Gleichnüße / auserwehlte Exempel / und schwinget oder steiget empor / nach Gestalt der Sache / oder der Personen / mit denen man handelt"[1]. Zur Exemplifizierung nimmt er das gleiche Thema und arbeitet es folgendermaßen aus:

Was ist GOTT anders / als sein Nahme lautet? Er heißet gut / weil er die Güthe / als in seinem vollkommnen Kreise umzirket / ja der Mittelpunkt / Ziel und Zweck / Brunn und Wurzel alles Guten ist. Alle Geschöpfe bezeugen seine Güthigkeit / die hellglänzende Sonne / der silberfarbe Mond / die flinkernde Sterne / die weitausgebreitete Elemente / sind mit solcher Vollkommenheit erschaffen / daß sie auch von dem verständigsten Auge mit nichten getadelt werden können. Der Mensch / das edelste Meisterstück aller Kreaturen / war von ihm in Heyligkeit und Gerechtigkeit geschaffen / erfüllet mit seinem göttlichen Licht / erleuchtet durch die Klarheit eines durchdringenden Verstandes: Er war ein Beherrscher alles deßen / was auf dem Erdboden anzuschauen. Wer wolte nun dieses höchste Guht nicht mit inbrünstiger Liebe verehren? Wer wolte nicht von der Eitelkeit der Welt seine Sinnen ablenken / und dieses edele und ewige Guht ohn Unterlaß betrachten / rühmen / erheben / verlangen / und sich ihm ergeben?[2].

Das Beispiel setzt rhythmisch bewegt mit einer Frage ein, die in bekannter Manier aus dem Topos „ex definitione" geschöpft ist. Sie ist der Anlaß zu der folgenden Definition, die sich nicht auf einen kurzen Satz beschränkt, sondern in der Form der Epanorthosis (... ja ...)[3] nochmals metaphorisch genauer ausgeführt wird. Auf die Definition folgt der Beweis in Form einer Enumeratio,

---

1. Sekretariatkunst I, Teil II, S. 336 f.
2. Sekretariatkunst I, Teil II, S. 337.
3. Die Epanorthosis (correctio) ist die Verbesserung einer eigenen Äußerung, vgl. LAUSBERG § 784. Sie dient der Amplifikation. Vgl. Meyfart, Teutsche Rhetorica, S. 360: „Epanorthosis ist / wenn der Redner das Wort / so er allbereit außgesprochen / mit einem andern / das dienlicher und bequemlicher ist / verbessert ... Es ist bewußt / daß der Redner mit dieser Figur die Sach bißweiln höher auffziehe".

und Stielers Bemühen wird deutlich, der geforderten Anmutigkeit der mittleren Stillage Rechnung zu tragen: Er ordnet den Substantiven ausgesucht gefällige Adjektive bei (hellglänzend, silberfarben, flinkernd). Die Metapher von dem „edelsten Meisterstück" hält sich im Rahmen des Gewöhnlichen, drei parallele Glieder fassen das Wesen des Menschen, die Verben bilden eine Steigerung (gradatio: geschaffen, erfüllet, erleuchtet). Die beiden rhetorischen Fragen, die das Stück ausleiten, sind ein charakteristisches Merkmal einer Stillage, die ihre Aufgabe nicht in der Belehrung, sondern in der „gelassenen Gemütsemotion", dem Ethos, sieht, das als eine Art gefühltes Wiedererkennen von allgemein bekannten und gewohnten Äußerungen des menschlichen Geistes verstanden wird[1]. Das verbale Asyndeton (betrachten, rühmen, erheben, verlangen) dient der eindringlichen Steigerung und gibt dem Schluß eine schnelle, drängende Bewegung. Die syntaktische Gliederung des Ganzen ist aufgelockert, die Stilbewegung flüssig, die rhythmisch-melodische Wirkung wird durch die wechselnden langen und kurzen Kola erreicht. Die Aufzählungen sind beherrscht, die Perioden überschaubar, gekünstelte Wortbildungen fehlen. Alle „Verschönerungen" bleiben nach Maßgabe der einzuhaltenden Gesetze „bescheiden".

Die hohe Stilart, den „stilus gravis, qui constat ex sententiarum verborumque, magna et ornata constructione"[2] definiert Stieler so: „Die hocherhabene / scharfe / gewaltige / oder / wie sie weiter genennet werden könte / die durchleuchtige / donnernde / durchdringende / töhnende / herrliche / ergießende / und prallende Schreibart / hebt sich noch weit höher empor / mit durchdringenden / gewaltigen und prächtigen Worten / . . . / vergrößert sich mit weitgeholten nachdenklichen Reden / führt hohe Gedanken / sinnreiche Vergleichungen / kräftige Erweiterungen / donnert gleichsam mit Nachdruck daher / und ist / die Gemüther herzgreiflich zubewegen / und mit Gewalt auf ihre Meynung zu reißen / bemühet"[3]. Das Exempel lautet:

Der Höchstgetröhnte GOTT / der Brunnquell alles guten / der Abgrund unwandelbarer Gnade und Liebe / deßen Weysheit unerforschlich / deßen Treue unverwelklich / deßen Freundlichkeit unaussprechlich / solte unsere niederträchtige Gedanken / unsere verblendete Sinnen / unsere irrende viehische Begierden billig von diesem vergänglichen Erdenklumpen / von der betrüglichen Ehrsucht / von dem verführerischen Geltgeize abhalten / und zu seiner Herzzwingenden Schönheit / seiner höchstwehrten Erkäntnüß / und mehr als vollkommenen Liebe anlocken: Aber / ach! der zu grundverderbten Natur / der undankbaren Sterblichen / der unerkentlichen Erdenkinder! Wir gaffen nach einem gelben Sande / der in tiefen Bergen gerunnen und mit ängstlichem Schweiße hervorgegraben / uns mit weit mehrer Angst / Sorge und Verzweiflung plaget und martert.

---

1. vgl. DOCKHORN, Die Rhetorik als Quelle usw., S. 113.
2. Stieler, Sekretariatkunst I, Teil II, S. 341 (lat. Anm. am Rand).
3. Stieler, Sekretariatkunst I, Teil II, S. 341.

Wir schnauben durstiglich / nach den verschwindenden Blitzen der schmeichlenden Herlichkeit dieser Welt / über welche Gefahr und Tod / und unter welcher der jähe Abfall der Hölle und ewigen Verdamnüß offenstehet"[1].

Für den niedrigen Stil hatte Alsted ausgeschlossen: „Distributiones, enumerationes magnas, conglobationes causarum et effectorum, quia haec faciunt orationem amplam et copiosam"[2]. Für den hohen Stil hatte er diese Mittel empfohlen. Stieler hält sich an diese Empfehlung, um der hohen Stillage ihre „Weite" und „Reichhaltigkeit" zu geben. Der erste Satz beginnt mit den metaphorischen Definitionen und stürzt in drängenden Asyndeta (deßen ... deßen ... unsere ... unsere ... unsere ... von ... von ... seiner ... seiner), die in der Form der Klimax angeordnet sind (Gedanken, Sinne, Begierden; Schönheit, Erkenntnis, Liebe), in stakkatoartigem Tempo zum ersten Haltepunkt; die gesteigerte Bewegung bricht ab in der pathetischen Exclamatio „Aber ach!" und läuft in der dreigliederigen Klage aus. Die ruhigere Bewegung der folgenden zwei Sätze wird unterbrochen durch die Gradatio „Angst / Sorge und Verzweiflung". In der Metapher vom Herrlichkeitsblitz wird die Gefahr evoziert, der der Mensch ausgesetzt ist, und mit der Drohung ewiger Verdammnis wird der Leser entlassen[3]. Das Stück zeichnet sich durch die insistierende Wiederholung der gleichen Stilmittel aus. Das artistische Spiel der Häufung wird bis an die Grenze des Erträglichen getrieben, geht aber über den Rahmen dessen, was in der pathoshaltigen hohen Stillage erlaubt ist, nicht hinaus. Stieler verzichtet auf weithergeholte Vergleiche und Metaphern; das Hyperbolische des Stils liegt in den „gehörigen Epitheta" (Opitz), die neben den kurzen Perioden zu den eigentlichen Pathosträgern aufgekünstelt werden: „höchstgetröhnt", „höchstwehrt", „herzzwingend", „grundverderbt". Eine Gruppe von Epitheta stammt aus der Sphäre des moralisch Verwerflichen (niederträchtig, verblendet, viehisch, betrüglich, verführerisch, schmeichelnd). Die andere Gruppe enthält die positiven Charakterisierungen, die jedoch blutleer wirken, weil sie das Hyperbolische um jeden Preis wollen: (unerforschlich, unverwelklich, unaussprechlich, mehr als vollkommen): Stielers Absicht wird deutlich, die Antithese von göttlicher Majestät und menschlicher Unvollkommenheit scharf herauszuarbeiten und eindringlich vor Augen zu stellen. Von manieristischen Exzessen ist dieses Exempel trotz der Wiederholungen und der Aufzählungen, die hier vor allem im Dienste einer Demonstration der Enumeratio stehen, noch entfernt. Der hohe Stil fordert Bewegung, gesteigertes Tempo, ausgesuchte Adjektive, großartige Metaphern. Stieler verzichtet bei den asyndetischen Wortfolgen auf Monstregebilde und beschränkt sich auf die Dreigliedrigkeit, die auch auf der mittleren Stilebene anzutreffen ist.

---

1. Stieler, Sekretariatkunst I, Teil II, S. 341 f.
2. Alsted, Orator, p. 165.
3. Der Originaltext ist noch um drei Sätze länger.

Daß die Theorie der drei Stilarten auch für die Poetik unentbehrlich ist, wissen wir bereits durch Alsteds Darstellung. Auch Scaliger widmet ihr mehrere Kapitel (Poetices, lib. IV, cap. I ff.). Man wird den Theoretikern des 17. Jahrhunderts jedoch nicht leichtfertig den Vorwurf machen können, daß sie mit dieser Lehre eine Anweisung übernehmen, die zwar in der antiken Rhetorik ihre Gültigkeit gehabt haben mag, deren Sinn sie aber nicht mehr erfassen. Die Ausführungen etwa von Titz zeigen, daß er sehr wohl imstande ist, diesem System einen passenden Platz innerhalb der poetischen Theorie anzuweisen, und daß er keineswegs einem puren Systemzwang erlegen ist, der Sinn und Ziel der rhetorischen Praecepta aus den Augen verloren hat.

Titz erkennt, daß die Theorie der drei Stilarten eine Systematisierung der Ornatus-Vorschriften darstellt, denn er leitet den „Charakter oder die Redensart / welche in die Hohe / Niedrige oder Schlechte / und in die Mittele / abgetheilet wird", aus dem Ornatus ab[1]. Den hohen Stil möchte er dann angewendet wissen, „wenn man hohe Personen und fürtreffliche Dinge beschreibet". Gedanken und Reden von Personen hohen Standes verlangen pathetische Ausdrucksmittel. Der niedrige Stil ist den „schlechten Leuten und geringen Sachen" vorbehalten und kommt mit der üblichen Ausdrucksweise aus. Der mittlere „gehet weder so hoch / noch so niedrig / sondern helt das mittel". An der Hierarchie der Gegenstände oder Personen, der eine Hierarchie der Formkunst entsprechen soll, wird also festgehalten.

Titz stellt jedoch die Frage, was zu geschehen hat, wenn man in der niedrigen Stilart „zufälliger weise auch auf hohe dinge kommet". Um diese Frage zu entscheiden, greift er auf ein Beispiel aus den Eklogen Vergils zurück. Der Hirt Tityrus weiß nämlich zum Ruhm seines Gottes nichts „höhers" vorzubringen als:

> ille meas errare boves, ut cernis, et ipsum
> ludere quae vellem calamo permisit agresti[2].

Und auch zum Lobe der Stadt Rom fällt ihm kein Vergleich aus der hohen Mythologie ein, sondern er vergleicht sie mit den Zypressen, die das niedere Gesträuch überragen[3]. Der Hirt bedient sich, obwohl er von erhabenen Gegenständen spricht, einer einfachen Sprache und nimmt die Vergleiche aus der Vorstellungswelt, die seinem Stande angemessen ist. Titz fügt also der Hierarchie der Gegenstände und dem Officium des Redners noch die sprechende Person hinzu, von

---

1. „Aus den Figuris und Numeris (durch welche beide . . . die Poetische Rede gezieret und ausgeschmücket wird /) entspringet der Character oder die Redensart" (Titz, Zwey Bücher II, 3. Kap., § 8). Dort auch die folgenden Zitate.
2. Ekl. 1, 9 f.: „Schau, meinen Rindern belieβ er die Trift, mir selber die Muße, Was meinem Herzen gefällt, auf ländlichem Rohre zu flöten" (übers. v. R. A. SCHRÖDER); zit. bei Scaliger, Poetices, lib. IV, cap. XIX, p. 443; Opitz, Poeterey, S. 30.
3. Ekl. 1, 24 f.

deren Stand die Ausdrucksweise abhängig ist. Die Theorie der drei Stilarten wird damit ins Ständische erweitert.

Man könnte darin eine spezifische Ausdeutung des ständisch denkenden 17. Jahrhunderts sehen. Jedoch hat schon das Mittelalter die Stilarten unter dem Einfluß der „artes dictandi" ständisch umgedeutet. Als Vorbild dienten die Werke Vergils, die als Hierarchie dreier Stände (Hirt, Bauer, Krieger) und der zugehörigen Berufs- und Umweltdetails aufgefaßt wurden[1]. So schreibt etwa Galfrid von Vinsauf (um 1210): „Sunt igitur tres stili, humilis, mediocris, grandiloquus. Et tales recipiunt appellationes stili ratione personarum vel rerum, de quibus fit tractatus . . . Quolibet stilo utitur Virgilius: in Bucolicis humili, in Georgicis mediocri, in Eneyde grandiloquo"[2].

Titz folgt dieser Anschauung, die es für unangemessen hält, daß eine Person einer niederen sozialen Schicht eine Sprache führt, die zu ihrem Herkommen in Widerspruch steht. Von der auf diese Art vorgeprägten Verbindung von sozialer Stellung und angemessener Redeweise ist es nur noch ein Schritt zu der Übernahme der Stilarten für die herrschende gesellschaftliche Ordnung, in der die „nobilitas literaria" und die Gelehrten eine maßgebliche Rolle zu spielen hatten. Sie stehen in der Hierarchie zwar unter den Potentaten, können aber an deren Seite rücken. Stieler empfiehlt daher den „stilus humilis" für Gespräche „unter Bekanten / Hausgenoßen / Verwandten und andern guten Freunden", die mittlere Stillage für „Gelehrte / Weltweise / Stats- und Hofleute" und schließlich die „hocherhabene Schreibart" für „vornehme / Hochgelahrte und erleuchte Leute / Fürsten und Herren"[3].

Die Theorie der drei Stilarten umfaßt, wie wir bisher gesehen haben, die möglichen Beziehungen zwischen dem Gegenstand und seiner Ausdrucksform, zwischen sprechender und angesprochener Person, zwischen Dichter und Publikum. Der Stil eines sprachlichen Kunstwerks ist, wie die Belege zeigen, niemals dem persönlichen Belieben anheimgestellt, sondern immer sach- oder wirkungsbezogen.

Obwohl die Hierarchie der Gegenstände und der ihnen koordinierten Stillagen festgelegt ist, kann es, wie bei Titz, zu der Frage kommen, ob sich die Autorität, in diesem Falle Vergil, nicht gegen die eigenen Gesetze vergangen habe. Titz konnte Vergil rechtfertigen, ohne gezwungen zu sein, sich in gewagte Spekulationen über Stiltrennung und Stilmischung einlassen zu müssen. Denn er hatte ja

---

1. Vgl. Curtius, Europ. Lit., S. 603, s. v. Stilarten. L. Arbusow, Colores Rhetorici, Göttingen 1963, S. 15 f. Lausberg § 1244, s. v. elocutio.
2. Documentum de modo et arte dictandi et versificandi, in: Faral, Les Arts poétiques du XIIe et du XIIIe siècle, Paris 1924, p. 312. Präziser formuliert Johannes de Garlandia: „Sunt tres stili secundum tres status hominum: Pastorali vitae convenit stilus humilis, agricolis mediocris, gravis gravibus personis, quae praesunt pastoribus et agricolis" (Faral, p. 87).
3. Stieler, Sekretariatkunst I, Teil II, S. 334 ff.

die Tradition der ständischen Interpretation auf seiner Seite. Personen niedrigen Standes sprechen auch von Gegenständen und Personen hohen Wertniveaus in einfacher Sprache.

In der 6. Ekloge läßt Vergil jedoch den Hirten, wenn er von der Macht des Silen-Gesanges spricht und den Inhalt dieses Gesanges schildert, zu einer Sprache Zuflucht nehmen, die seinem Stande unangemessen ist. Silen schildert etwa die Entstehung der Erde aus den Keimen der vier Elemente, die sich im gewaltigen, leeren Raum zusammenballen und das Gewölbe der Welt formen. Er singt vom Reich des Saturn, vom Adler im Kaukasus und der Tat des Prometheus[1]. Erhabenes Geschehen und Personen der Mythologie werden in ausgewählter Sprache dem Leser vor Augen geführt. Inhalt und Form übersteigen den Bildungs- und Ausdruckshorizont des einfachen Hirten. Das Muster für die niedrige Stilart scheint seiner selbst zu spotten.

Dieses Paradox zu lösen, unternimmt Rotth[2]. Er führt aus, daß gemäß den Stilgesetzen der niedrige Stil auf prächtigen Ornatus verzichten soll, ihm aber trotzdem eine gewisse Eleganz und sorgfältige Wahl der Wörter zugestanden werden muß. Selbst wenn dieses Zugeständnis Rotths sehr großzügig interpretiert wird, so ist doch in der 6. Ekloge des Guten zuviel getan, denn die Rede des Hirten Tityrus geht über die rhetorische Grundregel der „electio verborum"[3] und über eine idiomatische Syntax weit hinaus. Der kritische Vergil-Leser des 17. Jahrhunderts, der vielleicht an der Autorität für die Dreistiltheorie zu zweifeln begann, weil das Vorbild und die Theorie in Widerspruch zu geraten schienen, wird jedoch von Rotth mit einer Maxime beruhigt: „Mercke: wenn ein Hirte oder andere geringere Person eingeführt wird / der einer höheren Person ihre Worte anführet und erzehlet / so kan er auch subtilere Sachen mit subtilern Worten vorstellen". Dem Hirten ist also der gesteigerte Stil erlaubt, da er den Gesang Silens, „der lauter hohe Sachen begreifft", nur zitiert.

Die hier vorliegende Rechtfertigung Vergils durch Rotth darf nicht verstanden werden als ein spitzfindiger Versuch, unter allen Umständen und gegen das Modell dieser Stil-Hierarchie selbst einen Systemzwang aufrechterhalten zu wollen, dessen absolute Gültigkeit anderen Theoretikern gegen Ende des Jahrhunderts fragwürdig wird[4]. Rotths Interpretation wird vielmehr von der regulativen Idee

---

1. Ekl. 6, 31 ff.
2. Rotth, Vollständige Deutsche Poesie, Teil III, S. 48 f. Alle folgenden Zitate dort.
3. vgl. LAUSBERG § 1244 s. v.
4. Prasch schreibt in seiner Poetik (Gründliche Anzeige von Fürtrefflichkeit und Verbesserung Teutscher Poesie, Regensburg 1680, S. 11): „Dann ich bin der beständigen Meynung / daß Virgilius in Eclogis nicht der mittelmäßigen / viel weniger der niedrigen Schreibart (wie man in gemein davor hält) sondern der hohen / sich bedient; ob er wol ein anders klüglich vorgibet / und freilich in Georgicis / zumal aber in Aeneide / was höher klimmet".

des Decorum (πρέπον), der „Angemessenheit", geleitet, die — auf eine kurze Formel gebracht — über das harmonische Verhältnis aller Bezüge und Konstellationen, die in einem Kunstwerk herrschen, zu wachen hat[1]. Die Theorie der drei Stilarten und die unter sie subsumierten Regeln über die Sprache der Personen, die Höhe der Gegenstände und die zu erzielende Wirkung ist nichts anderes als die kongeniale Systematisierung dieser Lehre, die als ein „zeitloses Prinzip klassischen Schreibens" die Angemessenheit der Stilmittel regelt und ihre Verwendung auf das rechte Maß beschränkt. Wird das Decorum mißachtet, „dann ist die Bahn offen, um das Übersteigen des Üblichen zu einer maßlosen Entfernung zu machen, die Stilmittel zu häufen und die Stilart nicht mehr auf die Sache abzustimmen, derart, daß die Sache nur noch Vorwand zur deklamatorischen Ostentation wird: ein ebenso zeitloses Prinzip manieristischen Schreibens"[2].

Die Lehre von der Angemessenheit oder Schicklichkeit gehört zum Grundbestand der rhetorischen Theorie. Sie zielt auf die harmonische Fügung aller Teile, aus denen das Kunstwerk sich zusammensetzt. Schon Platon formulierte das Gesetz des Prepon:

Wie wenn du die Maler ansehen willst, die Baumeister, die Schiffbauer und alle anderen Arbeiter, welche du willst, so bringt jeder jedes, was er hinzubringt, an eine bestimmte Stelle und zwingt jedes, sich dem andern zu fügen und ihm angemessen zu sein, bis er das ganze Werk wohlgeordnet und ausgestattet mit Schönheit dargestellt hat[3].

Das Decorum betrifft aber nicht allein die innere Harmonie und Einheit des Kunstwerks, sondern es gilt in gleichem Maße für den Künstler selbst. Aristoteles führt in seiner Rhetorik aus, daß der Ausdruck in Übereinstimmung stehen müsse mit der Stimmung, die man im Auditorium zu erzeugen wünsche, und daß er dem Alter und der Stellung des Redners angemessen sein sollte, damit die Rede auch überzeugend wirke[4]. Cicero behandelt die Frage ausführlich, welche Rolle das Decorum in der Ausbildung des idealen Redners spielen soll[5]. Er zeigt, daß das Decorum sowohl die Person des Sprechers als auch des Hörers betrifft: „semperque in omni parte orationis ut vitae, quid deceat est considerandum; quod et in re, de qua agitur, positum est, et in personis et eorum qui dicunt et eorum qui audiunt"[6]. Das Fundament einer Beurteilung dessen, was angemessen und schicklich ist, liegt in der „sapientia":

1. vgl. die ausführliche Darstellung der Decorum-Vorschriften bei LAUSBERG §§ 1055—1062.
2. H. FRIEDRICH, Epochen der italienischen Lyrik, Frankfurt a. M. 1964, S. 548.
3. Gorgias, p. 503e; LAUSBERG § 1055.
4. Rhet. III, 7, 4; p. 1408; vgl. dort die ausführliche Diskussion.
5. Cicero, Orator 70 f.; vgl. auch de off. 1, 93 ff. — Quint., inst. or. 11, 1, 1 ff.
6. Cicero, Orator 21, 71.

Sed est eloquentiae sicut reliquarum rerum fundamentum sapientia. Ut enim in vita sic in oratione nihil est difficilius quam quid deceat videre. Πρέπον appellant hoc Graeci, nos dicamus sane d e c o r u m; de quo praeclare et multa praecipiuntur et res est cognitione dignissima; huius ignoratione non modo in v i t a sed saepissime et in p o e m a t i s et in o r a t i o n e peccatur"[1].

Besonders der Orator als das Idealbild jeglicher Vollkommenheit hat darauf zu achten, daß er sich einer Redeweise befleißigt, die zu ihm paßt, denn die verschiedenen Arten der Eloquenz können nicht von jedem Redner gleich gut erfüllt werden. Quintilian gibt dafür ein Beispiel. Einem alten Mann würde, so führt er aus, ein weit ausholender, hochmütiger, gewagter und zu sehr geschmückter Stil weniger zukommen als ein zurückhaltender, gelassener und ausgefeilter Stil. Ist der Redner jedoch jung, so kann man einen ausführlichen und manchmal sogar einen gewagten Stil dulden[2].

Die Decorum-Lehre als die Sachwalterin des Maßes und des guten Geschmacks ist aber nicht nur eine Domäne der Rhetorik, sondern auch der Poetik[3], und durch die „Ars poetica" von Horaz zieht sie sich wie ein roter Faden[4]. Horaz besteht mit Cicero[5] auf der Unentbehrlichkeit des „decorum vitae". Der Dichter, der sich philosophischen Studien gewidmet hat und in enger Berührung mit den verschiedensten Berufen und Pflichten des Lebens geblieben ist, wird auch das ästhetische Prepon zu wahren wissen. Die innere Harmonie und die Einheit des Kunstwerks wird dann erreicht, wenn sich die gewählten Themen und die Fähigkeit des Dichters die Waage halten; das Metrum muß der Gattung entsprechen; für die Tragödie gelten andere Gesetze als für die Komödie; die Emotion, die der Dichter erzeugen will, muß er auch selber fühlen. Der Stil soll sich der beabsichtigten Wirkung, den dargestellten Personen, schließlich der gewählten Gattung anpassen. Niemals wird der Dichter, der sich den Gesetzen der Angemessenheit ver-

---

1. Cicero, Orator 21, 70. Sperrung von mir.
2. Quint., inst. or. 11, 1, 31 f.
3. vgl. das oben angeführte Cicerozitat.
4. W. KROLL, Die historische Stellung von Horazens Ars Poetica, Sokrates LXXII (1918) 81—98. Zum Decorum S. 91—95.
5. Die Abhängigkeit der Horazschen „Ars poetica" von den rhetorischen Lehrbüchern Ciceros legt ausführlich dar GEORGE C. FISKE, Cicero's De Oratore and Horace's Ars Poetica, University of Wisconsin Studies 27, Madison 1929; MARY A. GRANT and GEORGE C. FISKE, Cicero's „Orator" and Horace's „Ars Poetica", Harvard Studies in Class. Phil., Vol. XXXV, Cambridge (Mass.) 1924, p. 1—74. Dort S. 11—18 findet sich eine eingehende Beschreibung der übereinstimmenden Decorum-Vorschriften bei Cicero und Horaz.

pflichtet weiß, das Maß überschreiten, denn das Decorum kennt, wie Cicero sagt, das „quatenus"[1]. Horaz stimmt dem zu:

omne supervacuum pleno de pectore manat[2].

Die Decorum-Lehre, die in der vorbildgebenden antiken Rhetorik und Poetik solchermaßen verankert ist, wird in die rhetorischen und poetischen Traktate des 17. Jahrhunderts übernommen und gewinnt eine zentrale Stellung innerhalb der Stilvorschriften, die der „barocke Klassizismus" für sich als maßgebend erachtet. Dabei ist es gleichgültig, ob man sich auf Aristoteles, Cicero, Horaz oder Quintilian beruft. Der Wortlaut ihrer Ausführungen zur Ästhetik des Sprachkunstwerks mag verschieden sein, ihre Anschauungen sind jedoch die gleichen, denn sie beruhen auf Gesetzen, die für den Redner und Dichter gleichermaßen als wahr erkannt werden.

Die wenigen Bemerkungen zur Decorum-Lehre im allgemeinen müssen an dieser Stelle genügen. In unserem Zusammenhang entscheidend sind ihre Regeln für die Stillehre. Die Theorie der drei Stilarten ist ein Regelsystem der Decorum-Vorschriften, denn die Vielfalt sprachlicher Mittel, die die Elocutio dem Redner anbietet, dürfen nicht auf jeden zu behandelnden Gegenstand oder für jedwedes Thema wahllos und in unangemessener Weise angewendet werden. Die Rhetorik des 17. Jahrhunderts hat als Erbin der klassischen Lehre dem Decorum die gleiche Aufmerksamkeit gewidmet wie den anderen Teilen der Elocutio und die Dreistiltheorie als eine Ausprägung der Decorumlehre verstanden. Lauremberg etwa antwortet auf die Frage nach dem Wesen der Elocutio, daß sie für die Perspicuitas und den Ornatus Sorge trage, aber auch das Decorum zu beachten habe. Die Decorum-Vorschriften aber komprimiert er in der Dreistiltheorie:

Efformat Orationem decoram, idest, argumenta magnifica, charactere grandi, et magnifico, mediocria, mediocri; humilia et tenuja humili stilo exprimit[3].

Cicero hatte das Decorum für Rede und Gedicht[4] gefordert, Horaz konnte sich an die vorgegebenen Praecepta anschließen. Dieser unlösbare Zusammenhang von Rhetorik und Poetik wird in wünschenswerter Deutlichkeit durch die Ausführungen zum Decorum von Erich Müller in der »ΕΙΣΑΓΩΓΗ in Rhetorica« bestätigt. Die obligate Frage: „Quid est Elocutio Decora?" beantwortet Müller unter Hinweis auf Aristoteles (Rhet. III, 7) und Cicero (De oratore) in dreifacher Weise.

---

1. Cicero, Orator 22, 73: „In omnibusque rebus videndum est quatenus; etsi enim suus cuique modus est, tamen magis offendit nimium quam parum; in quo Apelles pictores quoque eos peccare dicebat qui non sentirent quid esset satis".
2. Horaz, ep. II, 3, V. 337; vgl. GRANT—FISKE, Cicero's „Orator" and Horace's „Ars Poetica", p. 15.
3. Lauremberg, Euphradia, p. 195.
4. Cicero, Orator 21, 70.

Der Stil ist dann als angemessen zu bezeichnen, wenn die „proportio" oder der „triplex character" vom Redner beachtet wird, denn den drei Stillagen kommt jeweils mehr oder weniger ausladender Schmuck zu. Zweitens muß das Pathos, dem die hohe Stillage zugeordnet ist, in angemessener Weise ausgedrückt werden. Für die λέξις παθητικὴ zitiert er Horaz:

Tristia maestum
Voltum verba decent, iratum plena minarum,
Ludentem lasciva, severum seria dictu[1].

Et paulo post:

Honoratum si forte reponis Achillem,
Impiger, iracundus, inexorabilis, acer
Iura neget sibi nata, nihil non arroget armis.
Sit Medea ferox invictaque, flebilis Ino,
Perfidus Ixion, Io vaga, tristis Orestes[2].

Drittens wird das Decorum der Rede dann gewahrt, wenn die „λέξις ἠθικὴ fuerit, h. e. si aetas, gens, hominumque mores, ut fas, repraesentantur"[3]. Dem Ethos kommt die mittlere Stillage zu. Auch diese Vorschriften belegt er durch Horaz:

Interit multum, divusne loquatur an heros,
Maturusne senex an adhuc florente iuventa
Fervidus, et matrona potens an sedula nutrix,
Mercatorne vagus cultorne virentis agelli,
Colchus an Assyrius, Thebis nutritus an Argis[4].

---

1. Horaz, ep. II, 3, V. 105 f.: „Die jammernde Klage Ziemt zu betrübtem Gesicht, zum zornigen drohende Rede, Lächelnder Larve der Scherz, das ernstere Wort der gestrengen" (R. A. Schröder).
2. Müller, ΕΙΣΑΓΩΓΗ, p. 254; Horaz, ep. II, 3, V. 120 f.: „Und hättest du vor, Achill, den Starken zu schildern: Rüstig, geschwind zum Zorn und unerbittlich und eifernd Weigr er Gesetz und Zaum: sein Schwert soll alles entscheiden. Bilde Medeen im Trotz unbeugsam, jammervoll Ino, Treulos Ixion, unstet Io, trüb den Orestes."
3. Müller, ΕΙΣΑΓΩΓΗ, p. 255.
4. Horaz, ep. II, 3, V. 114 f.: „Ist's doch zweierlei Ding, ob ein Gott spricht oder ein Halbgott, Ob der besonnene Greis, ob erster, blühender Jugend Feuer, die fürstliche Herrin im Haus, der Schaffnerin Eifer, Schweifender Handelsmann und ackerbauender Hufner, Colcher und Syrier oder der Mann aus Theben und Argos". Zur λέξις παθητική, die Horaz hier entwickelt, vgl. Arist. Rhet. III, 7, p. 1408; Cicero, de or. 2, 44, 185 ff. Orator 37, 128: „Duae res sunt enim, quae bene tractatae ab oratore admirabilem eloquentiam faciant. Quorum alterum est, quod Graeci ἠθικὸν vocant, ad naturam et ad mores et ad omnem vitae consuetudinem accomodatum; alterum, quod idem παθητικὸν nominant, quo perturbantur animi et concitantur, in quo uno regnat oratio". Diese Stelle macht deutlich, daß unter Ethos die Charakter- und Sittendarstellung zu verstehen ist, die eine Emotion des Wohlwollens, der Freundlichkeit, der Geneigtheit zur Folge hat. Dem Ethos kommt die Funktion des delectare —

Sprache und Mienenspiel müssen einander entsprechen, der pathetische Ausdruck verlangt das schmerzvolle Gesicht, die echt wirkende Darstellung. Aber auch das Decorum der Personen muß beachtet werden, wenn die wichtigste Bedingung der Poesie, die Wahrscheinlichkeit, in der die Nachahmung und damit die Dichtung begründet ist, gewahrt bleiben soll[1]. Jede Person muß gemäß ihrem Alter, ihrem Charakter, ihrer Umgebung und ihrer Zeit dargestellt werden. Müller stützt seine Ausführungen durch keinen gelehrten Kommentar. Daß die Poetik des Horaz rhetorische Vorschriften wiedergibt, die sich auch bei Aristoteles oder Cicero finden lassen, liegt für ihn klar auf der Hand, und er tut recht daran, die rhetorischen Praecepta durch Horaz zu belegen[2]. Seine Auffassung, daß poetische und rhetorische Vorschriften sich auf weite Strecken gleichen, hat die moderne Forschung bestätigt[3].

---

conciliare und damit die mittlere Stillage zu. Das Pathos hingegen wird erreicht durch die Darstellung von Leidenschaften, seine Funktion liegt im „movere" (hohe Stillage). Auch Quintilian übersetzt ἦθος mit „mores", „morum proprietas", „omnis habitus mentis", meint also Charakter und Eigenart menschlichen Verhaltens; vgl. DOCKHORN, Die Rhetorik als Quelle usw., S. 114 f. — Für Cicero liegt die Hauptaufgabe in der Erregung des Pathos, während Horaz mehr Gewicht auf das Ethos legt. FISKE bemerkt zu der Rolle des Pathos bei Horaz: „We have noted above the fact that Horace does not take up the officium movere in his formal treatment of the officia poetae. I suppose that this is in part due to the fact that, in accordance with the Hellenistic and Aristotelian doctrine of πάθος, he has already considered that officium under the rubric ars, especially in lines 101 ff. ... As I see it, Horace lays far more stress on the pervasive virtue of delectare, and though he treats tragedy, is somewhat inadequate and formal in his treatment of movere and πάθος" (University of Wisconsin Studies 27, p. 97).

1. Zum Decorum der Personen als Bedingung der Wahrscheinlichkeit vgl. H. WEINRICH, Das Ingenium Don Quijotes, Münster 1956, § 271.

2. Müller folgt damit der Auffassung der italienischen Renaissance: „For theorists and critics of the Renaissance, the rhetorical tendency of Horace's Ars poetica was perhaps its most appealing characteristic" (WEINBERG, A History of Literary Criticism in the Italian Renaissance, Vol. I, p. 72). Ein charakteristisches Beispiel für die Interdependenz von Rhetorik und Poetik findet sich im Horazkommentar von Chabotius, Basel 1615. Chabotius merkt zu ep. II, 3, V. 98—99 (non satis est pulchra esse poemata: dulcia sunto et quocumque volent animum auditoris agunto), die das Prinzip der „persuasio" formulieren, folgendes an: „Huc certe pertinent, quae Cicero secundum de Oratore scribit de affectibus, quorum doctrina potest bipartito genere comprehendi, ut alterum sit ἠθικὸν, morale, alterum παθητικὸν, aptum ad affectus movendos. Illo quidem utimur ad benevolentiam conciliandam ... παθητικὸν vero est aut vehemens, incensum incitatum in ira, aut flexibile plenum in maerore et misericordia, aut demissum, haesitans et abjectum in metu etc. 1, 3 de Oratore" (p. 209 f.).

3. Außer den bereits zitierten Arbeiten von GRANT—FISKE vgl. die vorzüglichen Belege bei WEINBERG, A History of Literary Criticism in the Italian Renaissance, Vol. I, p. 80, 84, 111 ff. Außerdem K. BARWICK, Die Gliederung der rhetorischen τέχνη

In ähnlicher Weise demonstriert Kempen in seiner Poetik die Theorie der drei Stilarten. Er kann sich auf Cicero (Orator 29, 100) berufen:

Der sey allein ein vollkommener Redner / welcher das Niedrige mit gelinden / das Hohe mit erhobenen / und das Mittelständige mit vermischten Worten sagen kan[1].

Kempen macht die Stilhöhe jedoch nicht allein abhängig von der Sache oder vom Thema, sondern auch von dem rhetorischen Ziel des „probare, delectare, movere". Er führt daher an, daß die hohe Stilart zum Bewegen dient, „wenn man von hochwichtigen Sachen / als in Trauerspielen handelt". Die mittlere Stilart „belustiget und schikket sich zu Geschichten", die niedere schließlich „unterweiset und gehört zu Behandlung allerhand Freudenspiele / dadurch die Sitten der Menschen gebessert werden"[2]. Gemäß diesen drei Stillagen muß der Poet, besonders wenn er von Personen handelt, die Gesetze des Decorum beachten. Er soll seinen Figuren „nach ihrem Alter / Verstande / und Wesen / diese oder jene Rede zueignen"[3]. Kempen beruft sich, wie auch Müller, auf Aristoteles (Rhet. II, 12), aber auch auf Horaz:

> Aetatis cuiusque notandi sunt tibi mores,
> Mobilibusque decor naturis dandus et annis[4].

Wenn Kempen die Stilhöhe an eine bestimmte Gattung bindet, dann folgt er auch darin der Tradition, die die Tragödie stets dem hohen, die Komödie, je nach

---

und die Horazische Epistula ad Pisones, Hermes LVII (1922) 1—62. W. KROLL, Studien über Ciceros Schrift de oratore, Rheinisches Museum LVIII (1903) 552—597. E. NORDEN, Die Composition und Litteraturgattung der Horazischen Epistula ad Pisones, Hermes XL (1905) 481—528. R. K. HACK, The Doctrine of Literary Forms, Harvard Studies in Classical Philology XXVII (1916) 1—66. G. L. HENDRICKSON, The Origin and Meaning of the Ancient Characters of Style, AJP XXVI (1905) 249—290. CHR. JENSEN, Herakleides von Pontos bei Philodem und Horaz, SB Berlin, phil.-hist. Kl. 1936, S. 292 ff.; über die drei Stile S. 304 ff.

1. Kempen, in: Neumark, Poet. Tafeln, S. 313.
2. Kempen, in: Neumark, Poet. Tafeln, S. 313. An anderer Stelle (S. 177) rechnet Kempen die Komödien zur mittleren Stillage: „Die Hirtenspiele kommen in dem mit den Comoedien überein / daß beyde das menschliche Leben abbilden: Diese zwar das Stadtleben; Jene aber das ruhige Land- und Feldleben". Nicht Abbild der Wirklichkeit im Sinne des Realismus, sondern Charakter- und Sittendarstellung im Sinne des Ethos als „ad naturam et ad mores et ad omnem vitae consuetudinem accommodatum" (Cicero, Orator 37, 128); vgl. DOCKHORN, Die Rhetorik als Quelle usw., S. 114.
3. Kempen, in: Neumark, Poet. Tafeln, S. 314.
4. Kempen, in: Neumark, Poet. Tafeln, S. 314; Horaz, ep. II, 3, V. 156 f.: „Merk und bewahre getreu die Sitten jeglicher Lebzeit, Daß du dem wechselnden Stand der Natur und der Jahre gerecht wirst". Kempen zitiert außerdem V. 99—107; V. 114—117; die Interpretation dieser Verse und ein Vergleich mit Aristoteles und Cicero bei GRANT—FISKE, Cicero's „Orator" and Horace's „Ars Poetica", p. 15.

ihrem Charakter, dem mittleren oder niederen Stil zurechnet[1]. Er folgt ihr in dem Bewußtsein, daß diese Bindung der Gattungen an die Stilhöhe dem Decorum unterliegt, denn „der Unterschied der mannichfaltigen Materien erfordert unterschiedliche Weisen / vermittelst welcher derjenige / so etwas schriftlich aufsetzen will / jedem Dinge seine Gestalt geben muß. Dieses ist hoch und prächtig / jenes schlecht / das andere hält den Mittelstand: Also muß jedes nach seiner Eigenschaft behandelt werden"[2].

Die Anschauung, daß der Komödie „Fröhlichkeit", der Tragödie aber „Traurigkeit" eignet, findet ihre Begründung in der rhetorischen Psychologie des Decorum. Denn nur erhabene Personen sind eines ernsten Geschehens würdig, für sie allein ist die düstere Welt der Tragödie reserviert: „Sublime dicendi genus potissimum locum habet in rebus magnis: Ut de Deo ac Republica etc. Unde in rebus heroicis ac tragicis praecipue adhibetur"[3]. Heroische und tragische Situationen erfordern „personae graves", Heroen, Könige und Fürsten[4], die kraft ihres idealen Charakters den hohen Anforderungen gewachsen sind und sich in „tragischen" Situationen bewähren können. In einer erhabenen, wortreichen und ausgezierten Sprache stellen sie sich dar und erregen im Zuschauer die pathetischen Affekte. Ihr Tod hilft der Idee zu dem gewünschten, moralisch-verdienstvollen und dem Stück zu dem geforderten traurigen Ende. Die Komödie hingegen handelt „in gemein und geringen Leuten und also humili Stylo"[5]. Die Sprache der Personen ist einfach und wenig geschmückt, die Situationen sind auf das allgemein Menschliche, Alltägliche und Unheroische reduziert. Der Schluß des Stückes hat fröhlich zu sein, denn „ein Lustspiel ist / welches fröhlich ausgeht: Ein Trauerspiel aber / welches ein kläglich Ende nimmet"[6]. Tragödie und Komödie stehen sich in der Stilhierarchie als exemplarische Gattungen konträr gegenüber. Die Anerkennung der Stiltrennung zwischen Komödie und Tragödie ist „nichts anderes als der Ausdruck jenes Stilwillens, der die lexis an das prepon bindet"[7]. Daß das hohe Trauerspiel, die

---

1. vgl. dazu E. AUERBACH, Epilegomena zu Mimesis, RF 65 (1953) 1—18. Dort die Belege S. 7 ff. Für den Gegensatz von Komödie und Tragödie und ihrer Stillagen vgl. F. QUADLBAUER, Die antike Theorie der genera dicendi, S. 53 f.
2. Kempen, in: Neumark, Poet. Tafeln, S. 313.
3. Koeber, Elementa Rhetorica, lib. V, cap. II, § 3.
4. Scaliger, Poetices, lib. IV, cap. II, p. 421: „Est igitur Altiloquum Poeseos genus, quod personas graves, Res excellentes continet: e quibus electae sententiae oriuntur ... Personae graves sunt Dii, Heroes, Reges, Duces, Civitates".
5. Richter, Thesaurus Oratorius, S. 208. Sperrung von mir.
6. Richter, Thesaurus Oratorius, S. 208. Daß sich hinter dieser Definition die Dreistillehre verbirgt, zeigt Harsdörffer: „Der Inhalt nun eines Gedichts ist frölich / traurig / oder begreifft Mittelsachen / als da sind Sinnbilder von allerley Händeln / die in deß Menschen Leben vorkommen" (Poet. Trichter I, Kap. I, § 7).
7. E. AUERBACH, RF 65 (1953), S. 8.

Staatsaktion, auch den erhabenen Menschen fordert, ist nicht aus der geistigen und politischen Situation des 17. Jahrhunderts zu begründen[1], sondern erklärt sich aus der Tradition der Stilgesetze, die vom literarischen Kunstwerk die Einheit von Person, Stil und Wirkung nach Maßgabe des Decorum forderten. Einen Katalog über die möglichen Bereiche des Decorum in der Komödie und der Tragödie bietet Kindermann. Er trennt beide Gattungen über das Decorum der Handlung, der Personen, des Stils, der zu erregenden Affekte und des Schlusses[2].

In allen diesen Vorschriften, die dem Dichter von der Theorie der drei Stilarten als der systematischen Ausprägung der Decorum-Lehre auferlegt werden, wirkt der Ordnungsgedanke in seiner problemlosen Einseitigkeit. Diese unkomplizierte Starrheit eignet der Dichtung des 17. Jahrhunderts überhaupt, und der heutige Leser wird oft mit dem Gefühl entlassen, sie sei im ganzen nur eine Paraphrase bekannter Maximen und allgemeingültiger Gedanken.

Dieser Eindruck trügt nicht, denn wir haben es mit einer Dichtung zu tun, die nicht gestaltete Lebenswirklichkeit als ihr oberstes Gesetz erkennt, sondern dichterische Wahrscheinlichkeit im Sinne des Decorum, das bestimmten Personen eine normative Handlungsweise aufzwingt, bestimmten Gegenständen eine ebenso normative Ausdrucksform zumißt. Darüber dürfen auch nicht die bekannten Aufforderungen hinwegtäuschen, der Dichter solle die Natur nachbilden oder „einem klugen Mahler nachahmen / der seinen Farben unterschiedliches Licht gibt / und ob sie wohl gantz unterschieden seyn / dennoch ein beständiges und vollkommenes Bild daraus zu wege bringet"[3]. Richtig verstanden bedeuten diese Äußerungen gerade nichts anderes als den Appell an den Poeten, das Decorum nicht aus den Augen zu verlieren und zu beachten, daß „die Ausrede des Gedichts mit dem Inhalt kunstrichtig eintreffen sol: Ist es von hohen Sachen / so sol es prächtige / von geringen Dingen schlechte Wort führen"[4]. Denn die Wirklichkeit, die scheinbar nachgeahmt werden soll, steht dem Dichter des 17. Jahrhunderts nicht unbeschränkt zur Verfügung, sondern sie ist immer schon eingeschränkt auf eine

---

1. Diesen Versuch unternimmt Fr.-W. Wentzlaff-Eggebert, Die deutsche Barocktragödie, in: Formkräfte der deutschen Dichtung vom Barock bis zur Gegenwart, hg. von H. Steffen, Göttingen 1963, S. 6: „Aus der geistigen und politischen Situation der Zeit sind sogar[!] die Forderungen der damaligen Poetiken an die Tragödie zu verstehen, die dahin zielen, daß ‚nur von königlichem Willen-Todtschlägen-Verzweiflungen und ähnlichen Themen' gehandelt werden sollte. Alle Theoretiker der Tragödie stimmen darin überein".
2. Kindermann, Poet, S. 242. Zu anderen Gattungen vgl. Kempen, in: Neumark, Poet. Tafeln, S. 153 ff.
3. Kempen, in: Neumark, Poet. Tafeln, S. 313.
4. Harsdörffer, Gesprächspiele VI, Anm. zu V. 109 f. der Vorrede zu den Andachtsgemälden.

Schein- und Wertwelt, auf „dichtungswürdige" Sachen, Themen und Personen, und damit auf Ausdrucksformen, die nach Maßgabe der Wahrscheinlichkeit und des Decorum angemessen erscheinen. Die Tragödie (auch der höfische Roman) darf nur Personen hohen Standes zum Gegenstand haben. Wird gegen dieses Gesetz verstoßen macht sich der Dichter der Unwahrscheinlichkeit und damit der Unwahrheit schuldig. Er würde sich der Lächerlichkeit preisgeben oder als literarischer Revolutionär mit dem Unverständnis der Leser rechnen müssen. Die Komödie kann das Lebenswirkliche des niederen Standes nicht schildern, denn sie muß fröhlich sein und hat für den Ernst des „einfachen Lebens" keinen Raum: Die niedere Realität kann nur in burlesker Verzerrung dargeboten werden[1].

Nicht Schilderung der wirklichen Welt, sondern Darstellung einer ständisch geordneten, heilsgeschichtlich determinierten und ethisch idealisierten Welt betrachtet die Dichtung als ihre Aufgabe. Sie stellt ihren Lesern diesen Anspruch vor Augen, will ihn im alltäglichen Leben zur Geltung bringen und ihn wahrscheinlich machen. Glaubhaft vertreten kann ihn aber nur das im Sinne der poetischen Regeln vollendete Kunstwerk. Im Zuhörer soll Bewunderung und Staunen hervorgerufen werden über den hohen Rang des künstlerischen Gebildes, das diesen idealen Anspruch nach den Gesetzen des Decorum repräsentiert.

Die Dichtung des 17. Jahrhunderts steht unter der Frage: „Wer wüßte nicht, daß . . ."[2], und sie wirkt dadurch, daß sie bereits Bekanntes in die Allgemeingültigkeit des Kunstwerks erhebt. Inhaltlich wird dabei nichts Neues geboten, denn die Wahrheiten, die die Dichtung zu verkündigen hat, bleiben sich immer gleich. Sie umgreifen die christliche Heilswahrheit, außerdem die göttliche Ordnung, so wie sie sich im ständischen System offenbart, dazu die Gesetze der allgemeinen moralischen Ordnung in ihren Wertungen „virtus", „constantia" etc., und ihren Gegenläufen „vanitas", „fortuna" etc., aber auch Feststellungen allgemeinster Art wie: „Der Krieg ist verderblich". Ziel der Dichtung bleibt, die bekannten Inhalte in belehrender, erfreuender oder bewegender Weise immer wieder zu formulieren, den Leser auf ihre exemplarische Gültigkeit hinzuweisen und ihn zu überzeugen mit den Mitteln, die im Dienste der Persuasio als einer ethischen Aufgabe stehen: der Glaube an die Wirksamkeit der rhetorischen Ausdrucksformen gehört zu den Grundgesetzen der „respublica literaria".

---

1. Wichtige Aufschlüsse zur Wirklichkeitsdarstellung im hohen und niedrigen Stil bei E. AUERBACH, Mimesis, Bern ³1964, passim.
2. Aristoteles, Rhet. III, 7, 7, p. 1408. Zur emotionalen Wirkung dieser Frage vgl. DOCK-HORN, Die Rhetorik als Quelle usw., S. 113.

IV. DAS SELBSTVERSTÄNDNIS DES DICHTERS:
EIN ARGUMENTATIONSSYSTEM

Bisher wurde versucht zu zeigen, in welchem Maße die Rhetorik den Inhalt und die Begriffe der „Dichtkunst" prägte und wie sehr sie die sprachlich-formale Ausdrucksweise der schreibenden Gelehrten in Grenzen hielt. Eine grundsätzliche Voraussetzung für ihren mächtigen Einfluß auf die Dichtungstheorie lag in der Dichtungsauffassung des 17. Jahrhunderts begründet: Nicht das Individuum spricht sich in der Dichtung aus, sondern die Dichtung als metrifizierte und gereimte Rede spricht den Einzelnen als Glied einer Gemeinschaft an.

Die Wirkung der Rhetorik beschränkt sich jedoch nicht allein auf den engen Rahmen von Theorie und Praxis literarischer Produktion. Ihre Herrschaft zeigt sich darüber hinaus auf allen Gebieten geistigen Lebens, denn sie bestimmt die gedankliche Leistung aller derjenigen Köpfe, die in ihrer Schule aufgewachsen sind. Das wird dann besonders deutlich, wenn grundsätzliche Anschauungen und Denkformen des 17. Jahrhunderts zur Diskussion stehen. Überraschenderweise stößt man nämlich nur in Ausnahmefällen auf unbedingt einhellige und verbindliche Aussagen über bestimmte Phänomene, und der Beobachter sieht sich in ein Netz von Definitionen und Behauptungen verstrickt, die zwar einander widersprechen, trotzdem aber nicht willkürlich oder gar unsachgemäß erscheinen. W. KAYSER hat in richtiger Erkenntnis dieser Tatsache festgestellt, daß dem 17. Jahrhundert „die Lebenskategorie des ‚Grundsätzlichen‘ fehlt"[1], und daraus den Schluß gezogen, daß sich deswegen die Rhetorik so machtvoll entfalten konnte. Dieser Schluß verkehrt jedoch die Kausalitäten: Weil die Rhetorik das Denken in so hohem Maße bestimmte, deswegen gelingt es so selten, eindeutige und grundsätzliche Antworten zu finden, deswegen kommt es so oft vor, daß der gleiche Autor dieselbe Frage an verschiedenen Stellen verschieden beantwortet.

Zu den konstitutiven Elementen der Rhetorik gehört es, eine Sache niemals in einer kurzen Definition abstrakt zu behandeln. Eingedenk ihres Zieles, die Menschen hinzureißen und zu bewegen, kommt es ihr vor allem auf Eindringlichkeit und anschauliche Darstellung an. Jede Sache wird daher in Teilaspekte aufgefächert und in der Form der enumeratio partium zur Erscheinung gebracht. In diesem Grundgesetz rhetorischen Denkens liegt der Schlüssel für die scheinbar widersprüchlichen und so wenig grundsätzlichen Aussagen: Wir greifen nur Teile, wo wir glauben, das Ganze vor uns zu haben. Zur Erläuterung diene ein Beispiel, das zwar in den Rahmen der Dichtungstheorie gehört, dennoch aber als Paradigma für andere Probleme stehen kann: die Frage nach dem Wesen des Dichters. Der

---

1. W. KAYSER, Lohensteins Sophonisbe als geschichtliche Tragödie, GRM 29 (1941) 20—35. Dort S. 23.

Antworten sind viele. Der Dichter ist ein Bruder, aber auch ein Rächer der Natur. Er ist Mechaniker, aber auch Arzt, Theologe, Architekt, ja sogar Gott. Ingenium und Iudicium zeichnen ihn aus, er ist umfassend gebildet und gehört zur Zahl der Auserlesenen. Er tröstet die Betrübten, zähmt die Wilden, erquickt die Herzen, schärft die Sinne, erleuchtet den Verstand.

Eine klare Definition, die unsere Frage kurz beantwortet, hat sich nicht gefunden. Statt dessen schlägt sich die Antwort in einer Reihe von Metaphern und positiven Forderungen nieder, die erkennen lassen, daß die Frage nach dem Wesen des Dichters offenbar nicht — wie es modernem Denken naheliegt — aus der richtig erscheinenden Erkenntnis des behandelten Problems beantwortet wird. Es geht offenbar gar nicht darum, die jeweils verhandelte Sache philosophisch denkend in ihrer Gesamtheit zu erfassen, sie auf die ihr eigene Natur und den immanenten Wahrheitsgehalt zu befragen, und die Essenz des Denkvorganges in kurzen Abstraktionen definitorisch umfassend darzulegen. Sie wird nicht so gesehen, wie sie ist, sondern so, wie sie sich in traditionell überlieferten Argumenten spiegelt. Sie wird rhetorisch beschrieben, mit einer Anzahl von autoritativen Argumenten erklärend dargelegt und in Hinsicht auf ein Publikum überzeugungskräftig vor Augen geführt. Den Zusammenhang aller derjenigen Argumente nun, die gemeinsam den Problemgehalt einer behandelten Sache umgreifen, nennen wir Argumentationssystem.

Argumentationssysteme sind sach- und problemgebunden. Als geprägte Antworten auf in Frage stehende Probleme sind sie Teil des Bildungssystems, das als Verstehenshorizont allen Denkenden gemeinsam war. Sie haben sich historisch gebildet und bestehen aus einer überschaubaren und immer wiederkehrenden Anzahl von Argumenten, die autoritativen Charakter besitzen, weil sie aus einer der Quellen stammen, die für die Denkwelt des 17. Jahrhunderts verbindlich waren: Antike, Bibel und Kirchenväter. Andere Quellen sind möglich, jedoch nur insoweit sie autoritative Geltung erlangt haben. Das trifft beispielsweise für die Schriften Luthers, Melanchthons oder Erasmus' zu.

Ein Argumentationssystem hat in der Zahl der Argumente eine gewisse Konstanz. Das bedeutet jedoch nicht, daß ein Autor für ein bestimmtes Problem alle verfügbaren Argumente anführen müßte. Seine je eigene Auffassung schlägt sich in der spezifischen Auswahl nieder, durch die er zu erkennen gibt, welche Aspekte er für die wesentlichen hält und in welchem Licht ihm das Problem erscheint. In diesem Sinne sind die Argumentationssysteme von Autor zu Autor variabel. Wir gewinnen durch eine Zusammenstellung der verwendeten Argumente bei vorheriger Kenntnis des gesamten Systems die Möglichkeit, Akzentverlagerungen festzustellen und die Auffassungen verschiedener Autoren genauer zu analysieren.

Ein Argumentationssystem ist eine historische Größe. Es hat sich entwickelt, ist im Laufe seiner Geschichte gewachsen und zu dem festen Gebilde geworden, als das es sich im 17. Jahrhundert darstellt. Neuen Argumenten wird zu diesem Zeitpunkt der Eintritt verwehrt. Trotzdem hat es oft den Anschein, daß ein Autor das Wagnis auf sich genommen hat, seine Originalität durch ein ungewöhnliches Argument unter Beweis zu stellen, obwohl er damit rechnen muß, bei seinen Zeitgenossen auf Unverständnis zu stoßen. Bei genauer Analyse stellt sich jedoch heraus, daß sich ein altes Argument in einem neuen Kleide präsentiert, denn der Argumentierende ist innerhalb überschaubarer Archetypen in seiner Ausdrucksform natürlich frei. Seine Originalität liegt daher nicht in der Sache, sondern in der Variation der Formulierung.

Auch das Selbstverständnis des Dichters gründet sich auf Argumente, nicht auf Einsichten. Die philosophisch so tiefgreifende Frage nach seinem Wesen wird in der Form des Lobes rhetorisch beantwortet mit einer Anzahl von Aussagen, die sich auf Autoritäten stützen, und die jeweils verschiedene Aspekte der Auffassung vom Dichter erläutern. Sie haben, isoliert betrachtet, keinen Erkenntniswert. Begreift man sie jedoch als Argumente, die gemeinsam der Aufgabe dienen, ein ideales Bild vom Poeten zu entwerfen, dann geben sie Aufschluß über die Denkform, unter der dieses Problem im 17. Jahrhundert gesehen wurde. Wir müssen uns vor Augen halten, daß die Poetik als Grundlage und Hilfsmittel des Dichters praktisch und niemals spekulativ ausgerichtet ist. Daneben hat sie immer einen apologetischen Zweck: sie will der zeitgenössischen Dichtung durch eine Aufzählung ihrer Würden und Vorzüge eine hervorragende Stelle unter den anderen artes erkämpfen und sie als gleichberechtigt mit der Kunst anderer Länder erweisen. Die Frage nach dem Wesen des Dichters verlangt daher nicht Sachkenntnis, sondern Legitimation. Sie wird beantwortet durch ein Argumentationssystem, das in diesem speziellen Fall „Lob des Dichters" genannt werden kann.

Aus einer Gesamtübersicht über das Argumentationssystem „Lob des Dichters" kann nun die Frage entschieden werden, was das 17. Jahrhundert unter dem Dichter verstand. Es sieht ihn als Idealperson, die unter den verschiedenen Aspekten erscheint. So kann der Poet, wenn es darum geht, seine moralische Aufgabe in den Blick zu rücken, als Arzt bezeichnet werden. Kommt es jedoch darauf an, sein Verhältnis zur Sprache zu definieren, erscheint er als Mechaniker oder Architekt, der die vorgefundenen Teile der Sprache kunstrichtig zusammensetzt. Er ist ein Bruder der Natur, wenn auf seine Mimesis-Funktion aufmerksam gemacht werden soll. Er ist aber auch ein Rächer der Natur, wenn er nämlich als derjenige betrachtet wird, der im Gedicht die kreatürliche Hinfälligkeit des Menschen aufhebt und ihm dadurch ewigen Ruhm verleiht. Betrachtet man die Argumente im System, dann verlieren sie ihre Widersprüchlichkeit. Sie stellen nur verschiedene Aspekte einer Sache dar und haben eine abgrenzende, aber keine definitorische Funktion.

Nur die Gesamtübersicht über das Argumentationssystem kann nun auch darüber Aufschluß geben, was das 17. Jahrhundert unter dem vielerörterten und bei

Scaliger exemplarisch vertretenen „poeta = alter deus" verstand[1]. Der Dichter ist nicht ein Schöpfer im Sinne des Sturm und Drang, sondern seine Gottähnlichkeit ist das gewichtigste Argument, das seiner Apologie dient, wenn es darum geht, ihn als einen Verfertiger von Sprachkunstwerken zu begreifen.

Das Denken in Argumentationssystemen scheint grundsätzlich für alle Wissenschaften und Künste und die ihnen immanente Problematik gültig zu sein. Für die Dichtungstheorie sind weitere Beispiele schnell zur Hand. Der Redner und seine Funktion müssen gegen die des Dichters und Philosophen abgegrenzt werden. Das Wesen der Sprache zu ergründen heißt: die deutsche Sprache im Gegensatz zu anderen Sprachen lobend zu verteidigen. Die Dichtkunst als Mimesis wird mit anderen Argumenten begründet als ihre Aufgabe, die Natur zu idealisieren. Innerhalb der artes wird die Frage nach dem Sinn und der Funktion von Bildung heftig diskutiert. Die Antwort schlägt sich in einem Argumentationssystem nieder, dem die bildungsfeindlichen Gegner ihrerseits ein weiteres gegenüberstellen.

Solange sich das Denken in autoritativen Bahnen und unter rhetorischen Gesetzen vollzieht, bleibt es an die Form des Argumentationssystems gebunden. Erst wenn es beginnt, die traditionellen Denkformen auf ihre Inhalte zu überprüfen, schafft es sich die Freiheit, die notwendig ist, um den Problemgehalt der Dinge selbst zu erkennen.

Wir greifen im folgenden einige Argumente aus dem Argumentationssystem „Lob des Dichters" heraus, ohne jedoch damit das ganze System darzustellen.

1. NATURGABE UND KUNSTLEHRE

Die Aufmerksamkeit der deutschen Poetik des 17. Jahrhunderts gilt der Person des Dichters so gut wie dem Werk. In sachlich-begründender oder enthusiastisch preisender Form, in Vorreden, Apologien, Lobgedichten und theoretischen Traktaten wird ein Bild vom Dichter entworfen, das sich durch das ganze Jahrhundert trotz der Verschiedenartigkeit der Autoren und der Vielfalt der Quellen nicht ändert: der Dichter tritt immer als Idealperson in Erscheinung.

Das literarische Porträt setzt sich aus einer Zahl von Argumenten zusammen, die dem Ziel dienen, den Dichter als einen Träger hoher intellektueller und moralischer Werte auszuweisen, sein Gewerbe zu rechtfertigen und ihm einen gebührenden Platz in der ständischen Hierarchie zu sichern. Diese Argumente werden von den Dichtern, die ihre eigene Sache zu vertreten haben, aus den labyrinthischen Gängen der Tradition ans Tageslicht gefördert. Ehrwürdiges Alter und unangefochtene Autorität machen ihre Überzeugungskraft aus. Die reichhaltigste

---

1. vgl. Scaliger, Poetices, cap. I, p. 6.

Fundgrube bildet die antike Rhetorik, die bis in das 18. Jahrhundert hinein „Generalnenner, Formenlehre und Formenschatz der Literatur überhaupt" bleibt[1]. Sie prägt auch die Auffassung vom Dichterberuf. Die Lehrbücher Ciceros oder Quintilians dienen den Poeten des 17. Jahrhunderts nicht allein als Kompendien von Schulvorschriften und abstrakten Regeln, sondern sie stellen im Redner den Idealmenschen vor Augen, der als „vir bonus dicendi peritus" unbeschränkt im Reiche des Geistes herrscht. Die Poeten formen ihr Bild nach seinem Bilde.

Auf die Frage, welche Voraussetzungen ein Mensch mitbringen müsse, um ein guter Redner zu werden, nennt Cicero einige Gaben der Natur (natura), die durch keine Kunst hervorgebracht werden können: gutes Sprachvermögen, ausreichendes Gedächtnis und eine klangvolle Stimme, eine starke Brust und kräftige Leibesbeschaffenheit[2]. Vielen fehle es zwar nicht an wissenschaftlicher Bildung, ihnen mangelten jedoch die natürlichen Fähigkeiten[3]. In besonderem Maße aber habe das Ingenium den größten Einfluß auf den Werdegang eines vollkommenen Redners[4]. Auch die Poetik des 17. Jahrhunderts übernimmt die antike Forderung, daß der Redner sich durch diese angeborene Geisteskraft auszuzeichnen habe, und überträgt sie auf den Dichter. Sie ist mit Cicero der Meinung, daß natürliche Anlagen, unter denen das Ingenium, der „von Natur sehr herrliche Geist"[5], als die bedeutendste anzusehen ist, einem Dichter nicht fehlen dürfen: „Die Tichtkunst ist eine dienstbare Fertigkeit (Habitus instrumentalis) alle Sachen in gebundene Worte zu bringen. (...) Den Wesensgrund (Subjectum) / worauff die Tichtkunst ruhet / nennen wir eines Menschen Gemüthe / welches mit natürlicher Fehigkeit begabt ist"[6]. Wie Schelwig, so sieht auch Johann Heinrich Alsted das Ingenium als Grundlage der dichterischen Darstellung (subjectum Poeticae informationis) an; er erklärt es als natürlichen Antrieb zur Poesie: „Ingenium poeticum est impetus naturalis, quo homo fertur ad orationem ligatam"[7].

Vom Ingenium müssen grundsätzlich alle Teile des Sprachkunstwerkes geprägt sein. Cicero ordnet daher das Ingenium den einzelnen Redeteilen zu:

---

1. Curtius, Europ. Lit., S. 79.
2. Cicero, de or. 1, 25, 114.
3. Cicero, de or. 1, 25, 113: „neque vero istis, de quibus paullo ante dixit Antonius, scriptoribus artis rationem dicendi et viam, sed naturam defuisse".
4. Cicero, de or. 1, 25, 113: „sentio naturam primum atque ingenium ad dicendum vim adferre maximam". — Zum Ingenium und seinen verschiedenen Inhalten vgl. H. Friedrich, Epochen der italienischen Lyrik, Frankfurt a. M. 1964, S. 629; außerdem H. Weinrich, Das Ingenium Don Quijotes. Ein Beitrag zur literarischen Charakterkunde, Münster 1956, passim.
5. Kindermann, Poet, S. 4.
6. Schelwig, Entwurf, S. 1.
7. Encyclopaedia, lib. X, cap. II, p. 510.

Nam et animi atque ingenii celeres quidam motus esse debent, qui et ad excogitandum [inventio] acuti et ad explicandum [dispositio] ornandumque [elocutio] sint uberes et ad memoriam firmi atque diuturni[1].

In der gleichen Weise wird von Peschwitz der Dichter definiert:

Der Poet ist Sinnreich in seinen Gedancken / Wortreich in seiner Verfassung / Verstandreich in seinen Erfindungen / Kunstreich in seinen Ausbildungen / Geistreich in innerlichen Anregungen[2].

„Sinnreich in Gedanken", „geistreich in innerlichen Anregungen" und „verstandreich in Erfindungen" meinen das Ingenium in Hinsicht auf die Inventio; „kunstreich" und „wortreich" ordnen es jeweils auf die Dispositio und Elocutio hin. Peschwitz' unverbindlich scheinende Aufzählung erhält so ihren Sinn. Der Dichter hat ein umfassendes Ingenium, das sich in den einzelnen Herstellungsstufen, die zu einem vollkommenen Gedicht führen, aktualisiert. Das antike Vorbild schimmert auch in der so eigenständig anmutenden deutschen Fassung noch durch.

Aus dem Peschwitz-Zitat wird deutlich, daß der Poet das Ingenium in besonderem Maße zur Erfindung braucht, um das, was die Gegenstände (res) an verborgenen Möglichkeiten zur Gedankenentwicklung enthalten, schnell entdecken zu können[3]: die Kraft seines „hochgestirnten Geistes"[4] liegt im Erfindungs- und Einfallsreichtum.

Die Gabe geistreicher Erfindung muß jedoch durch die Urteilskraft (iudicium) in Schach gehalten werden, damit das Gefundene in der rechten Anordnung und auf angemessene Weise (decorum) dargestellt wird:

Das ingenium giebet die Bildung der Worte und den Geschickten Ausdruck der Gedancken; das judicium aber beurtheilet sie / ob sie auch den Personen und Sachen / der Zeit und dem Orte conform sind. Das Ingenium befördert Die Invention; Das Judicium aber ist dabei geschäftig und träget ein Urtheil bey ob sich selbige auf den gegenwärtigen Casum schicke oder nicht[5].

---

1. Cicero, de or. 1, 25, 113 f.: „Denn das Gemüt und die Geisteskraft müssen schnelle Beweglichkeit besitzen, so daß sie in der Erfindung Scharfsinn und in der Anordnung und Ausschmückung Reichhaltigkeit zeigen und das dem Gedächtnis Anvertraute fest und lange behalten".
2. Peschwitz, Parnaß, s. v. Poet, S. 596.
3. vgl. LAUSBERG § 260.
4. Peschwitz, Parnaß, s. v. Poet, S. 597.
5. Neukirch, Academische Anfangs-Gründe, S. 28; vgl. außerdem: Harsdörffer, Gesprächspiele V, Vorrede § 12; Harsdörffer, Poet. Trichter I, S. 102; Männling, Helikon, S. 39; weitere Belege bei H. O. BURGER, Deutsche Aufklärung im Widerspiel zu Barock und „Neubarock", in: Formkräfte d. dt. Dichtung vom Barock bis zur Gegenwart, hg. H. STEFFEN, Göttingen 1963 (Kleine Vandenhoek-Reihe, Sonderband 1), S. 58 f.; BURGER bleibt jedoch den Hinweis auf die rhetorische Tradition des

Die Poeten des 17. Jahrhunderts werden nicht müde, darauf hinzuweisen, daß das Ingenium leicht über die Stränge schlägt und den Dichter zu phantastischen Erfindungen und stilistischen Kapriolen verführen kann, die den Rahmen klassischer Zucht verlassen[1]. Männling bringt für die Verletzung des Decorum ein drastisches Beispiel: „Derjenige / so Verse will machen / muß von guter Invention und Judicio seyn / daß er nicht . . . GOTT den Herrn einen Bettel-Vogt schändlicher Weise nenne"[2]. Er prangert vor allem Zesen an, der einen Mantel als „Wind-Fang" und ein Gewehr als „Schieß-Prügel" bezeichnet[3]. Die Urteilskraft wird daher zum Richter über alle Entartungen gesetzt. Ihre Aufgabe ist es, auf der Waagschale der Regeln zu wägen, was das Ingenium erfunden hat[4].

Die Behauptung, ein poetisches Ingenium oder natürliche Begabung zeichne den echten Dichter aus, gehört als wichtigstes Argument zum Lobe des Poeten. Der Wert dieses Arguments wird gesteigert durch die Erkenntnis, daß die angeborene Gabe durch die Beherrschung der Kunstregeln nicht zu ersetzen sei: „Etlichen ermangelt es an natürlicher Fähigkeit zu der Poeterey / daß sie zwar die Wort kunstrichtig zu binden wissen / aber gezwungen / hart und mißlautend; ohne poetische Gedanken / und sinnreiche Einfälle: daß man leichtlich sehen kan / es sey kein poetischer Geist in ihnen / und ihre Gedichte mit langer Zeit zusammengenöthiget"[5]. Die Distanz zu diesen Dichterlingen, die sich anmaßen, auch „Natur" und einen „geschickten Kopf"[6] zu besitzen, obwohl ihre literarischen Produkte das Gegenteil beweisen, läßt den wahren Dichter in umso hellerem Lichte erscheinen. Er ist über diese „castrirten Poeten"[7], die als „Reimenschmierer"[8] und „Reimenreisser"[9] in die Annalen der Dichtkunst eingehen, erhaben — ist doch „die wahre Poesie die Frucht eines guten Naturels: oder eines aufgeweckten hurtigen und

---

Begriffspaares schuldig, so daß der Eindruck entstehen kann, die beginnende deutsche Aufklärung präge den Gegensatz von ingenium und iudicium in Anlehnung an Leibniz, Bouhours oder Pope.

1. Die Freisetzung des Ingenium führt zur Mißachtung der Decorum-Vorschriften und damit zum Manierismus, der allerdings latent in der Rhetorik immer schon vorhanden ist; vgl. dazu H. FRIEDRICH, Epochen, S. 593 ff.
2. Männling, Helikon, S. 35.
3. ebd.
4. vgl. Stieler, Sekretariatkunst I, Teil I, S. 69: „Die Urteilskraft erweget / was die Bildung erfunden und das Gedächtnis vorträget". Zum Verhältnis ingenium-iudicium vgl. auch H. FRIEDRICH, Epochen, S. 629.
5. Harsdörffer, Poet. Trichter, Vorrede, § 5.
6. Kindermann, Poet, S. 5.
7. Männling, Helikon, S. 29.
8. Menantes, Academische Neben-Stunden, Vorbericht, § IV.
9. Schupp, Teutscher Lehrmeister, S. 52.

Sinnreichen Kopfs"[1]. Kunst und Natur scheinen also im Gegensatz zu stehen, ja einander zu widersprechen[2].

Trotz der Verdammung der begabungslosen, nur mit dem Handwerkszeug der Regeln arbeitenden Poetaster wird die Kunst jedoch als wichtige Ergänzung des Ingenium betrachtet. Quintilian greift bei der Erläuterung der Frage, ob der Natur oder der Kunst die größere Rolle in der Beredsamkeit zuzusprechen sei, das traditionelle Bild des Ackers auf: „Einem unfruchtbaren Boden nützt auch der beste Bauer nichts und auf einem fruchtbaren wächst auch etwas, ohne daß ihn jemand bebaut. Doch wenn der Boden fruchtbar ist, dann wird einer, der ihn pflegt, mehr erreichen, als die Güte des Bodens selbst"[3]. Er kommt zu dem Schluß, daß die Natur das Rohmaterial für die Kunst bildet, und daß der Redner an beiden teilhaben müsse: „consummatus orator nisi ex utroque fieri potest"[4]. Auch Horaz nimmt in dieser Frage eine vermittelnde Stellung ein:

> Ob Natur, ob Kunst ruhmwürdige Lieder gebäre,
> Fragt sich mancher: mich dünkt, nicht Fleiß ohn göttlichen Funken,
> Auch nicht das rohe Talent vollbringt's. Das eine Vermögen
> Fordert das andre heraus und verlangt freundwilligen Beistand[5].

---

1. Menantes, Academische Neben-Stunden, Vorbericht, § IX; zwischen dem Oberbegriff natura und dem Spezifikum ingenium wird von vielen Theoretikern nicht mehr unterschieden. In der Opposition zu ars werden beide Begriffe synonym gebraucht.

2. Zur gegenseitigen Abhängigkeit von natura-ars vgl. LAUSBERG § 37 f.; H. FRIEDRICH, Epochen, S. 120. Das gleiche Problem für die rhetorische Theorie des Mittelalters behandelt G. EHRISMANN, Studien über Rudolf von Ems. Beiträge zur Geschichte der Rhetorik und Ethik im Mittelalter, SB Heidelberg, phil.-hist. Klasse, 1919, S. 12 f.

3. Quint., inst. or. 2, 19, 2: „sicut terrae nullam fertilitatem habenti nihil optimus agricola profuerit, e terra uberi utile aliquid etiam nullo colente nascetur, at in solo fecundo plus cultor quam ipsa per se bonitas soli efficiet"; vgl. Cicero, de or 2, 30, 131. Das Bild des Ackers, in dem die Erziehung als Kultivierung des Geistes gefaßt wird, findet sich oft in pädagogischen Schriften; vgl. Comenius, Pampädia XI, 6: „Colere ingenium quid est? Eo sensu dicitur; quo colere Agrum, Hortum, Vineam; diligenti scilicet cura ita subigere, ut fructum Vitae humanae utilem ferat. Quo respectu Ingenium Ager animatus dicitur"; vgl. Pampädia V, 17; IX, 4. Zum Erfolg dieses Bildes trägt das biblische Gleichnis vom Sämann bei; vgl. WEINRICH, Das Ingenium Don Quijotes, § 35.

4. Quint., inst. or. 2, 19, 1.

5. Horaz, ep. II, 3, V. 408–411; übers. von R. A. SCHRÖDER. Kempen, in: Neumark, Poet. Tafeln, S. 5, zitiert diese Verse, um seiner eigenen Meinung das nötige Gewicht zu geben: „Der Marmor hat geringen Preiß / wenn er nicht durch der Steinmetzen Werckzeuge / behauen und geschliffen wird / bis er seine rechte Gestalt gewinnet / und zu kostbaren Gebäuden angewant werden kan. Nicht anders verhält es sich mit der Ruhm-würdigen Poeterey / zu welcher niemand / ob ihm (!) gleich die Natur dazu geschickt gemacht / etwas tüchtiges ohne der Kunst Hülff-leistung hervor bringen wird. Welches dem vornehmen Meister der Poeterey [Horaz] nicht unbekant gewesen".

Auf diese Autoritäten gestützt kommt auch die Theorie des 17. Jahrhunderts zu einem salomonischen Urteil. Der Acker des Geistes bedarf der Pflege durch die Kunst[1]. „So gut und fett ein Feld seyn mag / so muß es doch bepflüget und besämet werden / wann es nicht veröden sondern gute Früchte bringen soll"[2]. Zwar sind etliche zur Poeterei geboren, doch ist „die Kunst nicht mit ihnen geboren; sondern muß erlernet werden / wie alles / was wir Menschen wissen wollen"[3]. Doch nicht allein die Natur bedarf der Ergänzung durch die Kunst, sondern „auch die Kunst ist sonder Behuff der Natur ohnmächtig / und kan so wenig ausrichten / als ein Ackermann sonder Samen und Feld"[4]. Beide müssen einander hilfreich die Hand bieten[5] und eine Ehe eingehen, wenn „eine herrliche Frucht der Wissenschafft / in Himmlischer Verß- und ReimKunst empfangen und erzeuget werden" soll[6]. Wie für den antiken Redner, so gilt auch für den Dichter des 17. Jahrhunderts das goldene Mittelmaß. „Die Kunst machet vollkommen / was die Natur angefangen", schreibt Kempen[7], und gibt damit nur die Maxime aus der Herennius-Rhetorik wieder: „Ars porro naturae commoda confirmat et auget"[8]. Beide Bildungskräfte bedingen einander und stehen in der Person des Dichters in einem ausgewogenen Verhältnis.

Bei der zentralen Stellung, die die Formel natura-ars im Bildungsgut einnimmt, überrascht es nicht, daß sie auch als Emblem gefaßt worden ist. Lorbeer und Efeu gelten als ihre sichtbaren, natürlichen Signifikationen. Ist nämlich der Lorbeer ein Zeichen „des von Natur sehr herrlichen Geistes und wohlgeschickten Griffes zur Poeterey", so zeigt der Efeu „die Kunst / samt dem Fleisse"[9]. Als ein schwaches Gewächs müßte er allezeit auf der Erde kriechen, würde er nicht durch besonderen Fleiß und „künstliches Erkühnen" seine Schwäche überwinden, und, sich an den Bäumen emporrankend, durch allmähliches Wachstum aufsteigen und den höchsten Gipfel erreichen: dem wahren Poeten gebührt der Kranz, „welcher von Lorbeer / und Epheu-Blättern durcheinander gewunden".

Das Begriffspaar natura-ars erfährt so seine charakteristische Fassung: im Emblem wird es gedeutet. Die Forderung natürlicher Begabung und geistvoller Intelligenz ist immer an die technische, handwerkliche Ergänzung durch eine bestimmte

---

1. Harsdörffer, Gesprächsp. IV, S. 237: „Der Acker und der Same were mir wenig ja zu nicht nutze / wann ich nicht wüste denselben zu pflügen / und der Saat fähig zu machen / welches der Kunst beyzumessen".
2. Harsdörffer, Poet. Trichter III, S. 27, § 31.
3. Harsdörffer, Poet. Trichter II, S. 2, § 2.
4. Harsdörffer, Poet. Trichter III, Vorrede, S. 1.
5. Kindermann-Stieler, Teutscher Wolredner, S. 42.
6. Moller, Tyrocinium, S. 4, § V.
7. Kempen, in: Neumark, Poet. Tafeln, S. 5.
8. Auct. ad Her. 3, 16, 28; ähnlich auch 3, 16, 29.
9. Kindermann, Poet, S. 4, § 10. Dort auch die folgenden Zitate.

Kunst gebunden. Es scheint daher sinnlos, das Begriffspaar zu trennen und einseitig von „Begabungsbewertung" zu sprechen[1]. Das 17. Jahrhundert hat nichts vom romantisch-genialen Dichtertum gewußt[2]. Es zeichnet den Poeten als Idealperson, die die Idee der Vollkommenheit ihres Standes repräsentiert. Vorbild ist der antike Redner. Zur Grundvoraussetzung seiner Leistung gehört die Einheit von natura und ars. Sie ist auch der erste Artikel im Credo, das der Barockdichter vor sich selbst und der Gemeinde der „nobilitas literaria" bekennt[3].

2. BILDUNG UND TUGEND

Natürliche Begabung und Beherrschung der Kunstregeln: mit diesen Minimalforderungen an den Beruf des Dichters will sich Johann Heinrich Alsted nicht zufriedengeben. Er spannt den Rahmen der Ansprüche, denen der Poet genügen soll, weiter. In einem Wissenschaftskatalog, der beliebig erweitert werden könnte, zählt er einige Disziplinen auf, die der Dichter außer der Poetik noch zu beherrschen hat:

1. MARKWARDT, Gesch. d. dt. Poetik I, S. 497, s. v. „Begabung und Trieb". Nach MARKWARDT zeigt Opitz zwar eine „gewisse Verlegenheit angesichts des Begabungsproblems", weil er sich auf die Alten stützt (S. 31), jedoch kann ihm ein „gewisses Eingehen auf das Lustgefühl der Produktionsstimmung" zugebilligt werden (S. 32). Im ganzen gesehen stößt Opitz „zu einer stärkeren Begabungsbewertung vor als manche spätere Barockpoetik" (S. 34). Auch für den reiferen Rist wird „immerhin in der Begabungsbewertung eine leichte Auflockerung spürbar" (S. 150). Formulierungen dieser Art tragen zum Verständnis der tradierten Formen und Inhalte nicht viel bei.
2. vgl. dagegen G. BRATES, Die Barockpoetik als Dichtkunst, Reimkunst, Sprachkunst, ZfdPh 53 (1928) 346—363. BRATES verkennt den Argumentationscharakter der Ingenium-Forderung; er trennt die zusammengehörenden Teile der natura-ars-Formel und entzieht sich damit den Boden für eine historisch relevante Interpretation der Belege. Er möchte den Barockpoeten vom Joch der erlernbaren Theorie befreien und ihm damit einen Anspruch zumessen, den er nicht gestellt hat.
3. Das Zweier-Schema natura-ars kann durch das Dreier-Schema natura-ars-exercitatio ersetzt werden; vgl. Quint., inst. or. 2, 10, 1; Auct. ad Her. 1, 2, 3; Cassiodor, De artibus ac disciplinis liberalium litterarum (PL 70, 1157): „Facultas orandi consummatur natura, arte, exercitatione"; Langius, Anthologia sive Florilegium Rerum et Materiarum, s. v. natura: „Aristoteles trice ad solidam parandam sapientiam praecipue necessaria esse dicebat, Naturam, Doctrinam, et Exercitationem"; Alsted, Panacea Philosophica, sect. VII, p. 36: „Natura incipit, ars dirigit, usus perficit"; ebenso Girbert, Rhetorica, tab. II, f. Hᵛ; Kempen, in: Neumark, Poet. Tafeln, S. 4: „Bey einem ieglichen / der sich einer Kunst ergeben will / werden nach Außage der Weltweisen / dreyerley erfordert: Nemlich die Natur / die Unterweisung und die Ubung. In allen anderen Wissenschafften können die zwo letzten Stücke viel verrichten / In der Poesie aber wird nothwendig die natürliche Neigung vorangesetzet".

Poeta est philosophus, isque ethicus, ut Pythagoras, Theognis, Phocylides[1]: vel physicus, ut Virgilius in Georgicis[2]: aut theologus, ut apud ethnicos Hesiodus, apud Christianos Prudentius: aut medicus, ut Macer[3]: aut anatomicus, ut Pincier[4]: aut historicus, ut Ovidius in Fastis, Lucanus[5] etc. Nimirum uti Logica est instrumentum, quo reliqui artifices utuntur: ita et Poetica se habet[6].

Galt die Forderung von natura-ars der Fähigkeit für einen bestimmten Beruf und ihrer Unterstützung durch die praecepta artis, so geht der hier gestellte Anspruch weiter: er zielt auf eine Universalbildung. Der Poet muß sich durch erschöpfende Gelehrsamkeit auszeichnen, denn „die Gelehrtheit ist der Saft / Kraft und Reichtum aller Schriften"[7]. Daß ein Dichter „in allen Theilen der welt-weißheit / auch beides in lengst- und erst-jüngst verstrichenen weltgeschichten / ja alles auff einmahl außredend / in vielen / so wol Himmel; als Erdbeliebigen Wissenschaften erfahren und belesen sein" muß, ist für die Literaten des 17. Jahrhunderts eine Selbstverständlichkeit[8]. Genau wie der Preis des Ingenium, so gehört auch das Argument „in allen Wissenschaften erfahren" zum Dichterlob[9]; in witziger Weise wird es von Sieber verwendet:

> Dein Wissen nahm stets zu / dein Leben aber ab /
> Drum wirst du / mein Rivin / der Wissenschaften Grab[10].

---

1. Gemeint ist Ps.-Phokylides, ein gnomisches Gedicht von 230 Hexametern des 1. Jh. n. Chr.; vgl. A. LESKY, Geschichte der griech. Literatur, Bern und München [2]1963, S. 127. Die Basler Ausgabe von 1554 (Poemata Pythagorae et Phocylidis: cum duplici interpretatione Viti Amerpachij) stellt das Gedicht in eine Reihe mit Catos „Carmen de moribus", Ciceros „De officiis", den Sprüchen Salomos, den elegischen Versen Theognis' etc. (p. 61).
2. Zur Verbindung der Werke Vergils mit den „tres partes philosophiae" (Ethik, Physik, Logik) vgl. F. QUADLBAUER, Die antike Theorie der genera dicendi im lateinischen Mittelalter, SB d. Österr. Akad. d. Wiss., phil.-hist. Kl., Bd. 241, 2, Wien 1962, S. 25.
3. Mittelalterliche Benennung des botanisch-medizinischen Gedichtes in Hexametern „De viribus herbarum" Odos von Meung (11. Jh.); unter dem Titel „De herbarum virtutibus" im 16. Jh. oft aufgelegt.
4. Joh. Pincier (1556—1624), Prof. der Medizin in Herborn; Alsted bezieht sich wohl auf sein Werk »Otium marpurgense, in sex libros digestum, quibus fabrica corporis humani ... facili ac perspicuo carmine describitur«, Herbornae Nassoviorum 1614.
5. Lucan als Historiker: Diese Auffassung geht auf Isidor, Etymologiarum sive Originum lib. VIII, cap. VII, 10 zurück: „Unde et Lucanus ideo in numero poetarum non ponitur, quia videtur historias conposuisse, non poema"; vgl. E. R. CURTIUS, Europ. Lit., S. 447 f.
6. Encyclopaedia, lib. X, cap. I, reg. II, p. 509.
7. Stieler, Sekretariatkunst I, Teil I, S. 134.
8. Moller, Tyrocinium, S. 4, § III.
9. vgl. Peschwitz, Parnaß, s. v. Poesie, S. 596.
10. Kindermann, Poet, S. 252.

Fehlt jemandem die umfassende Gelehrsamkeit, die Kenntnis der antiken Literatur, beherrscht er nicht die modernen Sprachen, dann ist ihm, wie Rist sagt, nur zu raten, von seinem Ansinnen, Dichtung zu machen, abzusehen, da er zu nichts anderem fähig sei, als daß er „die ädle Sprache durch seine Unwissenheit zermartert / und sich selbst andern zum Gespötte darstellet"[1]. Harsdörffer spricht demjenigen den Namen „Poet" ab, „welcher nicht in den Wissenschaften und freyen Künsten wol erfahren sey"[2]. Der gleichen Ansicht war schon Cicero, als er es unternahm, „das Musterbild eines ganz fehlerfreien und in jeder Beziehung vollendeten Redners"[3] zu entwerfen: „Es ist auch mein Urteil, daß nämlich niemand unter die Zahl der Redner gerechnet werden dürfe, wenn er nicht in allen Künsten, die eines freien Mannes würdig sind, ausgebildet ist. Denn wenn wir von ihnen selbst auch beim Reden keinen Gebrauch machen, so ist doch sichtbar und stellt sich heraus, ob wir ihrer unkundig sind oder sie gelernt haben"[4].

Eine doppelte Bedingung hat der Dichter, soll er vollkommen genannt werden können, zu erfüllen: Er bedarf der speziellen Fähigkeit zum Beruf (natura-ars) als auch universaler Bildung (omnes artes). Die Theoretiker des 17. Jahrhunderts meinen immer beide Formen zugleich, wenn sie das literarische Porträt des idealen Poeten entwerfen, denn sie halten sich an Cicero, der in diesem Sinne das Bild des idealen Redners entwickelt und ihn mit dem Dichter auf eine Stufe stellt: „Est enim finitimus oratori poeta"[5]. Nicht einem ungefähren, zeittypischen Bildungshunger wird hier also das Wort geredet, sondern das Ideal der Vollkommenheit wird der rhetorischen Tradition entnommen und auf den Dichter übertragen.

---

1. Rist-Zitat auf der Innenseite des Titelblattes von Neumark, Poet. Tafeln; vgl. Kindermann, Poet, S. 17; Moller, Tyrocinium, S. 4, § IV. Das Lob „aller Sprachen kundig" findet sich in den Schatzkammern, vgl. Tscherning, Unvorgreifliches Bedencken, s. v. gelehrt sein, S. 214:
    Dir sind die Sprachen kundt
    Die ganz Europa liebt / und dein gelehrter mund
    kan reden was er wil: du pflegest durchzusehen
    Der großen welt verlauff / was iemals ist geschehen
    Das zehlst du jahr auf jahr an allen fingern her /
    Und deine wissenschaft ist breiter als das meer. Op[itz].
2. Harsdörffer, Gesprächspiele I, S. 5.
3. Cicero, de or. 1, 26, 118.
4. Cicero, de or. 1, 16, 27: „Sic sentio neminem esse in oratorum numero habendum, qui non sit omnibus eis artibus, qui sunt libero dignae, perpolitus; quibus ipsis si in dicendi non utimur, tamen apparet atque exstat, utrum simus earum rudes an didicerimus"; zit. von Stieler (Sekretariatkunst I, Teil I, S. 134), der fordert, daß der Sekretär „mit allen denen Künsten / so einem wohlerzogenen Menschen geziemen / ausgezieret sey".
5. Cicero, de or. 1, 26, 70. Zit. bei WEINRICH, Das Ingenium Don Quijotes, § 166; zur Vereinigung beider Bildungsformen im Vollkommenheitsideal vgl. ebd., § 165.

Wir haben die Frage nicht zu untersuchen, wieweit diesem Anspruch Genüge getan wurde. Von Wert ist allein, festzustellen, daß die Idee einer umfassenden Bildung, im antiken Rhetor personifiziert, für den Gelehrtendichter ausnahmslos usurpiert wird. Sie bleibt nicht allein auf den Dichter beschränkt. Viele Berufsstände haben nach dem ciceronianischen Vorbild ihr Ideal geformt, und von seinen Brüdern im Geiste, den vollkommenen Historikern, Predigern, Beratern, Humanisten, Chronisten[1] und Sekretären[2] unterscheidet sich der vollkommene Poet nur durch die spezielle Beherrschung der „ars poetica". Gemessen an der lebendigen Ausprägung der Idee in einem universalen Geist, wie Leibniz es war, der im Blickfeld allgemeinen Interesses stand und in die Öffentlichkeit wirkte, sind die dichtenden Polyhistoren des 17. Jahrhunderts nur Schatten. Doch verkennen alle abschätzigen Urteile über ihren Anspruch die Tradition, in der sie standen und die sie trug.

Nicht übersehen werden darf die praktische Seite der Forderung nach umfassender Bildung des Redners oder Dichters. Cicero und nach ihm Quintilian forderten vom Redner Sachkenntnis, da er nur mit ihrer Hilfe zu allen möglichen Themen Stellung nehmen und mit sachgerechten Argumenten überzeugen könne[3]. Auch in diesem Sinne ist die Übertragung der Vollkommenheitsidee auf den Dichter stimmig geblieben. Da alle Dinge von ihm verherrlicht werden wollen, ist es „sehr hoch von nöthen / daß man einen geschickten Kopff / und in demselben allerhand nützliche Wissenschaften enthalten habe / von welchen der Verstand etwas rühmliches dichten könne"[4]. Umfassende Bildung ist erforderlich, denn „die Sachen / welche ein Poet zu beschreiben pfleget / sind unterschiedlich / und erstrecken sich so weit / als sich die Menschliche Wissenschafft erstrecken kann"[5].

Der Anspruch universalen Sachwissens, der für das „officium" des Dichters gilt, spiegelt sich auch in seiner „ars". Für Cicero ist die Rhetorik diejenige Kunst, die kein abgeschlossenes Gebiet hat, durch das sie in Grenzen gehalten wird[6]. Gleiches gilt im 17. Jahrhundert von der Dichtkunst, „welche eben so wenig

---

1. vgl. WEINRICH, Das Ingenium Don Quijotes, § 170. Dort die Belege.
2. Stieler, Sekretariatkunst, Vorrede f.) :(iij^r: „Die Wißenschaft des offen- und sonderbaren Rechts kan wol einen Doctor machen / ein Sekretarius aber muß über dieselbe auch ein guter Redner / fertiger Sprachmeister / und kluger Stats-kündiger seyn / die Geschichte muß er auf den Nagel hersagen / der Fürsten und Landes / denen er dienet / Angelegenheiten verstehen / Geistlicher und Weltlicher Dinge Eigenschaften / Natur und Wesen / Vor- und Nachteil unterscheiden / und hier über zugleich des Hofbrauchs im Reden und Handeln / samt der bey der Kanzeley gewöhnlichen Schreib-art mächtig seyn können".
3. Cicero, de or. 1, 14, 59 f.
4. Kindermann, Poet, S. 5, § 11.
5. Titz, Zwey Bücher, 1. Buch, Kap. 18, § 1.
6. Cicero, de or. 2, 2, 5.

... von einem engen Schrancken ümschlossen ist / sondern so weit gehet / als sich die Schärffe unsers Verstandes ausbreitet"[1]. Alsted läßt alle Wissenschaften in sie einfließen und definiert unter Hinweis auf Erasmus kurz und bündig: „Poetica est placenta, deliciis condita ex omni disciplinarum genere"[2]. Hofmannswaldau geht einen Schritt weiter. Für ihn ist sie zwar nicht die Mutter, aber sicherlich die Amme aller übrigen Wissenschaften[3], aus der alle anderen Disziplinen ihre „Erudition" saugen wie „die Musen ihr Labsal aus den Castilischen Bronnen / und die Bienen ihren Honig von Hybla"[4]. Auch Kindermann nimmt dieses Argument zum Lobe der Dichtkunst auf und führt zum Beweis Homer an[5]. Schon Quintilian sagt von ihm, er sei selbst wie der Ozean, den er beschreibe[6],

> aus dem alle Ström' und Meere doch stammen,
> dem die Quellen entquillen und dem die Brunnen entfließen[7].

In seinen Werken liegen die „semina omnium artium"[8]. Opitz nennt ihn mit Tertullian einen Vater der freien Künste, mit Apuleius einen viel wissenden und aller Dinge erfahrenen Menschen[9]. Platos „Welt-Weisheit" hat in ihm ihren Ursprung, Aristoteles hat aus ihm geschöpft: „Alle die verborgene Dieng der Natur / alle Unterrichtungen der Bürgerlichen Klugheit / alle Lehren der Sitten / die ihr in dem Aristotel findet hat Homerus vor längst in seinen Oratorischen und Poetischen Erfindungen begriffen"[10]. Mit Bezug auf Quintilian lobt Kempen ihn als „ein ungegründetes Meer der Wohlredenheit", alle sprachlichen Mittel beherrschte er virtuos[11]. In seiner Person vereinigen sich der Redner und der Dichter[12]. Durch seine Dichtungen machte er sich zu einem Adler unter den Gelehrten[13]. Aus seinem Munde fielen, wie Männling sagt, „die schönsten Blumen und Gewürtze / welche so wol die Philosophi als auch die Juristen / Aertzte / Mahler / Poeten und andere

1. Kempen, in: Neumark, Poet. Tafeln, S. 31.
2. Encyclopaedia, lib. X, cap. I, reg. II, p. 509.
3. zit. bei MARKWARDT, Gesch. d. dt. Poetik I, S. 183.
4. Männling, Helikon, S. 3.
5. Kindermann, Poet, S. 18.
6. Quint., inst. or. 10, 1, 46.
7. Il. XXI, 197 f.; übers. v. FR. L. STOLBERG.
8. Conring, De scriptoribus, cap. III, § 6, p. 32. Dort weitere Verweise auf antike und zeitgenössische Autoren, die ähnliche Argumente führen.
9. Opitz, Poeterey, S. 10.
10. Schupp, Schriften, S. 867.
11. Kempen, in: Neumark, Poet. Tafeln, S. 10.
12. Schupp, Schriften, S. 867. Caussinus (De eloquentia, p. 12b) führt Homer als „magister Eloquentiae", Peschwitz (Parnaß, s. v. Poet, S. 603) als „der Poeten Haupt und Licht". In den Reden des Nestor, Odysseus und Menelaos gab er Exempel für die drei Stillagen (Keckermann, Systema Rhetoricae, p. 575; Scaliger, Poetices, lib. IV, cap. I, p. 400); vgl. E. R. CURTIUS, Europ. Lit., S. 181.
13. Männling, Helikon, S. 7.

in ihre Körbe samleten"[1]. Männling gibt die Quelle seiner Weisheit an: er fand das Zitat in Meyfarts »Melleficium oratorium«. Der gelehrte Dichter des 17. Jahrhunderts braucht Homer nicht gelesen zu haben, um zu wissen, daß er in ihm ein Idealbild seines Standes vor sich hat. Der Blick in die Schatzkammer tradierter Argumente genügt, um Homer als Ahnherrn gebildeten Dichtertums auszuweisen. Mühelos kann das Zeitideal in ihn zurückprojiziert werden.

Für Cicero gipfelt die Beredsamkeit nicht bloß im theoretischen Wissen, sondern sie gehört zu den sittlichen Lebensäußerungen des Menschen. Neben der umfassenden Gelehrsamkeit sollen sich daher im Redner vor allem Rechtschaffenheit (probitas) und Klugheit (prudentia) verkörpern, damit er seine Kunst in der rechten Verantwortlichkeit betreibe[2]. Auch Quintilian will sowohl Bildung als auch tugendhaftes Verhalten in seinem Redner zu einer harmonischen Einheit verschmolzen sehen. Vollkommenheit im Charakter und umfassendes Wissen kennzeichnen den „vir bonus dicendi peritus"[3] als einen weisen Menschen[4]. Da der antike Redner dem Dichter Modell gestanden hat, wird auch in der Person des Poeten die moralisch wertfreie Bildung an das sittliche Gewissen gebunden. Das 17. Jahrhundert spricht von „Rechtschaffenheit"[5]: „Denn sobald ich einen rechtschaffenen Poeten benenne / so benenne ich auch zugleich / in demselben alle Kunst und Wissenschaften / so in der Welt gefunden werden"[6].

Stieler übersetzt die Quintiliansche Definition des Redners mit den Worten „ein Biederman in Reden erfahren" und nennt seinen vollkommenen Sekretär sogar einen „vir bonus scribendi peritus". Auch umgreife die Sekretariatkunst

---

1. Männling, Helikon, S. 3.
2. Cicero, de or. 3, 14, 55: „Est enim eloquentia una quaedam de summis virtutibus; quamquam sunt omnes virtutes aequales et pares, sed tamen est species alia magis alia formosa et illustris; sicut haec vis, quae scientiam complexa rerum sensa mentis et consilia sic verbis explicat, ut eos, qui audiant, quocumque incubuerit, possit impellere; quae quo maior est vis, hoc est magis probitate iungenda summaque prudentia; quarum virtutem expertibus si dicendi copiam tradiderimus, non eos quidem oratores effecerimus, sed furentibus quaedam arma dederimus".
3. Quint., inst. or. 12, 1, 2.
4. Quint., inst. or. 1, praef. 18: „sit igitur orator vir talis, qualis vere sapiens appellari possit: nec moribus modo perfectus ... sed etiam scientia et omni facultate dicendi".
5. Daß die Bedeutung des Wortes „rechtschaffen" im 17. Jahrhundert nicht verflacht ist und noch die Vorstellung sittlicher Größe enthält, zeigt die Gleichstellung des „Rechtschaffenen" mit dem hohen Ideal des Redners: „Derowegen ist fast unter einem rechtschaffenen weltklugen Mann / und unter einem Redner kein Unterschied / als unter dem Socrates / und unter der Xantippen Manne" (Schupp, Schriften, S. 867); vgl. außerdem Gottsched, Ausführliche Redekunst, S. 92: „Durch einen Redner verstehe ich einen gelehrten und rechtschaffenen Mann, der die wahre Beredsamkeit besitzt".
6. Kindermann, Poet, S. 17.

alle Wissensgebiete, die Cicero für den Orator geltend gemacht habe[1]. Tugend und Wissenschaft sondern den Poeten von der Menge der Gemeinen und berufen ihn in idealer Weise zum Vermittler moralischer Lehre:

> Kaum glaub ich daß auff dieser Erd'
> Ein höher Lob gegeben werd'
> An allem Orth und Enden
> Als denen die mit Hand und Mund
> Des Himmels Gaben machen kund
> Ja Lehr / und Tugend senden /
> In manches Hertz / das dieser Zeit
> Sich sondert von der Eitelkeit.
> Poeten meyn' ich werther Freund[2].

In den „Frauenzimmer-Gesprächspielen" greift die versammelte Gesellschaft auch das Thema „Tugend und Wissenschaft" auf. Welche von beiden ist höher zu achten? Die Frage wird auf einem Umweg beantwortet. Allen Menschen, wes Standes und Geschlechts sie auch seien, steht es frei, die Tugend zu erlangen. Jedoch bedeutet tugendhaft leben nicht einfach, „ohne offentliche grobe Sünde leben"[3]. Harsdörffer belehrt genau darüber, was er unter einem tugendhaften Menschen versteht: „einen verständigen Mann / welcher durch die Werke der Christlichen Liebe / einen wahren seeligmachen [sic] Glauben spühren lässet. Der sein Amt treulich ausrichtet / und seinen Stand / in welchen ihn GOTT gesetzet hat / mit allgemeinem Nachruhm zu betretten pfleget"[4]. Wird die Tugend in diesem Sinne verstanden, dann „kan keine Tugend sonder Erkäntniß derselben / oder ohne Wissenschaft seyn"[5]. Die Wissenschaft zählt nur zu den Eitelkeiten menschlichen Strebens, wenn sie zu Lastern mißbraucht wird. Sie muß daher der Tugend dienen. Die Tugend hingegen „ohne Wissenschaft / und Erkäntniß des Göttlichen Willens ist mehr Heydnisch / als Christlich"[6]. Man kommt zu dem Schluß, daß weder ausschließlich die Wissenschaft noch die Tugend allein den Menschen zur Vollkommenheit führen. Beide ergänzen einander notwendigerweise: „Die Liebe Gottes / die Weißheit / die Gerechtigkeit / und andre Tugenden / sind mit den Wissenschaften solcher gestalt verbunden / daß sie ohne selbe nicht bestehen können"[7].

Was Harsdörffer hier allgemein formuliert, ist für den Dichter im 17. Jahrhundert verbindlich. Sein Vorbild bleibt zwar der vollkommene Redner, so wie er von

---

1. Stieler, Sekretariatkunst I, Teil I, S. 33.
2. Peschwitz, Parnaß, s. v. Poet, S. 602.
3. Harsdörffer, Gesprächspiele VII, Kap. CCLXV, § 11, S. 267.
4. ebd., § 11, S. 267 f.
5. ebd., § 11, S. 268.
6. ebd., § 13, S. 269.
7. ebd., § 11, S. 268.

Cicero und Quintilian entworfen wird. Das antike Idol hüllt sich jedoch in ein neues Gewand: In der Gestalt des tugendhaften und gelehrten Poeten lebt die antike Tradition im Licht eines christlichen Weltverständnisses.

3. ELITE

Das literarische Porträt des vollkommenen Dichters wird um so einprägsamer haften, je dunkler der Hintergrund ist, von dem es sich leuchtend abheben kann. Die Glorifizierung des Ideals ist daher mit einer Reihe von Argumenten verbunden, die den Poeten einer abschätzig beurteilten Menge gegenüberstellen, welche durch das dumme und verworfene Volk vertreten wird. Diese Argumente dienen in besonderem Maße der Apologie eines Dichterstandes, der um den Anspruch kämpft, in der ständisch gegliederten Gesellschaft einen festen Platz an der Seite des Adels und der Gelehrten einzunehmen, da seine gesellschaftliche Rehabilitierung „aus der verachteten Pritschmeisterei ein entscheidendes Lebensproblem der neuen Dichtung geworden" war[1]. Der Poet betrachtet sich als Gelehrten und beansprucht als Mitglied einer „nobilitas literaria" die gleiche Anerkennung und gesellschaftliche Achtung, die die „nobilitas generis" genießt[2].

Der Lorbeerkranz wird dem Dichter von Apollo verliehen, um ihn „durch die Poesie vom Hauffen weg zu heben der hier zur Erden kreucht"[3]. Untrügliches Zeichen seines erhabenen Standes ist die gehobene Sprache, denn „seine rede erhebet sich über die Alltags-Sprache / seine Nachsinnung ist des Pöbels Eitelkeit besondert und klebet nicht an der niedren Erden / sondern schwebet in den hochfreyen Lüfften"[4]. Das künstlerische Ausdrucksvermögen des Dichters spiegelt die Größe seines Charakters und seiner moralischen Gesinnung wider[5], die ihn meilenweit vom Volke trennt, „das oft die Gosse ehrt statt des Altars"[6]. Von Cicero weiß man, daß es der Pöbel überall mit dem Laster hält[7], weswegen Opitz die

---

1. R. ALEWYN, Vorbarocker Klassizismus und griechische Tragödie. Analyse der „Antigone"-Übersetzung des Martin Opitz, Neue Heidelberger Jahrbücher, Neue Folge 1926, S. 3—63. Unveränderter fotomechanischer Nachdruck Darmstadt 1962, S. 6 f.
2. Über den Rang des Dichters in der ständischen Ordnung vgl. E. TRUNZ, Der deutsche Späthumanismus, in: Deutsche Barockforschung, S. 150 ff.; S. 175.
3. Peschwitz, Parnaß, s. v. Poet, S. 599 f.
4. Peschwitz, Parnaß, s. v. Poet, S. 597.
5. Denn die Rede ist „der Spiegel des Hertzens" (Harsdörffer, Poet. Trichter III, 2. Teil, Nr. 368, S. 387), „ein lebendiges Ebenbild der Seele" (Kempen, in: Neumark, Poet. Tafeln, S. 306). Diese Ansicht konnten die Dichter des 17. Jh.s in autoritativer Weise bei Cicero (Tusc. V, 47) finden.
6. Comenius, Pampädia III, 44: „Vulgus . . . saepe cloacam pro altari adorat. Neglige hos, verum quaere honorem, in virtutis solio residentem".
7. Cicero, Tusc. III, 3.

Dichter auffordert: „Erhebt euch von dem Volke / Das an der Erden hangt / und mit der dicken Wolcke Der schnöden Eitelkeit liegt unbekant verdeckt"[1].

Das Volk ist nicht nur verworfen, sondern auch dumm. Ein Poet kann daher kaum der erlauchten Zunft angehören, wenn seine Schriften der großen Zahl der Ungelehrten gefallen. Birken kleidet dieses Argument in die Frage: „Wer für Herrn Omnis schreibt / ist der Gelehrt zu nennen?"[2] Nur der Reimenschmied, der sich durch den Mangel an Ingenium auszeichnet[3], der bar jeden dichterischen Geistes seine Zeilen in mühseliger Arbeit zusammenstoppelt[4], wird bei der Menge Gehör finden. Seine Gedichte zeugen nämlich weder von einfallsreichen Gedanken noch von wissenschaftlicher Bildung. Cicero formuliert das so: „Was ist nämlich so unsinnig wie ein leerer Schall von Worten, wenn sie auch noch so schön und zierlich sind, ihnen aber kein Gedanke und keine Wissenschaft zugrunde liegt?"[5] Jacob Klinckebeil nimmt diesen Gedanken in seinem Widmungsgedicht auf Treuers »Deutschen Dädalus« auf und verbindet ihn mit der Ablehnung des Pöbels:

> Was nützt ein solcher Reim / der in den Ohren schallet /
> Und in das Hertze nicht? Was sol die Narrethey?
> Womit der ReimenSchmied bey seinem Pöbel prallet /
> Und meinet doch / daß sie pur lauter Weißheit sey /
> Herr Treuer lehret recht / was ein Gedichte zieret[6].

Aber nicht allein gegen die Masse des Pöbels und der ihr hörigen Poeten, auch gegen die Menge der Dichterlinge, die durch eine Flut von Elaboraten den Ruhm der anspruchsvollen Elite überschatten, gilt es sich zu schützen. Die Verteidigung beruht hauptsächlich auf einem Argument, das wir „Klage über die Vielschreiberei" nennen wollen. „Man wil uns auf allen Schüsseln und kannen haben, wir stehen an Wänden und steinen", klagt Opitz, „und wann einer ein Hauß ich weiß nicht wie an sich gebracht hat, so sollen wir es mit unsern Versen wieder redlich machen"[7]. Gedichte zu allen Gelegenheiten herzustellen, gehört zum arbeitsamen Geschäft literarischer Existenz, und jedermann fühlt sich bemüßigt, den Forderungen der Etikette leichtfertigen Tribut zu zollen. Umso mehr müssen sich diejenigen, die den Anspruch der Auserwählten zu verteidigen haben, gegen die Viel-

---

1. zit. bei Peschwitz, Parnaß, s. v. Pöbel, S. 605. Daß die Gegenüberstellung Dichter-Volk als Argument häufig benutzt wurde, zeigt schon die Stichwortangabe in den Schatzkammern; vgl. Meyfart, Melleficium oratorium II, s. v. plebs, populus, vulgus. Dort auch das Cicerowort: „Vulgus quod ex veritate pauca, ex opinione multa estimat".
2. Birken, Redebindkunst, S. 165.
3. vgl. Schupp, Teutscher Lehrmeister, S. 52.
4. vgl. Männling, Helikon, S. 29; ähnlich Harsdörffer, Poet. Trichter, Vorrede, § 5.
5. Cicero, de or. 1, 12, 51: „Quid est enim tam furiosum, quam verborum vel optimorum atque ornatissimorum sonitus inanis, nulla subiecta sententia nec scientia?".
6. Treuer, Dädalus, Widmungsgedicht von J. K.
7. Opitz, Poeterey, S. 11.

schreiber zur Wehr setzen, die dichten, ohne auch nur berufen zu sein. „Jeder Schulmeister will nunmehr Verse machen", stöhnt Neukirch[1], und Tscherning wagt sich gar nicht vorzustellen, wie groß die Zahl der Poeten, „die schon unzählich ist", noch anschwellen könnte, wenn der Tod auf die Idee käme, den Dichter zu verschonen[2]. Er selbst erwartet für sich zwar den Tod, aber auch den Nachruhm, und kann daher in die pathetische Anklage ausbrechen:

> Wenig schreibt man mit den Alten.
> Sonst am schreiben fehlt es nicht /
> Wer kan was dahinden halten?
> Was er tichtet / muß ans Licht /
> Ob es schon nicht länger bleibet /
> Als er selber drüber schreibet[3].

Den schnellebigen Produkten der Vielschreiber ist keine Dauer verliehen. Sie sinken mit ihren Autoren ins Grab. Der „echte" Dichter hingegen verhilft sich selbst und den von ihm Besungenen zu ewigem Nachruhm[4].

Schon Cicero erklärt das Phänomen der Überproduktion. Sie kommt seiner Meinung nach einfach dadurch zustande, daß alle das Gleiche sagen: „Eadem enim dicuntur a multis, ex quo libris omnia referserunt"[5]. Comenius ist derselben Meinung. Er ermahnt seine Zeitgenossen, sie sollten doch in diesem erleuchteten Zeitalter nicht darauf sinnen, noch mehr Bücher hervorzubringen. Wenn dennoch jemand schreiben wolle, dann nur unter der Bedingung, daß er nicht abschreibe[6].

---

1. zit. bei MARKWARDT, Gesch. d. dt. Poetik I, S. 259.
2. Kindermann, Poet, S. 212. Tscherning verwendet hier das Argument „alle müssen sterben" in ironischer Weise; vgl. CURTIUS, Europ. Lit., S. 90 ff.
3. Kindermann, Poet, S. 633; vgl. ebd., S. 21, das oft zitierte Gedicht von Tscherning:
   > Es wird fast alle Tage
   > Den Sterblichen zur Plage /
   > Ein neuer Dichter jung.
   > So hoch ist kaum gestiegen
   > Armenien an flügen.
   > Wer heißt nicht ein Poet /
   > Ist ihm ein Vers genesen
   > Wo bei uns doch im lesen
   > Gesicht und Krafft entgeht.

   Vgl. auch Kempen, in: Neumark, Poet. Tafeln, S. 52.
4. vgl. CURTIUS, Europ. Lit., S. 469 f.
5. Cicero, Tusc. II, 6.
6. Comenius, Pampädia VI, 18, 1 f.; vgl. Pamp. XIII, 10: „Cicero de Poëtarum Libris adeo multiplicatis questus est, ut vel ad Lyricorum Poëtarum lectionem vitam sibi suffecturam, tametsi duplicaretur, negaret; quid nos de seculo nostro, ubi et tot Poëtae Latini, iique optimi (quos Cicero nondum viderat) Virgilius, Horatius, Ovidus, Claudianus etc. accesserunt, et Historicorum, Philosophorum, Medicorum, Jurisconsultorum, Theologorum etc. Scriptorum tanta diluvia; ut si cui mille anno dentur, non millesimam Bibliothecarum partem exhaurire queat".

Auch die Bibel warnt vor der Eitelkeit des Bücherschreibens, und Harsdörffer zitiert den Satz aus Prediger 12, 12: „Viel Büchermachens ist kein Ende"[1]. Johann Gerhard verweist auf die gleiche Stelle und bestätigt, „daß man heutiges Tages nicht unbillich klaget / daß deß Bücher schreibens kein maß noch ende sey"[2]. Comenius geißelt die Sucht, nach Belieben irgendwelches Druckpapier in die Öffentlichkeit auszustreuen. Er erinnert daran, daß diese Klage ja schon seit Salomos Zeiten im Schwange sei, und versichert, daß nur das Streben nach Ordnung (ordo) dieser Verwirrung Einhalt gebieten könne[3]. So ergänzen sich antike und biblische Tradition und legitimieren den Gebrauch des apologetischen Arguments doppelt.

Die „Klage über die Vielschreiberei" dient jedoch nicht allein der allgemeinen Abwehr der „Dichterlinge". Sie findet sich auch in den Vorreden, um die Veröffentlichung eines Werkes zu rechtfertigen. So schreibt Joh. Christoph Görnig:

Es klinget mier schohn vor meinen Ohren / und düncket mich / als wenn ich sagen höhrete: Sih! da! abermahl ein neuer Dichter / Verß-Verderber / Karmen-Schmid / Wort-Peiniger / Sylben-Kräncker / Hencker / Hümpler und Stümpler / und was dergleichen schöhne Ehren- und Edel- (ich hätte schier gesagt Esels-) Titul mehr: Dahrünnen habe ich bey diesen dier nuhn für Augen gestelleten Liedern sehr in Zweiffel gestanden / ob ich mich auch wohl würde unterfangen / und meine sonst scheue Stirn wieder die Stacheln der Blutsaugenden Schrifft-Jegel / . . . verhärten können[4].

Er fühlt sich als wahrer Dichter, nimmt durch den Schimpfwort-Katalog die Kritik vorweg und verhindert die eindringliche Veröffentlichung seiner Gedichte keineswegs. Auch Tscherning weiß, wie er in der Einleitung zu seiner Gedichtsammlung[5] anmerkt, daß er mit den „Mißgeburten seines Verstandes" hätte zu Hause bleiben müssen. „Aber weil deroselben ein ziemlicher antheil durch den Druck schon außgeflogen / zudem auch die sucht zu schreiben / und was nur auff das Papir fält ans Licht zugeben heutiges Tages so gar weit eingerissen und zu schwunge kommen / daß derjenige nicht mußte bey Vernunfft sein / der sie zu heilen sich unterstünde" — so nimmt auch er sich die Freiheit, deren sich jeder bedient, und legt die Sammlung der Öffentlichkeit vor. Tscherning gibt sich als verantwortungsvoller Literat, der die Problematik einer Veröffentlichung kennt, stellt sie ihn doch in die Reihe der skrupellosen Polygraphen. Aber ihn rettet die Pose des Arztes, der der Zeitsucht gegenüber machtlos ist. In Anerkennung dieses Sach-

---

1. Harsdörffer, Gesprächspiele I, S. 10.
2. Joh. Gerhard, De vita Jesu Christi, Homiliis vigintiquinque, illustrata, Meditationes Sacrae. Das ist Erklärung etlicher schöner Sprüch und Historien göttlicher Schrifft . . . Franckfurt 1609, f. (?)ijv.
3. Comenius, Pampädia VI, 18, 12.
4. Joh. Christoph Görnig, Liebes-Meyen-Blümlein, Hamburg 1660. Zitat nach Neumeister, Specimen, S. 39.
5. Tscherning, Deutscher Gedichte Früling, Breßlaw 1642.

verhalts, aus Notwendigkeit und mit einer Geste der Resignation gibt er sein Buch frei.

Nehmen wir die Klagen und die damit verbundene kritische Beurteilung der Zeitgenossen, die sich hinter derartigen Urteilen und Argumenten verbirgt, nicht zu ernst. Denn nicht die negative Position der Kritisierten ist das Entscheidende, sondern allein das Hervortreten der eigenen Leistung und das theoretische Hinarbeiten auf den Gedanken einer Elite. Die Behauptung, der Dichter gehöre zu der Zahl der wenigen Auserwählten und repräsentiere damit das Ideal der Vollkommenheit, findet ihre wichtigste Stütze in dem Argument „Mitglied einer erlesenen Minderheit"[1]. Der großen Zahl der Ungelehrten und Bösen[2], dem „rauhen / dummen Herrn Omnis"[3] steht die ausgewählte Minderheit der Guten, Begabten und Gebildeten gegenüber, die dem hohen Anspruch Genüge leisten können. Cicero charakterisiert dieses Verhältnis durch die Maxime: „Quod enim est bonum, id non quivis habere potest"[4]. Seiner Meinung nach ist die Redekunst die einzige Kunst, die den Einzelnen oder wenige, wenn sie sie beherrschen, aus der Menge hervorhebt: „Denn was ist so bewundernswürdig, als wenn aus einer unendlich großen Menge von Menschen einer auftritt, der das, was die Natur allen verliehen hat, entweder allein oder nur mit wenigen ausüben kann?"[5] Dem für den Redner formulierten Anspruch der kleinen Zahl gehorcht im 17. Jahrhundert der Dichter: „perfectus et sanctus Poëta . . . paucos quidem habet pares, superiorem certe neminem"[6]. Masen beteuert: „raros ad poesin nasci, formari multos"[7], und Harsdörffer faßt den gleichen Gedanken in den Vers: „Nicht jeder Zeit und Ort / ist ein Poet bescheret"[8]. Männling drückt den Elitegedanken in einem Vergleich biblischer Reminiszenz aus und spricht im Anschluß an Matth. 13, 25 vom Weizen, der

---

1. Die abschätzige Beurteilung der Menge und derjenigen Literaten, die sich dem Volk durch das niedrige ethische oder intellektuelle Niveau ihrer Dichtung und durch schlechten Lebenswandel gemein machen, ist nichts anderes als eine Variante dieses Arguments; vgl. dazu H. WEINRICH, Das Ingenium Don Quijotes, § 169 (paucitas-Motiv).
2. Peschwitz, Parnaß, s. v. Pöbel, S. 605.
3. Harsdörffer, Poet. Trichter III, s. v. Pöbel, S. 379.
4. Cicero, Tusc. V, 46. Vgl. das Cicero-Zitat bei Meyfart, Melleficium oratorium II, s. v. vulgus: „Gravior et validior est decem virorum bonorum sententia, quam totius multitudinis imperitae".
5. Cicero, de or. 1, 8, 31: „Quid enim est aut tam admirabile, quam ex infinita multitudine hominum exsistere unum, qui id, quod omnibus natura sit datum, vel solus vel cum paucis facere possit?". Zit. bei Meyfart, Melleficium oratorium II, s. v. eloquentia, p. 281. Vgl. auch Cicero, de off. II, 67.
6. Meyfart, Melleficium oratorium I, s. v. poesis, p. 613.
7. Masen, Palaestra eloquentiae ligatae; zit. bei Markwardt, Gesch. d. dt. Poetik I, S. 109.
8. Harsdörffer, Gesprächspiele VI, Vorrede, V. 60.

zur Zeit der Ernte vom Unkraut geschieden wird[1]. Die Elitevorstellung mündet schließlich in den Gedanken eines ideellen Zusammenschlusses der wenigen Vollkommenen im „Orden"[2], wie er in den Sprachgesellschaften seine geschichtliche Ausprägung gefunden hat.

Cicero war sich bewußt, daß das Bild vom Redner, so wie er es in seinem Werk »De oratore« von den Diskussionsteilnehmern entwickeln ließ, als Ideal unerreichbar bleiben mußte: „Wenn ich nun diese höchste Vollendung von dem Redner verlange, von der ich selbst weit entfernt bin, dann handle ich unverschämt; für mich nämlich wünsche ich Nachsicht, ich selbst aber habe mit anderen keine Nachsicht"[3]. Diese Bemerkung, die Cicero Crassus in den Mund legt, findet sich in den Poetiken nicht. Es hätte nahegelegen, sie in den Formelschatz aufzunehmen. Wir wollen nicht darüber richten, ob es Mangel an Bescheidenheit oder vielleicht Unsicherheit war, daß die Barockdichter mit ihrer gründlichen Gelehrsamkeit dieses Argument so völlig übersahen.

---

1. Männling, Helikon, S. 29.
2. Kempen prangert die Menge der Poeten an, die sich mit Lorbeerkränzen brüsten, seit „die belobte Teutsche DichtKunst in etwas zu Kräfften gekommen ist": „Solche Reimwetzler unterstehen sich noch heute dem Orden der gelehrten Dichter vorzugreifen" (in: Neumark, Poet. Tafeln, S. 52). Vgl. auch Kindermann, Poet, S. 161. Zum Begriff des Ordens vgl. E. TRUNZ, Der deutsche Späthumanismus um 1600 als Standeskultur, in: Deutsche Barockforschung, S. 175.
3. Cicero, de or. 1, 28, 130: „Hanc ego absolutionem perfectionemque in oratore desiderans, a qua ipse longe absum, facio impudenter; mihi enim volo ignosci, ceteris ipse non ignosco".

IV. CHRISTLICHE LITERATURTHEORIE

Meyfart leitet im 22. Kapitel seiner Rhetorik von den Tropen zu den Rede- und Gedankenfiguren über[1] und behandelt zuerst Ellipse, Asyndeton und Epimone; diese Figuren können „ihre Zierligkeit sehen lassen"[2] und „schärffer die Rede spitzen"[3]. Doch dienen sie nicht allein schlichter Zierde, sondern vor allem der Beeinflussung des Zuhörers. Die Verwendung des Redeschmucks birgt allerdings die Gefahr des Mißbrauchs in sich. Er könnte in unverantwortlicher Weise von „verwaschenen Mäulern" dazu ausgenutzt werden, die Rede über die sachliche Notwendigkeit hinaus aufzuschwemmen und zu strecken, um „noch ferner zu plaudern"[4]. Um einer solchen Mißachtung des Decorum, der „Gebühr", zu begegnen, hält Meyfart seine Leser zu einem maßvollen Gebrauch des Ornatus an. Er verstärkt die Ermahnung durch den Hinweis, daß Cicero „und vor ihm Demosthenes / Pericles / Isokrates / und andere treffliche Leute in Gebühr / in Gebühr sag ich / und behutsam"[5] sich der Figuren und ihrer Variationen bedienten. Wenn er in den folgenden Kapiteln von den Figuren und ihrer komplizierten Verfeinerung durch wechselseitige Ergänzung oder Vertauschung so gründlich handelt, dann unterläßt er es doch selten, darauf hinzuweisen, daß diese Mittel „sparsam" zu verwenden seien und der Redner „Maß zuhalten" habe[6].

Meyfart hat seine Gründe, wenn er sich mit Nachdruck für eine Beschränkung des Ornatus auf ein erträgliches Maß einsetzt. Seine Predigten und Traktate waren, will man seinem Bericht glauben, öffentlicher Kritik ausgesetzt:

> Es ist mir ein seltzamer Schimpff / auch gar auff öffentlicher Cantzel zugezogen worden / habe auch sonsten / wiewohl von wenigen / abträgliche Urtheil überstehen müssen / wenn ich in Predigten und Schrifften ... Rhetorische Acte ... gebraucht[7].

Die Verteidigung fällt ihm als gelehrtem Theologen leicht. Die rhetorischen Figuren dienen ja nicht allein der „Pracht und Lust", so argumentiert er, sondern er habe sie verwendet, um den „trefflichen Verstand des göttlichen Worts hervorzubringen / die Schändlichkeit der Laster / die Schönheit der Tugenden zuerklären / die Grausamkeit der Trohungen deß Gesetzes / die Lieblichkeit der Verheissungen deß Evangelions anzudeuten / und das andere alles den heiligen Geist

---

1. vgl. Quint., inst. or. 9, 1, 17: „duas eius esse partes, διανοίας, id est mentis vel sensus vel sententiarum ... et λέξεως, id est verborum vel dictionis vel elocutionis vel sermonis vel orationis". Meyfart (S. 218) bietet als provisorische Übersetzung „in dem Sprechen / oder in den Sprüchen" an.
2. Meyfart, Teutsche Rhetorica, S. 218.
3. Meyfart, Teutsche Rhetorica, S. 226.
4. Meyfart, Teutsche Rhetorica, S. 227.
5. Meyfart, Teutsche Rhetorica, S. 228.
6. Meyfart, Teutsche Rhetorica, S. 70, 81, 100, 132 u. ö.
7. Meyfart, Teutsche Rhetorica, S. 228 f.

walten zulassen"[1]. Meyfart besinnt sich also auf diejenigen Vorzüge, die auch die antiken Rhetoren den Tropen und Figuren neben ihrer Funktion als sprachlichem Schmuck zuschrieben: Sie dienen dem Genuß des Publikums (delectatio), damit es der Rede gern und aufmerksam folge[2]. Zum andern vermögen sie das Gemüt der Hörer so zu beeinflussen, daß es den Inhalt der Rede leichter glaubt und sich von ihr hinreißen läßt[3].

Diesen Argumenten gesellt Meyfart das Zeugnis anerkannter Autoritäten. Er beruft sich auf die „Propheten / Apostel / Vätter / Märtyrer / Bekenner / Beichtiger und Prediger", die „von Anfang" den rhetorischen Schmuck in den Dienst christlicher Verkündigung gestellt hätten[4]. Als Gewährsmänner nennt Meyfart Chrysostomos, Basilius, Bernhardus, Ludovicus Granatensis und Luther[5].

Der gleichzeitige Hinweis auf die Bibel selbst und auf die Kirchenväter ist von entscheidender Bedeutung. Denn nicht mehr die heidnischen Schriftsteller werden als Autoritäten berufen, sondern die christlichen Autoren der Spätantike. Ja sogar die Heiligen Schriften selbst bezeugen das Recht der rhetorischen Ausdrucksweise für den christlichen Prediger. Sie bezeugen die Notwendigkeit antiker Bildung im Dienst der christlichen Mission. Meyfart lenkt durch diesen Hinweis das Augenmerk auf eine literarische Tradition, die von den Kirchenvätern eingeleitet wurde: die Bibelrhetorik, d. h. den Versuch, die Heilige Schrift durch rhetorische Analyse als sprachliches Kunstwerk auszuweisen[6]. Darüber hinaus erkennt er die Kirchenväter als vorbildliche Autoren von hohem stilistischem Rang an, die mit den Gesetzen der antiken Rhetorik wohl vertraut sind. Um die Bedeutung dieser Tradition für das literarische Bewußtsein des 17. Jahrhunderts darzustellen, müssen zuerst die Zusammenhänge zwischen patristischer Bibelwissenschaft und antiker Rhetorik kurz skizziert werden.

1. Die Bibelrhetorik der Patristik

„Itaque institui animum intendere in scripturas sanctos et videre, quales essent". Mit diesen Worten beginnt Augustin in den »Confessiones« den Bericht über seine Beschäftigung mit der Heiligen Schrift, die ihm jedoch der „dignitas Tullianae"

---

1. Meyfart, Teutsche Rhetorica, S. 229.
2. Quint., inst. or. 8, 3, 5; vgl. LAUSBERG § 538.
3. Quint., inst. or. 8, 3, 5.
4. Meyfart, Teutsche Rhetorica, S. 229.
5. Meyfart, Teutsche Rhetorica, S. 230. — Ludovicus Granatensis OP (1504—1588). Die aszetischen, apologetischen und hagiographischen Schriften dieses hervorragenden Predigers waren von großem Einfluß auf die katholische Restauration. Seine „Rhetorica Ecclesiastica" wurde im 17. Jh. auch in protestantischen Kreisen geschätzt.
6. Zur Bibelrhetorik vgl. CURTIUS, Europ. Lit., S. 50 ff., 83 f., 222 ff.

nicht vergleichbar scheint: „Tumor enim meus refugiebat modum ejus; et acies mea non penetrabat interiora ejus" (Conf. 3, 5, 9; PL 32, 686).

Diese Stelle offenbart die Befangenheit, mit der Augustin anfangs der Bibel gegenüberstand. Verglichen mit der Eleganz ciceronianischen Redeflusses war das sprachliche Gewand der Heiligen Schrift dürftig. Augustins Zurückhaltung spiegelt die Haltung der gelehrten Heiden gegenüber der Heiligen Schrift seit ihrem Bekanntwerden in griechischer Sprache wider. Der Vorwurf sprachlicher Armut, von den Gegnern der sich ausbreitenden jungen Religion immer wieder vorgebracht, mußte um so schwerer wiegen in einer Zeit, da in den gebildeten Kreisen „die Sensibilität für alles, was mit Sprache und Stilistik zusammenhing, auf ihrem Höhepunkt angelangt war"[1]. Die gebildeten Heiden für die neue Religion zu gewinnen: dieser Aufgabe stand die Bibel mit ihrer einfachen Sprache selbst im Wege.

Deswegen mußten sich die Kirchenväter[2] mit dem vorgebrachten Tadel apologetisch auseinandersetzen. Von griechischer Kultur und griechischem Denken durchdrungen, geschult an der römischen Literatur und Beredsamkeit (Hieronymus hört in Rom den großen Grammatiker Donatus, Augustin ist selbst Lehrer der Rhetorik in Karthago und Rom) bauen sie die allegorische Bibelauslegung der alexandrinischen Gelehrtenschule und des Origines aus und begründen für den lateinischen Sprachraum eine christliche Literaturwissenschaft[3]. In ihren Kommentaren, Exegesen und theoretischen Schriften finden sich in der Nachfolge der Väter der Ostkirche diejenigen Argumente, die man den Verleumdungen der Bibelsprache gegenüberhalten konnte. Es sind hauptsächlich zwei. Man erkennt das äußerlich dürftige Gewand der Schrift an, verweist aber auf ihren inneren Gehalt, d. h. auf ihren geistigen Sinn[4]. Dieses Argument liegt auf der Hand, denn der geistige Gehalt der Schrift ist ihr entscheidendes und von den Vätern immer wieder in Gegensatz zu den heidnischen Schriften gestelltes Merkmal. Das zweite Argument hat tragendere historische Bedeutung erlangt. Es straft die Insinuationen Lügen und behauptet, die Bibel enthalte rhetorische Tropen und Figuren, auch rhythmische Satzschlüsse und sei nach den Gesetzen antiker Rhetorik verfaßt.

Diesen Nachweis versucht Hieronymus (ca. 347—419/20), „der größte Polyhistor seiner Zeit" (Altaner), unter Berufung auf Philon, Origines und Eusebius zu erbringen[5]. Er stellt die antike Bildung in den Dienst christlicher Wissenschaft.

---

1. Norden, Kunstprosa II, S. 516.
2. Für die folgenden Ausführungen werden nur die Werke der „lateinischen Kirchenväter" berücksichtigt; eine Würdigung der gesamten Patristik und ihrer Wirkung auf die Literatur des 17. Jahrhunderts würde den Rahmen der vorliegenden Untersuchung sprengen, wäre jedoch außerordentlich fruchtbar.
3. vgl. Curtius, Europ. Lit., S. 444 ff. u. ö.
4. vgl. F. Ohly, Vom geistigen Sinn des Wortes im Mittelalter, ZfdA 89 (1958) 1—23.
5. Norden, Kunstprosa II, S. 526.

In seinem Jeremias-Kommentar vergleicht er die rhetorischen Figuren der Propheten mit virgilischen Hyperbeln und Apostrophen[1]; die Bücher Hiob, Jeremias, der Psalter sind ganz oder teilweise nach den Gesetzen antiker Metrik abgefaßt[2]. Die Heilige Schrift zitiert von Moses bis auf Paulus heidnische Schriften[3], und David ist „unser Simonides, Pindar und Alkaios oder auch Flaccus, Catull und Serenus" (ep. 53, 8).

Von besonderer Bedeutung für die mittelalterliche Literaturtheorie sind die Ausführungen Augustins zu diesem Thema. Im Vollbesitz der zeitgenössischen Bildung war er „ein vollendeter Meister des geschriebenen und gesprochenen Wortes, der alle rhetorischen Kunstmittel (Antithese, Metapher, Gedanken- und Wortspiel) aufs vollkommenste beherrschte. Viele kaum übersetzbare zierliche Redefiguren, blendende Antithesen und klingende Reime tragen das schillernde Prachtgewand der spätantiken Rhetorik zur Schau"[4]. In seinem Werk »De doctrina christiana« bemüht er sich um die beiden Hauptfragen aller Bibelwissenschaft: wie kann die in der Hl. Schrift verborgene Lehre ermittelt und begriffen werden und auf welche Art und Weise ist sie dann den Gläubigen vorzutragen[5]. Im vierten Buche legt er umfassend dar, daß die Bibel an sprachlicher Kunst dem Schrifttum der Heiden in nichts nachstehe. Ihre Worte sind „divina mente fusa et sapienter et eloquenter . . . Quid mirum si et in istis inveniuntur, quos ille misit, qui fecit ingenia?"[6]. Auf die mögliche Frage, ob die Verfasser der Hl. Schrift (auctores nostri), deren von Gott inspirierte Schriften einen Kanon von so heilsamem Ansehen schufen, nur weise oder auch beredt (sapientes tantummodo an eloquentes) genannt werden müssen, gibt Augustin die „einfache Antwort", daß ihm nicht bloß nichts weiser, sondern auch nichts beredter scheinen könne[7].

---

1. vgl. CURTIUS, Europ. Lit., S. 50.
2. vgl. NORDEN, Kunstprosa II, S. 526; CURTIUS, Europ. Lit., S., 444.
3. ep. 70, ad. Magn., PL 22, 665: „Quis enim nesciat et in Moyse, et in Prophetarum voluminibus quaedam assumpta de Gentilium libris, et Salomonem Philosophis Tyri et nonnulla proposuisse, et aliqua respondisse? Unde in exordio Proverbiorum commonet, ut intelligamus sermones prudentiae, versutiasque verborum, parabolas, et obscurum sermonem, dicta sapientum, et aenigmata (Prov. 1), quae proprie dialecticorum et philosophorum sunt. Sed et Paulus Apostolus Epimenidis Poetae abusus versiculo est, scribens ad Titum: ,Cretenses semper mendaces, malae bestiae, ventres pigri (Tit. 1, 22)'".
4. ALTANER, Patrologie, S. 382.
5. IV, 1, 1; CC Ser. Lat. XXXII, 116: „Duae sunt res, inquam, quibus nititur omnis tractatio scripturarum, modus inveniendi quae intellegenda sunt, et modus proferendi quae intellecta sunt".
6. IV, 7, 21; CC Ser. Lat. XXXII, 131.
7. IV, 6, 9; CC Ser. Lat. XXXII, 122: „Nam ubi eos [sc. auctores nostri] intellego, non solum nihil eis sapientius, verum etiam nihil eloquentius mihi videri potest".

An einem Beispiel aus dem Römerbrief (5,3 ff)[1] und aus dem Buche Amos (6,1 ff.) wird die tatsächliche Verbindung von weisem Inhalt und künstlerischer Form der Bibel näher nachgewiesen: Paulus benutzt die Figur, „die man im Griechischen κλίμαξ, im Lateinischen aber manchmal gradatio nennt", wenn er schreibt:

Gloriamur in tribulationibus scientes, quia tribulatio patientiam operatur, patientia autem probationem, probatio vero spem, spes autem non confundit: quia caritas dei diffusa est in cordibus nostris per spiritum sanctum, qui datus est nobis.

Die Zeilen zeichnen sich durch „κόμματα" (membra et caesa) aus, „die mit sehr passender Abwechslung gesetzt sind und den ganzen Schmuck jener Rede und gleichsam ihr Antlitz bilden"[2]. Sprachliche Figuren, die von den Grammatikern Tropen genannt werden, sind auch von den Verfassern der Hl. Schrift vielfältig und reichhaltig zur künstlerischen Gestaltung herangezogen worden. Diejenigen, die sie kennen, finden sie deshalb auch in der Bibel und werden durch diese Kenntnis im Verständnis der Hl. Schrift nicht wenig gefördert (III, 29, 40); trifft man auf Stellen, die im Wortlaut widersinnig sind, so muß man sich die Frage stellen, ob denn nicht vielleicht dieser oder jener Tropus in den nicht verstandenen Worten angewendet ist (III, 29, 41).

Neben den Problemen der sprachlichen Fassung der Bibel und ihrer Exegese behandelt der größte Teil des vierten Buches Fragen der Homiletik (Dreistiltheorie im Anschluß an Cicero). Augustins Ausführungen, die man unter das Thema „antike Rhetorik im Dienste christlicher Redekunst" stellen könnte, haben eine unübersehbare Wirkung auf die nachfolgende Rhetorik- und Homiletikliteratur gehabt. Von 1480—1679 erschienen allein in Deutschland dreizehn Ausgaben des Gesamtwerkes. Daß dem IV. Buch als Einführung in alle Fragen christlicher Redekunst eine besondere Bedeutung zukommt, zeigen die selbständig erschienenen Drucke[3].

„Sciant autem litterati modis omnium locutionem, quos grammatici graeco nomine tropos vocant, auctores nostros usos fuisse". Diesen Satz aus »De doctrina christiana« (3, 29, 40) zitiert Cassiodor (ca. 477 — ca. 570) in seinem Psalmenkommentar, dem zweiffellos gewichtigsten seiner Werke[4]. Für die rhetorische Analyse der Psalmen beruft er sich auf Hieronymus, Ambrosius, Hilarius[5]. Nach dem

1. zit. bei Norden, Kunstprosa II, S. 504.
2. IV, 7, 13; CC Ser. Lat. XXXII, 125: „Porro autem qui novit, agnoscit, quod ea caesa, quae κόμματα Graeci vocant, et membra et circuitus, de quibus paulo ante disserui, cum decentissima varietate interponerentur, totam istam speciem dictionis, et quasi eius vultum, quo etiam indocti delectantur moventurque, fecerunt".
3. Straßburg 1466, 1468; Mainz 1467; Köln 1513.
4. Expositio in Psalterium (PL 70, 9 ff.). Das Zitat PL 70, 20 D; zit. bei Norden, Kunstprosa II, S. 527; vgl. Curtius, Europ. Lit., S. 444.
5. PL 70, 21.

Zeugnis dieser Männer ist es richtig, mit den Redefiguren und Definitionen, auch mit den Künsten der Grammatik, Rhetorik und Dialektik vertraut zu sein: „Die Kenntnis dieser Dinge ist doch zweifellos — auch unsere Kirchenväter haben so geglaubt — nützlich und unumgänglich, da man in den Heiligen Schriften als dem Urquell umfassender und vollendeter Weisheit überall auf sie stößt"[1]. Zwar sind die Einteilungen der Syllogismen, die Namen der Figuren, die Bezeichnungen der Wissenschaften in den Psalmen selbst nicht zu finden. Ihrem Sinngehalte (virtus sensuum) nach sind sie aber vorhanden, wenn auch nicht wörtlich ausgedrückt: „So nämlich sehen wir in der Vorstellung den Wein in den Reben, die Ernte in der Saat, das Laub in den Wurzeln, die Früchte in den Zweigen und die Bäume selbst im Samenkorn beschlossen"[2]. Den Hinweis auf die sprachkünstlerische Beschaffenheit gibt Cassiodor fortlaufend bei den jeweiligen Bibelversen[3].

Die angebahnte Übertragung der antiken Rhetorik auf den Bibeltext führte dann der angelsächsische Mönch Beda Venerabilis (672—735) folgerichtig zu Ende[4]. Seine Schrift »De schematibus et tropis sacrae scripturae«[5] bietet einen geordneten Abriß der Bibelrhetorik. Er findet in den Heiligen Schriften 17 Figuren (PL 90,176) und 13 Tropen (PL 90, 179). Vielfältige Belege entnimmt er dem Alten und Neuen Testament. Zu Beginn des kurzen Werks gibt er sein Programm bekannt. Die Heilige Schrift überragt alle anderen Schriften nicht allein durch ihre göttliche Autorität und ihren Wert für das Seelenheil, sondern auch durch ihr Alter und ihren rhetorischen Stil (positio dicendi). Daher sammelt Beda die Beispiele rhetorischer Kunst, weil sie wert sind, anderen Zeitaltern zur Lehre zu dienen[6]. Die

---

1. zit. nach GARIN, Geschichte und Dokumente der abendländischen Pädagogik I, Mittelalter, Hamburg 1964, S. 70. Vgl. auch PL 70, 20 B.
2. PL 70, 21 B: „Nec partes ipsae syllogismorum, nec nomina schematum, nec vocabula disciplinarum, nec alia hujuscemodi ullatenus inveniuntur in psalmis; inveniuntur plane in virtute sensuum, non in effatione verborum: sic enim vina in vitibus, messem in semine, frondes in radicibus, fructus in ramis, arbores ipsas sensu contemplamur in nucleis"; vgl. CURTIUS, Europ. Lit., S. 51.
3. So sprechen die Juden z. B. in Ps. 21, 9 ironisch: „Hoc per figuram dictum est a Judaeis, quae Graece dicitur ironia, Latine irrisio, aliud quam conatur ostendes. Verba siquidem ita specialiter Evangelii sunt; dicebant enim Judaei, quando pendebat in cruce: Speravit in Domino, liberet nunc, si vult, eum (Matth. 27, 43)" (PL 70, 150).
4. vgl. CURTIUS, Europ. Lit., S. 56 f.
5. PL 90, 175 ff. Auch seine Schrift »De arte metrica« (PL 90, 149 ff.) wird im 17. Jh. noch ausgeschrieben.
6. PL 90, 175: „Sed ut cognoscas (dilectissime fili), cognoscant item omnes, qui haec legere voluerint, quod sancta Scriptura caeteris omnibus scripturis non solum auctoritate, quia divina est, vel utilitate, quia ad vitam ducit aeternam ,sed et antiquitate, et ipsa praeeminet positione dicendi, ideo placuit mihi collectis de ipso exemplis, ostendere quia nihil hujusmodi schematum, sive troporum valent praetendere ullis saeculis eloquentiae magistri, quod non illa praecesserit".

lateinische Fassung der Bibel durch den "Ciceronianer" Hieronymus wird ihm sogar das klassische Buch für den Endreim[1]. Belege für die Metonymie findet er in Gen. 24, 20; für die Metapher bei Zach. 8, 1; 11, 1; der Satz „verbum caro factum est" (Joh. 1, 14) belegt die Synecdoche, die Figur der Ironie findet sich im 3. Reg. 18, 28[2].

Die Bibel als literarisches Corpus und Ausdruck bewußten Kunstsinnes ist so im patristischen Schrifttum legitimiert und in die Reihe der antiken Sprachkunstwerke eingegliedert. Seit Beda verlieren sprachästhetische Einwände gegen das Bibellatein ihre Gültigkeit[3]. Seine Erkenntnisse werden durch Alcuin der karolingischen Bildungsreform vererbt und in einem Erlaß Karls des Großen an Abt Baugulf von Fulda findet sich der bedeutsame Satz: „Deshalb mahnen wir euch, vernachlässigt nicht das Studium von Sprache und Schrift . . . damit ihr leichter und besser in die Geheimnisse der heiligen Schriften einzudringen vermögt. Wenn dann in deren Text Redefiguren, bildliche Ausdrücke und andere derartige Dinge vorkommen, so wird doch zweifellos jeder Leser um so müheloser ihren geistigen Sinn erfassen, je gründlicher er durch sprachliche Schulung vorgebildet ist"[4]. Die Tradition einer festen Verbindung von biblischer Exegese und säkularer Wissenschaft haben das 16. und 17. Jahrhundert rein bewahrt und als Grundlage eines rechtverstandenen Studiums der Heiligen Schriften angesehen.

---

1. vgl. BORINSKI, Die Antike in Poetik und Kunsttheorie I, S. 48.
2. Diese Auswahl wird zitiert, weil sich die gleichen Belege bei späteren Autoren wiederfinden.
3. Machten die Kirchenväter einerseits auf die vorliegenden sprachkünstlerischen Entsprechungen zwischen der Bibel und dem heidnischen Schrifttum aufmerksam, so standen sie andererseits der antiken Sprachkultur noch zu nahe, um die Kluft zwischen deren Maßstäben und dem Bibellatein zu übersehen. In seinem Brief an Paulinus entschuldigt Hieronymus „die schlichte, manchmal niedrige Ausdrucksweise" der Bibel (CURTIUS, Europ. Lit., S. 56). NORDEN charakterisiert die Versuche, die Sprache der Hl. Schrift zu rechtfertigen, am Beispiel Augustins so: Sie haben „keine innere Berechtigung, sondern [sind] dem Bedürfnis entsprungen, den heiligen Urkunden auch das zu geben, was er [sc. Augustin] und mit ihm alle Gebildeten so gern in ihnen finden wollten: Vollendung auch in der äußeren Form" (NORDEN, Kunstprosa II, S. 528). Die Abwertung der Bibelsprache wurde nichtig in Ländern, die nicht zum Imperium gehört hatten und die das Latein erst durch die Kirche kennenlernten. Das war z. B. der Fall für die angelsächsisch-christliche Kultur und deren Repräsentanten (CURTIUS, Europ. Lit., S. 56).
4. Zit. nach GARIN, Geschichte und Dokumente der abendländischen Pädagogik I, S. 90; vgl. CURTIUS, Europ. Lit., S. 58.

2. Die Kirchenväter als Autoritäten

In seinem Werk über das Leben und die Schriften der Kirchenväter stellt der reformierte Theologe Abraham Scultetus (1566–1624)[1] an den Theologiestudenten zwei Forderungen: Er muß erstens die Glaubensgrundsätze der Kirche kennen und die Heilige Schrift oft und fleißig lesen. Zum andern hat er sich nutzbringend in die Lektüre der Väter, die heute „Doctores Ecclesiae" genannt werden, zu vertiefen[2]. Zwischen der Bibel und den Schriften der Kirchenväter will Scultetus jedoch einen grundlegenden Unterschied beachtet wissen: „Scripturae nos credere propter sese: Patrum scriptis propter consensum cum illa"[3]. Aus dem gleichen Grunde seien auch beide mit unterschiedlichem Ziel zu lesen: „Alio fine legenda esse scripta Patrum, alio verbum Dei. Hoc ut habeat in quo FIDES in tentationibus acquiescat: illa ut externo Doctorum Ecclesiae consensu internum Spiritus S. de veritate Evangelica testimonium roboret, historiam Ecclesiae cognoscat, piis sanctorum hominum exhortationibus ad verum Dei cultum inflammetur"[4]. Das Zeugnis der Bibel kann also nicht durch die Schriften der Väter ersetzt werden. Aber die patres ergänzen die Heilige Schrift um die Geschichte der Kirche und sie stärken, als die Zeugen der wahren Religion, den Lesenden im Glauben.

Der gleichen Ansicht ist der lutherisch-orthodoxe Theologe Johann Gerhard (1582–1637)[5]. Norm und Regel der Wahrheit in Glaubensfragen ist allein die Bibel (patrum scripta non sunt norma veritatis in Ecclesia. Solam Scripturam esse normam ac regulam veritatis in rebus fidei). Die Väter darf man aber trotzdem

---

1. Medulla Theologiae Patrum: Qui a temporibus Apostolorum ad Concilium usque Nicenum floruerunt, Ambergae 1598. — Im 17. Jh. gelten die Väter als Zeugen der „echten", orthodoxen Überlieferung; gültige oder umstrittene Lehren können mit ihrer Hilfe gestützt, begründet oder auch abgelehnt werden. Dieses dogmatische Interesse, das die Lutheraner und Reformierten an ihnen hatten, spielt für die katholische Theologie noch heute eine große Rolle. — Aus dogmatischen Gründen gibt es auch keinen einheitlichen Kirchenväter-Kanon. So wird der Ehrentitel eines „Kirchenvaters" manchen, zu ihrer Zeit voll anerkannten Lehrern wie etwa Origines, vorenthalten; vgl. dazu CAMPENHAUSEN, Griechische Kirchenväter, Stuttgart ³1961 (≡ Urban-Bücher Bd. 14), S. 9. Eine umfassende Liste gibt Alsted in der 43. Tafel seines »Thesaurus Chronologiae«. Er nennt 44 „patres, qui sic per excellentiam vocantur". Der Kanon wird eröffnet mit Dionysius Areopagita und Clemens Romanus und schließt mit Hrabanus Maurus, Haimo von Halberstadt und Bernhard von Clairveaux.
2. Medulla Theologiae, f. (:)(ʳ. vgl. Alsted, Thesaurus Chronologiae. Editio tertia limata et aucta, Herb. Nass. 1637, Index, s. v. Patres: „Peculiari nomine sic appellantur praecipui doctores ecclesiae post apostolorum tempora".
3. Medulla Theologiae, f. (:)(ᵛ.
4. Medulla Theologiae, f. (:)(ᵛ.
5. Er gebraucht zum ersten Mal den Namen Patrologie: »Patrologia«, Jena 1633. Es handelt sich um eine Geschichte des Lebens und der Werke der Kirchenväter.

nicht aus der Kirche ausschließen. Sie sind zwar nicht die Richter über den Glauben, aber doch Glaubenszeugen (non sunt fidei judices, testes tamen atque indices): „non sunt numina, praeclara tamen lumina"[1].

Neben der Heiligen Schrift, deren Zeugnis nicht übertroffen werden kann, sind die Kirchenväter für die Orthodoxie des 17. Jahrhunderts also Autoritäten von hohem Rang[2]. In Fragen des Textverständnisses und der Textüberlieferung greift man auf ihr Urteil zurück[3]. Umfangreiche Bibelkommentare, theologische Traktate und Erbauungsbücher[4] führen Kernsätze und seitenlange Zitate aus ihren Werken an.

Die Rolle der „patres" bleibt jedoch nicht auf den engeren Kreis der Theologie und ihrer Fachfragen beschränkt. Die gesamte Literatur des 17. Jahrhunderts, mag es sich um astrologische, medizinische, naturwissenschaftliche, chronologische, historische oder philologische Literatur handeln, beruft die Kirchenväter als Autoritäten für die verschiedensten Probleme. Sie gelten neben den klassischen Schriftstellern als gewichtige Zeugen, die man zur Stützung einer Rechtfertigungsthese, zur Untermauerung eines Lobes, zum Beweis eines Gedankengangs heranziehen kann. Daneben liegt für den engeren Bereich der Literatur und ihrer Theorie die Bedeutung der patres in der Vermittlung des antiken Erbes, das sie in ihre Werke

---

1. Methodus Studii Theologici, sect. IV, cap. III, p. 244 f.
2. Für die kath. Kirche bleiben sie es ohnehin; vgl. dazu M. SCHMAUS, Katholische Dogmatik, 5 Bde., München [5]1954; Handbuch der Dogmengeschichte, hg. M. SCHMAUS u. A. GRILLMEIER, Freiburg, Basel, Wien 1950 ff.; Histoire de l'Eglise, ed. A. FLICHE et V. MARTIN, Paris 1935 ff.
3. vgl. Joh. Conr. Dannhauer, Hermeneutica Sacra Sive Methodus exponendarum S. Literarum proposita et vindicata, Argentorati 1654; Andreas Rivetus, Isagoge, seu Introductio generalis ad Scripturam Sacram Veteris et Novi Testamenti, Lugd. Bat. 1627.
4. Grundsätzlich sei verwiesen auf die ausgezeichneten, viel zu wenig beachteten Bibliographien von Henning Witte, Memoriae Theologorum nostri seculi clarissimorum renovatae, Francofurti 1674; ders., Repertorium Biblicum, Rigae [2]1689; ders., Diarium biographicum, In quo scriptores seculi post natum Christum XVII. praecipui . . . magno adducuntur numero, 2 vol., Gedani et Rigae 1688—91. — Martin Mollerus, Meditationes Sanctorum Patrum. Schöne / Andechtige Gebet / Tröstliche Sprüche / Gottselige Gedancken / Trewe Bußvermanungen . . . Aus den heyligen Altvätern Augustino, Bernhardo, Taulero, und andern / fleissig und ordentlich zusammen getragen und verdeutschet, 2 vol., Görlitz 1590—91. Joh. Gerhard, Postilla Salomonaea, Das ist / Erklärung etlicher Sprüche Aus dem Hohenlied Salomonis, Erster Theil, Jena [2]1652. Joh. Mich. Dilherr, Göttliche Liebesflamme, Nürnberg [3]1654; ders., Contemplationes, et Suspiria Hominis Christiani, accessit Specimen Philologiae Patrum, Norimbergae [2]1660. Joh. Joach. Becher, Commentatio orationis ex SS. Patribus congesta, atque ad promovendum orationis studium luci exposita, o. O. 1677.

aufgenommen haben[1]. Sie geben es an die Schriftsteller weiter und unterstützen so die Anverwandlung der Literatur der Griechen und Römer, ohne die das 17. Jahrhundert nicht zu denken ist. Außerdem vermitteln sie das christliche Gedankengut in dem Prachtgewand einer auf Repräsentation bedachten, rhetorisch durchgebildeten Sprache, und die Anhänger beider Konfessionen sind umso leichter bereit, diese Quelle auszuschöpfen, als die antike Rhetorik durch die Väter in den Dienst einer neuen, christlichen Seelenwelt getreten war[2]. Diese Vorzüge machen die Kirchenväterschriften zu nachahmenswerten Mustern für die rhetorische Sprachführung der Autoren im 17. Jahrhundert.

Meyfart hatte, wie wir bereits sahen, die Verwendung des rhetorischen Schmukkes in der Predigt unter dem Hinweis auf die Kirchenväter gerechtfertigt. Alsted argumentiert in der gleichen Weise[3]. Die „Rhetorica Ecclesiastica" habe, gemäß den Ausführungen Augustins in »De doctrina christiana«, viel mit der weltlichen Redekunst gemein. Beide widmeten sich gleichen Aufgaben und benutzten dieselben Mittel. Eine Rede habe das Ziel zu überzeugen, und man könne daher auch auf die Predigt, die nach rhetorischen Gesetzen gebaut sein müsse, die Definition der weltlichen Redekunst anwenden: „Concio est oratio persuasoria. (. . .) Concionator est orator Ecclesiasticus ad res sacras Ecclesiae persuadendum intentus"[4]. Wer sich daher in „scholis Rhetorum" gut geübt habe, der werde auch mit höchstem Lob und sehr ertragreich das Amt eines Predigers bekleiden: „Exemplo sint Cyprianus, Chrysostomus, Basilius, Gregorius Nazianzenus, et alii, qui instrumentis oratoriae facultatis maxime adjuti in concionandi artificio facile excelluerunt"[5]. Auch Balthasar Schupp beruft die Kirchenväter als nachahmenswerte Vorbilder. Er fordert die Jugend auf, die weltlichen „Salbadereyen" fahrenzulassen und sich geistlichen Dingen zuzuwenden: „Macht es wie die alte Lateinische und Griechische Kirchen-Väter / welche sich in der Jugend geübt haben in der Poesie / und allerhand schöne geistliche Lieder gemacht haben. A Poetis loqui

---

1. vgl. H. v. CAMPENHAUSEN, Griechische Kirchenväter, S. 10. — Die Wirkung der patristischen Schriften, vor allem die der vier großen lateinischen Kirchenväter (Ambrosius, Hieronymus, Augustin, Gregor d. Gr.) auf die Literatur des 17. Jh.s ist m. W. unerforscht. Sehr deutlich faßbar ist ihr Einfluß in der dichtungstheoretischen Literatur. Keines der Werke über die Barockliteratur berührt diese Frage.
2. vgl. CURTIUS, Europ. Lit., S. 84.
3. Alsted, Orator, p. 201 f.
4. Alsted, Orator, p. 204.
5. Alsted, Orator, p. 203. Cyprian von Karthago (200/10—258) wurde zuerst Rhetor, im Jahre 248/49 übernahm er das Amt des Bischofs in seiner Vaterstadt; Joh. Chrysostomos (344/54—407) war Schüler des berühmten Rhetors Libanius. Basilius der Große (um 330—379), Sohn eines angesehenen Rhetors, erhielt seine Ausbildung in den Rhetorenschulen zu Caesarea (Kapp.); befreundet mit Gregor v. Nazianz (329/30—ca. 390).

discunt Oratores"[1]. Die Dichtung kann also als Vorstufe für den Redner aufgefaßt werden, der sich nach einer solchen Übung der Kunst ergibt, die Menge von der Wahrheit und Wichtigkeit göttlicher Offenbarung zu überzeugen und sie vor seinem Zorn zu warnen. „Wann sie in solchen lieblichen Liedern geübt sind gewesen / haben sie sich hernach begeben auff die Eloquentiam sacram, und sich in schönen geistlichen Orationen geübt . . . Was ist ein Prediger anders als ein Orator Ecclesiasticus?"[2].

Daß die Kirchenväter in Fragen der dogmatischen oder, wie eben gezeigt, der praktischen Theologie, als Vorbilder herangezogen werden, erscheint natürlich. Aber auch für die poetologischen Argumente, deren Inhalt Traditionsgut ist, die jedoch der Unterstützung durch die Autorität bedürfen, ist das Zeugnis der Kirchenväter von kaum zu ersetzender Wichtigkeit. Es kann nur noch durch die Heilige Schrift selbst übertroffen werden.

Nachdem Kempen den Vorwurf, die Dichter seien Lügner, unter Hinweis auf Lactanz[3] abgewehrt hat, erklärt er das Wesen der Fabel, die man nicht mit einem Lügenmärchen gleichsetzen dürfe, sondern mit Augustin als ein Gedicht verstehen müsse, das einer bestimmten Bedeutung wegen erdichtet werde und eine „Figur der Wahrheit" sei[4]. Durch die Aussage dieses Zeugen gesichert, kann er nun die für den christlichen Dichter bedeutsame Frage stellen, ob man die Anzüglichkeiten zulassen dürfe, die die Alten ihren Göttern andichteten. Denn den Poeten werde vorgeworfen, sie hätten schlecht von den Göttern gesprochen[5], eine Behauptung, die auch Tertullian geäußert habe[6], und mit der auch Eusebius übereinstimme[7]. Der christliche Poet werde jedoch nicht in diesen Fehler verfallen, sondern sich an die Mahnung Augustins halten: „Er [sc. der Dichter] kan die Sichel seines Verstandes auf der Alten Poeten Wetzstein schleiffen / doch darff er nicht eine Aerndte von diesen Feldern ohne einiges Bedencken anstellen / damit er nicht statt des Getreides lauter Unkraut / und vor die Mühe Verdrüßlichkeit einsamle"[8]. Man brauche allerdings nicht alle Geschichten als faktische Wahrheiten zu nehmen. Im Gegenteil. Man müsse einen Unterschied machen zwischen „denen Sachen die sich in Wahrheit begeben / und denen die Poeten / also zu reden / ein Färbchen an-

---

1. Schupp, Schriften, S. 936.
2. Schupp, Schriften, S. 936.
3. Lactanz, divin. inst., lib. I (PL 6, 173); Kempen, in: Neumark, Poet. Tafeln, S. 37.
4. Augustin, quaest. evang. 2, 51 (PL 35, 1362); Kempen, in: Neumark, Poet. Tafeln, S. 38.
5. Kempen verweist auf Scaliger, Poetices, lib. IV, cap. I, p. 414: „Nam sane Homerus, de diis suis, quasi de suibus, loquitur".
6. Tertullian, adv. gent., cap. XIV (PL 1, 352); Kempen, ebda., S. 41.
7. Eusebius, de praeparat. evang. 13, 1 (PG 21, 1063 f.); Kempen, ebda., S. 42.
8. Kempen, ebda., S. 45.

gestrichen"[1]. Kempen bezieht diesen Unterschied von Lactanz, der die Aufgabe des Dichters dahingehend definiert hatte, daß der Poet den Tatsachen noch den rhetorischen „color" hinzufügt[2]. Der Dichter ist kein Lügner, sondern er versteckt die Wahrheit nur unter dem Deckmantel der poetischen Fiktion zum Nutzen und allgemeinen Besten der Menschheit. Kempen kann zum Ruhme der Poesie und zum Erweis ihrer Nützlichkeit einen langen Kirchenväter-Katalog zitieren:

> Was soll ich von den alten Kirchenlehrern sagen / unter denen die niemals genug gelobte Poeterey / als in einem köstlichen Pallast gewohnet? Cyprianus, Hilarius, Ambrosius, Fulgentius, Nazianzenus, Juvenculus, Venantius, Licentius, Sedulius, Paulinus u. a. m. haben ingesamt allerhand schöne Poetische Schrifften hinterlassen / und werden mit höchster Beliebung auch auf den heutigen Tag durchgesuchet[3].

Harsdörffer beruft die Väter neben den Dichtern der Bibel:

> Wann der Poet beginnt des Höchsten Werk zu preisen /
> (...)
> So wird seyn Preis zugleich / sich in den Versen weisen /
> Wie Mose / David / Job / Assaph / und die Propheten /

---

1. Kempen, in: Neumark, Poet. Tafeln, S. 44.
2. Lactanz, divin. inst., lib. I (PL 6, 171): „Non res ipsas finxerunt poetae; quod si facerent, essent vanissimi: sed rebus gestis addiderunt quendam colorem ... ⌐um officium poetae sit in eo, ut ea, quae gesta sunt vere, in alias species obliquis figurationibus cum decore aliquo conversa traducat". — Weitere Belege: Harsdörffer, Poet. Trichter II, S. 55, der Lactanz zur Erklärung der Gleichnisfunktion heranzieht (PL 6, 279 B); Titz, Zwey Bücher I, Kap. 1, § 14 bemüht Beda (de re metrica) zur Erklärung des Rhythmus (PL 90, 173 C); ders., Zwey Bücher I, Kap. 3, § 1 zitiert Isidor zur Erklärung der Etymologie von dt. Vers, lat. versus (Et. 6, 14, 7). In etymologischen Fragen ist Isidor für das 17. Jh. noch Autorität; vgl. Dilherr, Apparatus Philologiae, p. 101.
3. Kempen, in: Neumark, Poet. Tafeln, S. 48. — Die Aufforderungen, die Väter als Vorbilder auszuwerten, werden durchaus ernstgenommen und praktiziert. Vgl. etwa Joh. Heermann, Devoti Musica Cordis, Haus und Hertz-Musica. Das ist: Allerley Geistliche Lieder / aus der H. Kirchenlehrer / und selbst-eigener Andacht / auf bekannte / ... Weisen verfasset, Leipzig ²1644; Rist, Neues Musikalisches Seelenparadis ... Lüneburg 1660, in dessen Vorrede es heißt, daß Rist von Theologen aufgefordert worden sei, er solle „auch etliche von den fürnehmsten Patribus oder alten Kirchenlehrern für die Hand nehmen / und daß jenige / was Ich für das nützlichste und erbaulichste in deroselben Schriften hielte / heraus ziehen / und in andächtige Lieder müchte verfassen / angesehen diselbe viel leichter / auch mit grösserer Lust / als die ungebundene schwehre Texte / von den Lesern / sonderlich aber von dem gemeinen Mann könten behalten / folgendes auch besser ausgeübt werden" (f. b^v). Zesen, Salomons / des Ebreischen Königes / Geistliche Wohl-lust oder Hohes Lied, Amsterdam 1657, stützt sich auf Johann Gerhard und die patristischen Kommentare bei der Bearbeitung des Textes (vgl. dazu M. Göbel, Die Bearbeitungen des Hohen Liedes im 17. Jh., Diss. Leipzig 1914); Harsdörffer bringt in den Gesprächspielen VI, Anhang, Übersetzungen von Hieronymusbriefen und von Tertullians »De cultu feminarum«.

Debor / und Judith Lied / zu Leid- und Freuden-Zeit
Getröstet / und gedankt dem GOTT der Ewigkeit:
Daß auch im neuen Bund / die Kirchenväter thäten[1].

In der Anmerkung zu diesen Zeilen zitiert Harsdörffer neben Chrysostomos
(hom. 4) und Tertullian (Apolog.) auch Augustin: „Aug. lib. 9 c. 7 Confess. sagt:
Consuetudinem canendi probat Ecclesia, ut per oblectamenta aurium infirmus
animus ad affectum pietatis assurgat. Solches zu erlangen / muß das Singen in der
Muttersprache geschehen"[2]. Schupp rät dem Dichternachwuchs, die Kirchenväter
zu übersetzen und sich dadurch in der Nationalsprache zu üben: „Wolt ihr euch /
ihr junge Leut / in der deutschen Poeterey üben / so nehmet unterweilens für euch
die Hymnos Prudentii, Bernhardi, Ambrosii, Hieronymi, Augustini, und anderer
Griechischen und Lateinischen Kirchenlehrer. Versetzt sie in deutsche Sprach / oder
in deutsche Vers / macht auß diesen Versen wiederumb deutsche Orationes. Ich
versichere euch / es wird euch nicht gereuen"[3]. Wenn Schupp die patres als vorbildlich empfiehlt, dann nicht allein wegen ihrer christlichen Haltung, sondern
wegen ihrer besonderen Schreibweise. Ihm geht es vor allem um die rhetorischen
Fähigkeiten, um die Geschmeidigkeit des Stils und das sprachliche Geschick:

> Denn sie [sc. die Kirchenväter] hatten . . . die Zierligkeit im Reden mit dem / aus den
> hellesten Israelitischen Brunnen hergenommenen Sachen / so Majestätisch zusammen
> gefügt / daß du zweiffeln möchtest / in welchen sie die vortreflichsten gewesen. Ihre
> Lippen kundten den Himmelischen Nectar / in die Ohren aller Völcker / durch zuthun
> dieser edlen Kunst [sc. der Redekunst] / so lieblich hinnein flössen. Sehet an den Athana-
> sius, dessen mehr als männliche Beredsamkeit das Wüten der Kayser / und die Last
> der fast rasenden Welt auff sich genommen / getragen und von sich geschlagen hat. Was
> und wie groß ist Gregorius Nazianzenus gewesen? wie ansehnlich / wie harte / wie ge-
> schwind und wie gleichmütig war er anzusehen / als er den abtrünnigen Caesar verdam-
> mete? Über den Basilius hat sich der vortrefflichste / unter den Heydnischen Rednern /
> Libanius / größlich verwundert . . . Chrysostomos war ein rechter Schauplatz der recht-
> schaffenen Beredsamkeit . . . Was soll ich sagen von dem Ambrosius? Hat es nicht das
> Ansehen / als were er mit lauter Nectar und Ambrosien gespeiset worden? In seinen
> Reden finden sich meistentheils so subtiele Lieblikeiten / daß du glaubest / es müßten
> noch die Bienen / welche ihn / als ein Kind in seiner Wiegen / hauffenweiß umgeben /
> auff seinen Lippen sitzen. Hieronymus / der Künstler aller Wolredenheit / was führt er
> nicht für herrliche Schätze in seinen Reden? was für Strafen? was für Pfeile?[4]

Dieser nachdrückliche Hinweis von Schupp auf die Beredsamkeit der Väter bestätigt, daß sie nicht allein wegen der Fülle christlicher Lebens- und Glaubens-
regeln ausgeschrieben werden, sondern in größerem Maße auf Grund ihres empha-
tischen, hochrhetorischen Stils, der dem Ciceros in nichts nachstand, ihn sogar an
„colores" übertraf. Alsted schlägt dem Schüler die Schriften der Väter als Muster

1. Harsdörffer, Gesprächspiele VI, Vorrede, V. 113 ff.
2. Harsdörffer, Gesprächspiele VI, S. 70.
3. Schupp, Schriften, S. 937; vgl. Schupp, Teutscher Lehrmeister, S. 28.
4. Schupp, Schriften, S. 860 f.

für Stilübungen vor, in denen er zeitgenössische Fragen behandeln soll. Beschäftigte sich Cicero mit philosophischen Stoffen, so soll der Schriftsteller des 17. Jahrhunderts sich in theologischen Fragestellungen üben[1]. Augustinus liefert dazu den nötigen Stoff. Bei Basilius und Chrysostomos, die in der Reinheit ihrer Sprache und ihrer Beredsamkeit selbst einem Demosthenes in nichts nachstehen, findet man die entsprechenden Exempla[2].

Was Alsted für die lateinische Sprache empfiehlt, hat Stieler in seiner Muttersprache beherzigt. Um zu erklären, was eine enumeratio partium sei, findet Stieler kein besseres Beispiel als ein Gedicht von Lactanz:

> Beschaue mich von Oben biß zum Füßen /
> Sieh diese Haar in Blut gebacken an /
> Den EyterHals / worauf die Locken fließen /
> Das Beulen Haubt / mit Dornen ümgetahn /
> Den milden Schweiß ab- von der Stirn gefloßen /
> Den Göttlichen / und / wie das helle Liecht
> Der Augen / liegt in tunkler Nacht verschloßen /
> Auch wie die Lust der Wangen ist zernicht.
> Die dürre Zung' / ohn wo sie noch benetzet /
> Der Gallen Gift / den Todten blaßen Mund /
> Der Nägelriß / so Arm und Hand verletzet /
> Und wie das Herz fleust / durch den Spehr verwundt
> Mit Waßerblut / die Löcher / Füß' und Glieder:
> Nimm / wie sie durchs Geblüt verstellt seyn / wahr.
> Fall auf die Knie in heilger Demuht nieder!
> Es sey das Kreuz dein Beht- und Dankaltar![3]

Dieses spätantike Gedicht, von Stieler übersetzt, gewinnt seine Eindringlichkeit durch die Form der Hypotyposis, der aufzählenden Beschreibung (enumeratio partium), die bei dem Detail verharrt, um dem Leser durch die lebhaft detaillierte Schilderung das Ganze so vor Augen zu stellen, als ob es gleichsam vor ihm geschähe[4]. Aber auch bei Cyprian findet Stieler ein Exempel für die Beschreibung[5], und neben Quintilian muß Hieronymus mit einer Passage aus einem Brief das

---

1. Alsted, Orator, p. 131: „Quemadmodum Cicero exercuit se in quaestionibus philosophicis: sic nos in Theologicis".
2. Alsted, Orator, p. 131: „Nam Basilius et Chrysostomos in puritate sermonis, in studio eloquentiae, ne ipsi quidem Demostheni cedunt".
3. Ps.-Lactanz, Carmen de passione domini, V. 40—50 (PL 7, 285 B); Stieler, Sekretariatkunst I, Teil II, S. 150 f.
4. vgl. Quint., inst. or. 9, 2, 40: „Ab aliis ὑποτύπωσις dicitur proposita quaedam forma rerum ita expressa verbis, ut cerni potius videatur quam audiri"; ähnlich auch Cicero, de or. 3, 53, 202; vgl. H. LAUSBERG, Die literarische Technik der Hypostase, Archiv 195 (1958) 113—128.
5. Cyprian, Epist. I (PL 4, 217 f.); Stieler, Sekretariatkunst I, Teil II, S. 82 f.

gleiche Problem erläutern[1]. Um schließlich den Topos „ex effectibus" zu erklären, zitiert Stieler neben Petrarca und Caussinus einen Satz aus Ambrosius: Die Trunkenheit ist „eine Anreitzung zur Unsinnigkeit / eine Aetzung der Geilheit / eine Vergiftung des Verstandes"[2]. Und wenn es um die descriptio einer Sache „nach ihrer Natur" geht, kann er neben einem Stück aus Anton Ulrichs »Aramena« und einer Stadtbeschreibung aus den »Gesprächspielen« Harsdörffers auch ein Beispiel aus Bernhard anführen:

> Was ist Gott? die Länge / die Breite / die Höhe / die Tieffe. Die Länge / wegen der Ewigkeit: Die Breite wegen der Liebe: Die Höhe / wegen der Herrlichkeit: Die Tieffe wegen der Weysheit. Gott liebet / als selbst die Liebe; kennet / als die Wahrheit; richtet / als die Billigkeit; herrschet / als die Majestät: Er regieret / als der Anfang: schützet / als die Wolfart: wirket als die Kraft: eröfnet sich / als das Licht: stehet bey als die Frömmigkeit[3].

Auch Meyfart verzichtet auf die blumenreiche Sprache der Kirchenväter keineswegs, sondern er zieht sie als treffende Belege für die zu behandelnden Stilfiguren gerne heran. „Kehre umb / kehre umb / du verstossene / kehre umb / du verwirrte / kehre umb / du durch der Schlangen list betrogene: kehre umb etc."[4]: Dieses Exempel aus Augustin dient ihm zur Erläuterung der Epizeuxis; eine Klimax kann mit einer Passage aus Lactanz belegt werden: „Die Welt ist darumb erschaffen / daß wir gebohren werden; Wir werden darumb gebohren / daß wir Gott / unsern und der Welt Schöpffer erkennen: Wir sollen jhn darumb erkennen / daß wir jhn verehren; Wir sollen jhn darumb verehren / daß wir die Unsterbligkeit zu einem Lohn der Arbeit darfür bekommen"[5]. Bernhard kann für die Exclamatio herangezogen werden[6], und was eine Anadiplose ist, erläutert Meyfart an einem Beispiel „ex patribus"[7]: Die Väter als Gesamt sind Zeugen für den bewußt rhetorisch gehaltenen Stil, den Meyfart in übersetzten Beispielen den deutschen Autoren exemplarisch vorstellen will. Meyfart erfüllt für die Schriftsteller deutscher Zunge die Forderung, die Ludovicus Granatensis für den Theologen erhoben hatte. Er sollte die Augen richten auf die Säulen und die berühmtesten

---

1. Hieronymus, Epist. X ad Paul. Concord. (PL 22, 345); Stieler, ebda., S. 113.
2. Ambrosius, lib. de Elia et Jejunio (PL 14, 718 A); Stieler, ebda., S. 108.
3. Bernhard Clarav., De considerat., lib. V, cap. XIII (PL 182, 804 f.); Stieler, ebda., S. 79. Stieler hat bei der Übersetzung den Text leicht abgewandelt. — Weitere Beispiele bei Stieler: Chrysologus, Sermo VIII (PL 52, 210 B) für das acumen (Sekr. I, Teil II, S. 140 f.); Bernhard Clarav., Sermones de tempore; in temp. resurrect; serm. III (PL 183, 289 A) für die amplificatio (ebda., S. 70).
4. Meyfart, Teutsche Rhetorica, S. 251.
5. Meyfart, Teutsche Rhetorica, S. 271.
6. Meyfart, Teutsche Rhetorica, S. 355.
7. Meyfart, Teutsche Rhetorica, S. 261.

Leuchten dieser Welt, nämlich die heiligsten lateinischen und griechischen Kirchenväter, und er werde sehen, daß „nullam in eorum scriptis eloquentiae partem
defuisse"[1].

Die Schriften der Väter haben im 17. Jahrhundert in Deutschland wesentlichen
Anteil an der Verbreitung der sprachkünstlerischen Eigenheiten, die man so gerne
als „barock" bezeichnet, und die doch, im rechten historischen Zusammenhang
gesehen, sowohl der Antike als auch dem Mittelalter zukommen, da sie der Formenlehre der Rhetorik entstammen. Die patres haben sich vor einem massiven
Einsatz dieser Kunstmittel nicht gescheut und oft das Maß des Notwendigen
überschritten. Aus diesem Grunde beruft sich auch ein Erzmanierist wie Gracian
auf sie, vor allem auf Basilius und Gregor von Nazianz[2]. Zwei kurze Autoren-
kataloge (wir bezeichnen so die bewußte Auswahl und Zusammenstellung von
mustergültigen Autoren[3]) sollen die bevorzugte Stellung der Kirchenväter noch
einmal belegen. Grünwald stellt einen Katalog von Autoren auf, in deren Schriften „kunstvolle Verse" zu finden sind: An erster Stelle stehen Ambrosius und
Bernhard, dann folgen Stigelius, Cremcovius, Clauderus und „Herr Weise"[4].
Kaspar Stieler bietet ähnliches. Bei der Erläuterung der „Scharfsinnigkeit"
(acumen), die sich in ingeniösen und überraschenden Effekten äußert, kann er sich
auf Cicero nicht berufen, da sich dieser (als unmanieristischer Schriftsteller) „der
spitzigen Redensart mit Fleiß enthalten"[5]. Andere Gewährsmänner müssen daher
den Gebrauch des Acumen rechtfertigen, und Stieler findet sie in „Seneca, Sallust,
Tacitus, Nazianzenus, Synesius[6], und bey den alten Griechen die Sofisten / die
darin sonderlich belustiget"[7]. Zum Exempel dient ihm ein Zitat aus Gregors Epistel
an Nicobolus.

Ambrosius und Christian Weise, Seneca und Gregor von Nazianz: antike und
moderne, christliche und heidnische Autoren stehen in solchen Katalogen, die wir
als wohlüberlegte Auswahl anzusehen haben, friedlich nebeneinander. Nicht der

---

1. Ludovicus Granat., Ecclesiastica Rhetorica, lib. I, cap. II, p. 9.
2. vgl. CURTIUS, Antike Rhetorik und vergleichende Literaturwissenschaft, in: Gesammelte Aufsätze, Bern und München 1960, S. 19.
3. vgl. CURTIUS, Europ. Lit., S. 253 ff.
4. Grünwald, Reicher und Ordentlicher Vorrath der Männlichen und Weiblichen Reime,
   Vorrede. — Tommaso Stigliani (1573—1651), ital. Barocklyriker; vgl. H. FRIEDRICH,
   Epochen der italienischen Lyrik, S. 545, 555. — Valentin Cremcovius (2. H. 17. Jh.),
   Lehrer am Gymnasium zu Magdeburg; bekannt ist allein sein Buch »Cithara Da-
   vidica Luthero-Becceriana Latino-rhythmo-metrica«, Magdeburg 1600, 1617, 1621 u. ö.;
   vgl. Jöcher-Adelung II, 527. — Joseph Clauder (1586—1653), poeta laureatus, Rektor
   zu Altenburg.
5. Stieler, Sekretariatkunst I, Teil II, S. 129.
6. Synesios von Kyrene (ca. 370—ca. 413), Bischof von Ptolemais; vgl. ALTANER, Patrologie, S. 251 f.; CAMPENHAUSEN, Griechische Kirchenväter, S. 125 f.
7. Stieler, Sekretariatkunst I, Teil II, S. 129.

Gehalt ihrer Werke ist das einigende Band, sondern der durch die Rhetorik geprägte Stil, mag er mit verantwortungsvoller Mäßigkeit oder mit maßloser Leichtfertigkeit in den Dienst der jeweils verfolgten Absicht gestellt worden sein. Ohne Schwierigkeiten finden die Väter im manieristischen Kanon Platz, ohne im klassischen zu fehlen. Wenn Alsted dem Schüler der Rhetorik Anweisungen zur Pflichtlektüre der lateinischen und griechischen Autoren erteilt, beginnt er seine Liste mit Cicero, der die absolute Vorrangstellung einnimmt. Ihm folgen Plinius, Livius und Quintilian. Alsted fährt jedoch fort: „Sed et Patres legendi, ut vocant Ecclesiastici. Lactantius enim purus est: purus ipse Hieronymus, praesertim adolescens, et in virili aetate. Cyprianus vere floridus est. Magis videtur rhetoricari, quam θεολογί-ζειν. Gregorius Nazianzenus et Chrysostomos apud Graecos ornati sunt authores"[1]. Die Väter gelten als die christlichen Vertreter der antiken Bildung. Sie gehören zum Kanon der sprachgewaltigen Musterautoren, die nachzuahmen, auszuschreiben und zu übersetzen, zu den ehrenvollen Pflichten des Schriftstellers auf dem Wege zum Ruhm gehört. Ludovicus Granatensis darf stellvertretend für die Meinung aller Schriftsteller des 17. Jahrhunderts zitiert werden: „Nemo enim opinor est adeo a ratione aversus, qui non illis [sc. patribus] summam eloquentiam tribuat"[2].

3. BIBEL UND BIBELRHETORIK IM 17. JAHRHUNDERT

a) *Die Bedeutung der Lutherbibel*

Neben der zeitgenössischen ausländischen war die antike Literatur der Maßstab, an dem die beginnende deutsche Dichtung nationalbewußt ihr Können messen wollte. Die Antike war in zwei Hinsichten kaum zu übertreffen. Erstens bot sie die gültige Norm für ein gutes Latein, dessen man sich außer in der Dichtung in Wissenschaft und Theologie bediente. Zweitens gehorchte sie Gesetzen, die für ein verbindlich richtiges Sprechen auch auf die deutsche Dichtung übertragen werden konnten: den Gesetzen der Rhetorik, die in lehrbar objektiver Weise verpflichtende Basis für eine allgemeingültige Sprachauffassung wurden. Die Aufforderungen zur Nachahmung der Antike sind bekannt. Von ihr ist zu lernen, „wie man auff Poetische art ein Getichte verfertigen / die Sachen erfinden [inventio] / einordnen [dispositio] und stattlich ausarbeiten solle [elocutio]. Denn Petrarca, Sannazar, Dante, Tasso, auch Marot, Bellay, Ronsard, Bartas, Desportes, Heinsius und Cats hätten nimmermehr mit solchem Lob und Ruhm schreiben kön-

---

1. Alsted, Orator, p. 199.
2. Ludovicus Granat., Ecclesiastica Rhetorica, lib. I, cap. II, p. 9.

nen, wenn sie nicht im Lateinischen und Grichischen wol erfahren . . . gewesen weren"[1].

Die Werke Vergils, Ciceros, Martials, Senecas, Statius'[2], aber auch — wie gezeigt — die Schriften und Kommentare von Tertullian, Lactanz, Hieronymus oder Augustin waren die Vorbilder, denen gleichzukommen man sich nach Maßgabe dessen, was die deutsche Sprache zu leisten fähig war, eifrig bemühte[3]. Dieser Wettstreit konnte für die Dichter deutscher Zunge jedoch nur erfolgreich verlaufen, wenn die wichtigste Bedingung erfüllt war: die verfemte deutsche Sprache mußte als Instrument poetischer Ambitionen allgemeine Anerkennung und Wertschätzung erfahren. Gleichzeitig mit der Aufforderung, die Antike nachzuahmen, treffen wir daher auf den unermüdlich wiederholten Hinweis, die Muttersprache habe einen „eygenen Genium"[4], ihre rhythmischen und metrischen Gesetze unterschieden sich von denen der Lateiner und Griechen, sie müsse „nach ihrer eigenen Sprachen Arth beurtheilt werden"[5], sie brauche nicht einmal die Stammwörter von den Alten zu erbetteln[6], ja, sie gehe sogar „in allen Sprachstücken" dem Lateinischen weit voran[7]. Die sich formierende Dichtergilde, um eine Erkenntnis der Eigengesetzlichkeit der deutschen Sprache bemüht, hebt als Kronzeugen für diese apologetischen Behauptungen Luther auf ihren Schild, den „Meister Teutscher Wolredenheit und beweglicher Zier"[8].

---

1. Titz, Zwey Bücher I, Vorbereitung, Kap. 2, § 2.
2. Kataloge antiker Autoren finden sich in vielen Spielarten; als Beispiel sei Kindermann zitiert: „Plautus, Terenz, Cicero, Demosthenes, Virgil u. a., die so allerzierlichst geredet und geschrieben haben / wie die neuen Comici, Oratores und Poeten / vielleicht nicht gleich thun" (Poet, S. 12).
3. Über die Rezeption und die Umwandlung der antiken Literatur im 17. Jh. fehlen die Untersuchungen. Es sei hingewiesen auf M. WYCHGRAM, Quintilian in der deutschen und französischen Literatur des Barocks und der Aufklärung, in: Friedrich Mann's Pädagog. Magazin, Heft 803, Langensalza 1921; Th. ZIELINSKI, Cicero im Wandel der Jahrhunderte, Leipzig [2]1908. — Eine antike „Klassik" hat das 17. Jh. nicht gekannt. Es hat die gesamte Antike rezipiert und auch das „lateinische Mittelalter" kräftig ausgeschrieben. Neben den Kirchenvätern gehören Martianus Capella, Sidoneus Apollinaris, Macrobius zu den oft herangezogenen Schriftstellern.
4. Schupp, Teutscher Lehrmeister, S. 32, ähnlich S. 35. Bemerkungen über die Eigengesetzlichkeit des Deutschen sind natürlich nicht Eigentum des 17. Jh.s; vgl. etwa Aventin, Chronicka: „ein yeglich Sprach hat jhren eigenen brauch und besondere eigenschafft"; zit. bei G. FRICKE, Die Sprachauffassung in der grammatischen Theorie des 16. und 17. Jahrhunderts, ZfdB 9 (1933) 113—123. Dort S. 116.
5. Kempen, in: Neumark, Poet. Tafeln, S. 28. So auch Schelwig, Entwurff, S. 67.
6. Stieler, Sekretariatkunst I, Teil II, S. 5.
7. Schottel, Teutsche Sprachkunst, S. 6.
8. Schottel, Ausführliche Arbeit, S. 146.

Er ist der erste gewesen, „welcher sich einer recht reinen Schreib-Art bedienet"[1], er hat die deutsche Sprache vom „Mönichen Bann erlediget"[2]. Bei ihm kann man die Gesetze, nach denen die deutsche Sprache geschmeidigt werden soll, recht studieren. So müssen zwar Archaismen vermieden werden, aber nicht jedes von Ungebildeten mißverstandene Wort kann als Archaismus gelten, besonders, wenn es „bey guten Scribenten gefunden wird / also sagt Herr Lutherus / es widert meine Seele / Job 6/26. Wellen/Ps. 104/3. Wehmütig / Sprüch. 7/7. Unwege/Job 12/24. ritten / Matth. 8/14 dir greuelt / Rom. 2/22 etc."[3]. Er ist „der Teutschen Sprache sonderlich kündig und mächtig gewesen"[4], er hat sich vor allem um ihre Reinheit bemüht[5], ihr Lieblichkeit, Würde und Beweglichkeit eingepflanzt, „alle rauhe knarrende Wörter ausgemustert, hingegen dero Vermögen mit allerhand anmutigen Gesängen und geistreichen Liedern bereichert"[6].

Durch seine Bibelübersetzung war dem Mangel an einer verpflichtenden deutschsprachigen Norm abgeholfen. In der Heiligen Schrift deutscher Sprache lag ein Werk vor, das dem Inhalt und der Form nach einen Vergleich mit den antiken Schriften aushielt, so daß Schupp sagen konnte, Luther sei ein „rechter Teutscher Cicero gewesen. Und wer recht gut Teutsch lernen wil, der lese fleissig die Teutsche Bibel, die Tomos Lutheri, und die Reichs-Abschiede; Ich sage, daß man auß der Bibel zierliche Phrases sammlen könne"[7]. Die Theologen dürfen an seiner Übersetzung rühmen, daß sie den Sinn des Textes klarer hervorbringe[8], der Patriot lobt sie, weil sie auch im Ausland auf Hochachtung und Bewunderung stößt[9] und

1. Neukirch, Academische Anfangs-Gründe, S. 10.
2. Harsdörffer, Gesprächspiele III, S. 60.
3. Harsdörffer, Poet. Trichter I, 6. Stunde, § 12; Harsdörffers Angaben sind unzuverlässig; „es widert meine Seele", Hiob 6, 7; die Belege für „Wellen", „ritten" nicht bei Lanckisch, Concordantiae Bibliorum Germanico-Hebraico-Graecae, Leipzig und Frankfurth 1696.
4. Bergmann, Aerarium Poeticum; zit. nach MARKWARDT, Gesch. d. dt. Poetik I, S. 49.
5. Kempen, in: Neumark, Poet. Tafeln, S. 49.
6. Klaj, Lobrede der Teutschen Poeterey, S. 11; zit. nach MARKWARDT, Gesch. d. dt. Poetik I, S. 97.
7. Schupp, Teutscher Lehrmeister, S. 33; ähnlich auch Harsdörffer, Poet. Trichter III, S. 52: „In der ungebundenen Rede sollen wir erstlich lesen den Teutschen Ciceronem H. D. Luthers Bücher / welcher das Liecht des H. Evangelii / gleichsam auf den Leuchter unserer Sprache gesetzet: Nachgehends kan man lesen Aventinum / Goldast / Lehemann / Hordleder / und sonderlich die ReichsAbschiede / in welchen die Reinlichkeit unsrer Sprache (wie in corpore Juris die Lateinische) wann sie aller Orten verlohren were / wiederzufinden".
8. Olearius zitiert Georg von Anhalt: „Diese Verdeutschung ist so klar und deutlich; Er redet auch in Deutscher Sprache so eigentlich und verständlich / daß die Deutsche Bibel viel ein heller Liecht ist / als andere grosse weitläufftige commentaria über die heilige Schrift / inmassen es alle Gelehrte und Verständige neben mir bezeugen müssen" (Biblischer Hauptschlüssel, 1. Buch, 1. Kap. § 2, III, p. 5).
9. Kempen, in: Neumark, Poet. Tafeln, S. 274.

so den Ruhm des nationalen Idioms um ein beträchtliches vermehrt: „Ich halte dieses / nebst dem vorigen Jahrhundert gleichsam noch *pro infantia* der teutschen Sprache / man rühme sich auch der ausarbeitung / so hoch man immer wolle. Wiewol wir itzt und vor längst schon aller welt sprachen trotz bieten können / welches die einzige Übersetzung der heyligen Schrift zur genüge darthun kan"[1].

b) *Die Bibel als Fundgrube*

Das 17. Jahrhundert begreift die Heilige Schrift als die unvergleichliche Schatzkammer göttlichen Reichtums[2]. Von allen Wechselfällen irdischen Daseins ist ihre Existenz unberührt, denn sie ist der Text, „cujus axiomata non fallunt, regulae exceptiones non admittunt, casus non variant, cui nec tempus, nec coeli motus, nec astrorum trigoni, nec mundi aetates, aufferre aliquid vel impedire possunt"[3]. In allen Fragen menschlichen und göttlichen Seins ist sie eine Ratgeberin, denn sie hat keinen anderen Ursprung als Gott selbst. Sie umschließt „das Erkäntnis 1. Gottes / 2. Deß Menschen / 3. Christi und der ewigen Seeligkeit / und gehet demnach alle und jede Menschen ohn Unterschied an / daher sie auch von allen und jeden mit schuldigen Fleiße zu lesen / besage deß Göttlichen Befehls: Die Worte die ich dir heute gebiete / solt du zu Herzen nehmen"[4]. Johann Olearius (1604—1685) betont, daß sie die gesamte weltliche Wissenschaft und ihre einzelnen Teile (Grammatik, Rhetorik, Logik, Metaphysik, Physik, Mathematik, Ethik und Politik, Ökonomie, Historie, Jurisprudenz und Medizin) überrage. Das göttliche Wort, „so allein der Glaube fasset / als der Sieg / welcher die Welt überwindet / 1. Joh. 5/4 erhält auch einig und allein den siegreichen Triumph über alle Menschen-Wort und Weisheit"[5]. Als heilsgeschichtlicher Text ist die Heilige Schrift zwar über alle menschliche Weisheit erhaben, trotzdem sind in ihr als dem „Brunnen der Weisheit" (Sir. 1,5)[6] auch exemplarisch alle irdischen Wissenschaften enthalten[7]. Deswegen kann Lambertus Danaeus aus der Bibel eine »Physica Christiana« zusammenstellen[8], Otho Casmannus sammelt die entsprechenden Zitate zu einer Ethik,

---

1. Kindermann-Stieler, Teutscher Wolredner, S. 15 f.
2. vgl. Olearius, Bibl. Hauptschlüssel I, Kap. I, § 7, S. 7.
3. [Joh. Val. Andreae], Invitationis ad fraternitatem Christi pars altera. Paraenetica, p. 58.
4. Olearius, Bibl. Hauptschlüssel I, Kap. I, § 7, S. 7.
5. Olearius, Bibl. Hauptschlüssel II, § 4, S. 45.
6. zit. bei Comenius, Pampädia VI, 2.
7. „In Sacra Scriptura omnium prope artium et scientiarum vestigia apparent" (Joh. Conr. Dieterich, Antiquitates Biblicae, Praef. ad Lect., f.)()(.
8. L. Danaeus, Physica Christiana, sive Christiana de rerum creatarum origine, et usu disputatio, Genev. 1580. Vgl. Conr. Aslacus, Physica et Ethica Mosaica, Hanoviae 1613.

„methodice ex Divinae Sapientiae fontibus deducta ac conscripta"[1], Joh. Heinr. Ursinus gibt sogar eine biblische Baumschule, »Arboretum Biblicum«, heraus[2]. Comenius betrachtet die Bibel als eine vollständige Bestandsaufnahme aller Phänomene dieser und der zukünftigen Welt, gleichzeitig aber auch als der dazugehörige Kommentar Gottes selbst: „sacer Dei codex, Biblia, quae nihil aliud sunt nisi quidam ipsius Dei commentarius super iis, quae nobis in hac vita dedit et in futura servat"[3].

Harsdörffer beruft die Heilige Schrift als Autorität für die Erkenntnis der Natur. Obwohl sie nicht zu diesem Zweck geschrieben ist, „so ist doch gewiß / daß alles / was von Erkundigung der Natur darinnen berühret worden so ungezweiffelt wahr / als die darinnen befindliche Glaubenssachen"[4]. Er stimmt in dieser Meinung mit Comenius überein, der Descartes vorgeworfen hatte, er behaupte mit seiner Lehre, daß die Bibel für „eine Betrachtung der Werke Gottes und der Natur keinen Nutzen besitze", vielmehr eine „Führerin zum Irrtum geradeso wie unsere äußern Sinne" sei[5]. Comenius bekräftigt, daß man im Gegenteil darauf bestehen müsse, die Heilige Schrift enthalte die „sufficientissima complementa" für alles,

---

1. O. Casmannus, Ethica Theosophica. Methodice ex Divinae Sapientiae fontibus deducta ac conscripta, Frankfurt 1602.
2. J. H. Ursinus, Arboretum Biblicum, In quo Arbores et frutices passim in S. Literis occurrentes, Notis Philologicis, Philosophicis, Theologicis, exponuntur et illustrantur, Norimbergae 1663. — Vgl. außerdem Henricus Ursinus, Horologium Theologicum, Lubecae 1605, in dem für sehr viele Zahlen bibl. Belege zusammengestellt werden; Joh. Georg Großius, Compendium medicinae ex S. literis depromtum, Basileae 1620. — Wie die Bibel z. B. als medizinische Autorität bemüht werden kann, sei an einem Beispiel belegt. Comenius verlangt von der schwangeren Mutter, daß sie alles vermeide, was der Gesundheit oder der Sitte abträglich sei. Denn alles, was die Mutter tue und leide, werde dem Körper und der Seele des Kindes eingeprägt. Habe die Mutter etwas leidenschaftlich verlangt und nicht bekommen, oder sei sie plötzlich erschreckt worden, ziehe sich das Kind Muttermale zu. „Auch aus der Heiligen Schrift besitzen wir Beweise und Beispiele dafür, wie etwa, auf Eingebung Gottes — 1. Mos. 31, 10. 11 — bei der Tierzucht die Farbe der Haare auf diese Weise beeinflußt wurde — 1. Mos. 30, 37.38 —. Aber auch von der Nachkommenschaft der Menschen wird dasselbe berichtet. Samson z. B. sollte ein Naziräer, d. h. ein Enthaltsamer, werden. Daher wurde der Mutter empfohlen, sich des Weins und starker Getränke zu enthalten — Richter 13, 4.5 —. Und weil Johannes der Täufer schon im Mutterleibe mit dem Heiligen Geiste erfüllt werden sollte, mußte auch seine Mutter einen heiligen Lebenswandel führen — Luk. 1, 15 —. Bei einer gottlosen Mutter wäre das nicht geschehen" (Pampädia VIII, 11).
3. Comenius, Prodromus Pansophiae, § 53, S. 86.
4. Harsdörffer, Gesprächspiele VII, S. 190 f.
5. Comenius, Physik, S. 515 (im Rahmen des beigefügten Aufsatzes: Cartesius cum sua naturali philosophia a mechanicis eversus, p. 2; zit. im Nachwort des Prodromus Pansophiae, S. 178).

wofür „sensus et ratio non sufficiebant"[1]. Er glaubt, der Mensch sei notwendig auf die Offenbarung der Bibel angewiesen, da er zwar für die Erkenntnis der Weisheit Gottes bestimmt sei, von seinen Sinnen und seiner Vernunft schließlich aber im Stich gelassen würde: „Was immer für ein Stoff zu behandeln ist, immer bietet die Heilige Schrift die Norm und die Exempel"[2]. Das kann sogar für die Philosophie gelten. Clemens Timpler lehnt für die Metaphysik die Autorität Platos oder Aristoteles' ab und gründet ihre Norm auf die allgemeine Erfahrung, die richtige Vernunft und auf die Heilige Schrift, deren Zeugnis aber oft fehle[3].

Die Bibel vermittelt nicht nur theoretisches Sachwissen, sondern sie soll auch Gesetz und Regel des praktischen Lebens sein. Schupp preist sie als ein Lehrbuch für die „Philosophiam practicam"[4], in dem keine „vollkommenere Politic zu finden sey" und das dem Werk eines Tacitus oder Machiavelli ebenbürtig an die Seite gestellt werden könne[5]. Diese Qualitäten teilt die Bibel mit Vergil, dessen Aeneis gute Exempel für „politische und ethische Discurs" liefert[6]. Diese Gleichsetzung mit den Werken der Antike wird nur verständlich, wenn man bedenkt, daß die allgemeine Aufwertung der Bibel durch die Reformation ihr Ansehen nicht nur als Quelle der Theologie, sondern auch als historische Quelle schlechthin gefördert hatte. Das Denken in historischen Faktizitäten setzt sich im Deutschland des 17. Jahrhunderts erst langsam durch. Geschichtlicher Stoff dient dazu, einen allgemeinen moralischen Sachverhalt zu erläutern. Die „historia" gilt nicht als eigenständiges Gebiet der Wissenschaft; sie ist vielmehr einerseits Dienerin der „philosophia moralis", weswegen Olearius die „Geschicht-Beschreibung" als eine „Exemplarische Tugendlehre" bezeichnen kann[7]. Zum andern ist sie die Magd der „eloquentia", deren Beweise sich auf glaubwürdige und von Autoritäten getragene Exempla stützen. Exemplarischer Charakter in diesem Sinne ist der Bibel wie auch

---

1. Comenius, Physik, Praef. S. 19; zit. im Nachwort des Prodr. Pansophiae, S. 237.
2. Comenius, Physik, Praef. S. 23; zit. im Nachwort des Prodr. Pansophiae, S. 237.
3. WUNDT, Die deutsche Schulmetaphysik des 17. Jahrhunderts, Tübingen 1939 (= Heidelberger Abhandlungen zur Philosophie und ihrer Geschichte, Bd. 29), S. 7.
4. Schupp, Schriften, Vorrede, S. 4; vgl. Olearius, Bibl. Hauptschlüssel I, Kap. III, § 14, Tit. XVIII, S. 35: „Ethica, die Sitten-Lehre des Aristotelis, kan zwar der Vernunfft füglich weisen / was vor der Welt recht oder unrecht ist / aber die zehen Gebot verstehet Aristoteles und alle Heyden eben so wenig / als ein Blinder den Unterschied der Farben".
5. Schupp, Schriften, Vorrede, S. 2.
6. Richter, Thesaurus Oratorius, S. 93. Diese Meinung konnte Richter aus Macrobius' Saturnalien beziehen. Sie waren ein im 17. Jh. viel gelesenes Buch, das durch die Vergilerklärung implicite ein Kompendium spätantiker Poetik war; vgl. CURTIUS, Europ. Lit., S. 441 f.
7. Olearius, Bibl. Hauptschlüssel II, Tit. X, § 1, S. 49; vgl. dazu TRUNZ, Weltbild und Dichtung, S. 26.

den antiken Werken eigen, und durchgängig findet sich daher auch der antike Beleg neben einem Bibelzitat.

Schließlich stellt die Bibel ein „speculum vitae humanae" und damit eine beispiellose Sammlung von Themen für literarische Zwecke dar. Sie berichtet von Königen und Staaten, von Guten und Bösen, Mördern und Heiligen, Niedrigen und Hohen. Allen Literaten kann sie als willkommene Quelle für gute Einfälle zur Inventio nützen, denn die Fülle des angebotenen Materials ist unerschöpflich. Stielers Charakterisierung der Heiligen Schrift als einer Fundgrube für Aufmerksamkeit erregende Geschichten wirft ein helles Licht auf ihre praktische Verwendungsmöglichkeit: Seiner Meinung nach ist sie die große Vorratskammer für „der Welt Laster / die gerechte Straffen derselben / der Frommen Belohnungen / der bösen Vergeltungen / truckene Meere / Waßer aus Felsen / Erde aus den Wolken etc. zugeschweigen / der Lust und lehrreichen Geschichte / weysen Sprüche und hochverwunderlichen Woltahten / Liebe und Gnade Gottes"[1]. Schupp ordnet die Bibel den Adagiensammlungen gleich und stellt sie dem Lehmannschen »Florilegium« (Lübeck 1639) an die Seite[2]. Natürlich hat er, bei einer solchen Zuordnung, nicht ihren heilsgeschichtlichen, sondern ihren literarischen Wert im Auge[3]. Die literarische Funktion der Heiligen Schrift wird in wünschenswerter Deutlichkeit von Caussinus bestätigt. Im vierten Buch seiner Rhetorik, das der Inventio gewidmet ist, spricht er, bevor er die Loci erläutert, von allgemeinen Erfindungsquellen (fontes inventionis), zu denen er auch die Bibel rechnet[4].

Der heilsgeschichtliche Wert der Bibel wird durch den säkularen Zweck keineswegs herabgemindert. Sie kann zwar, wie auch die antiken Schriften, als Repertorium des Sachwissens genutzt werden. Gleicher Zweck bedeutet jedoch nur scheinbar auch gleiche Ranghöhe. Die Heilige Schrift vermittelt über das weltliche Wissen hinaus die Heilsbotschaft, die größere Wahrheit: „Dann ob wol Platonis, Aristotelis, Ciceronis, wie auch Baldi, Bartholi Avicennae, Galeni und anderer Bücher und Lehrschrifften vortrefflich und herrlich sein / und von eusserlichen Tugenten und Zucht / von Gericht und Gerechtigkeit / von heilsamer Artzney

---

1. Stieler, Sekretariatkunst I, Teil II, S. 103. Stieler beruft sich auf Cyprian.
2. vgl. BORINSKI, Die Poetik der Renaissance, S. 345, Anm. 1.
3. Der sowohl darin liegt, „schöne Lehr-gelahrte Vermahnungsharte Warnungs- und süsse Trost-Sprüch / herrliche nützliche Historien / anmuhtige Gleichnisse" zu vermitteln (Winkelmann, Nutz- und Schutzschrift, § 185), als auch sprachliches Vorbild zu sein; vgl. Bergmann, Aerarium Poeticum, Vorrede.
4. Caussinus, De eloqu., lib. IV, cap. XI, p. 195 (Nonus fons inventionis, Sacrae literae). Caussinus nennt als Erfindungsquellen: 1. Historiam, 2. Parabolas, 3. Adagia, 4. Hieroglyphica, 5. Emblemata, 6. Testimonia veterum, 7. Gnomas, 8. Leges, 9. Sacras literas. Valentin Thilo erwähnt diese Erfindungsquellen in seiner »Topologia«, lehnt sie jedoch neben den Loci als überflüssig ab (Topologia, p. 7). Stieler hingegen nimmt sie in sein System der Auffindung hinein (Sekretariatkunst I, Teil II, S. 103).

viel nützliches tractiren / so halten sie doch mit Christi Wort die wage nicht / und weisen uns nicht den weg zur Seligkeit"[1].

c) Bibelrhetorik im 17. Jahrhundert

Die Kirchenväter machten aus der Not, dem gelehrten Heidentum gegenüber die Bibel als Sprachkunstwerk verteidigen zu müssen, eine Tugend: Sie legten an die Heilige Schrift den Maßstab der antiken Rhetorik, strichen das Vorkommen derjenigen Tropen und Figuren heraus, die in den „bonae literae" gelehrt wurden[2] und formten die Bibelrhetorik zu einem Instrument christlicher Wissenschaft.

Im 16. Jahrhundert nimmt Melanchthon diese Gedanken auf. „Plenae sunt enim Sacrae literae ornamentorum omnis generis" schreibt er in seiner Rhetorik[3]. Als Beleg seien seine Ausführungen über die Allegorie herangezogen. Die Allegorie als eine Redefigur, die versteckt auf das anspielt, was man wirklich meint[4], schließt als besondere Spezies die Ironie in sich, „quae est dissimulatio quaedam" (S. 242)[5]. Sie dient der Delectatio durch ein „acumen in false dictis" (S. 243). Ein Beispiel in der Heiligen Schrift ist die Aussage der Schriftgelehrten (Matth. 27, 40): „Si filius Dei es, descende de cruce"[6]. Der Ironie nahe steht die Mimesis. Als rhe-

---

1. Joh. Gerhard, Meditationes Sacrae. Das ist geistreiche Hertzerquickende und lebendigmachende Betrachtungen, Vorrede f.)(iij^r (= dt. Übers. der Meditationes durch Joh. Sommerus Cycnaeus).
2. Augustin (De doctr. chr. 3, 29, 40): „Was jene Tropen anbelangt, so liest man in den heiligen Büchern nicht allein Beispiele von allen, sondern von einigen sogar die Namensbezeichnung, wie z. B. Allegorie, Aenigma, Parabel" (BKV 49, S. 141). Dagegen Cassiodor, PL 70, 21.
3. De Elementis Rhetorices, S. 308.
4. vgl. Beda (PL 90, 18): „Allegoria est tropus quo aliud significatur quam dicitur". Als Spezies nennt er u. a. Ironie und Rätsel: „Aenigma est obscura sententia per occultam similitudinem rerum"; vgl. Meyfart, Teutsche Rhetorica, S. 151: „Die Allegorey ... ist ins gemein / wenn man ein anders redet / und ein anders verstehet". Dieser besonderen Bedeutung des Terminus „Allegorie" steht die gewöhnliche Auffassung der Allegorie als einer fortgesetzten Metapher zur Seite; vgl. Quint., inst. or. 9, 2, 46. Deswegen fügt Meyfart seiner Definition hinzu: „Andere beschreiben die Allegorey deutlicher / sie seye / wann der Redener / waß er auff Metaphorische / Metonymische / und Synecdochische Weise ausgesprochen / in Gleichheit deß Verstandes fortfähret".
5. vgl. LAUSBERG § 896: „Unter dem Terminus allegoria wird oft auch die Ironie (s. § 902) als eigenes genus mit einbegriffen: Quint. 8, 6, 44 allegoria, quam inversionem interpretantur, aut aliud verbis aliud sensu ostendit (= eigentliche Allegorie, die auf dem Vergleichsverhältnis der Gedanken beruht) aut etiam interim contrarium (= Ironie); prius fit genus (= eigentliche Allegorie) plerumque continuatis translationibus (v. § 895) ...; 8, 6, 54 in eo vero genere, quo contraria ostenduntur, ironia est: illusionem vocant".
6. vgl. Cassiodor, Expositio in Psalterium (PL 70, 150). Dort über die Ironie (Matth. 27, 43).

torische Figur ahmt sie die Redeweise anderer nach[1]. So zitiert Paulus im Kolosserbrief (2,21) die falschen Lehrer, die da sagen: „Ne attingite, ne gustate, ne contrectate"[2], und Christus führt in seiner Strafpredigt die Schriftgelehrten an (Matth. 23,16): „Vae vobis duces caeci, qui dicitis: Quicumque iuraverit per templum, nihil est: qui autem iuraverit in auro templi, debet"[3].

Eine andere Art der Allegorie ist das Rätsel. Die ungebundene Rede soll es meiden, es sei denn, sie ist sehr scherzhaft. Das Rätsel wird jedoch gern von den Dichtern verwendet. So Vergil in der 3. Ekloge (V. 104/5), wenn er Damoetas fragen läßt:

> Sage mir, wo zu Land — und du bist mir der große Apollo —
> Nur drei Ellen bemißt, nicht mehr! die Breite des Himmels[4].

Doch auch in der Heiligen Schrift findet sich diese schmückende Figur. Melanchthon führt Simsons Rätsel an (Iud. 14,14), ein Beispiel, auf das auch Isidor zurückgegriffen hatte[5]: „Speise ging von dem Fresser und Süßigkeit von dem Starken".

Das patristische System erfährt jedoch schon bei Melanchthon eine Erweiterung. Ging es den Kirchenvätern allein um den Ausweis stilistischer Mittel rhetorischer Herkunft, so dehnt Melanchthon die biblischen Belege auch auf die gedanklichen und inhaltlichen Teile der Rhetorik aus. Er findet etwa eine Erscheinung in der Bibel vorgebildet, die der „materia artis" zugehört, nämlich die Umwandlung einer „quaestio finita" (hypothesis), einer konkreten Frage, in eine „quaestio infinita" (thesis), eine allgemeine Betrachtung[6]. Melanchthon hätte sich auf Cicero berufen können, der diesen Vorgang empfiehlt. Er bezeichnet diejenigen Reden als die schönsten, die vom speziellen zum allgemeinen Gedanken fortschreiten, damit die Zuhörer die Sache nach ihrer natürlichen Beschaffenheit, nach ihrer Gattung und ihrem ganzen Umfang erkennen[7]. Doch lehrt uns Christus selbst

---

1. De Elem. Rhet., p. 250: „cum alterius gestum repraesentamus, aut recitamus verba". Meyfart definiert: „wenn man einer anderen Personen Wörter nachredet / auch die gebührenden Nachnahmen aushönet und verspottet" (Teutsche Rhetorica, S. 196).
2. De Elem. Rhet., p. 243; Luther übersetzt als Zitat: „Du sollst — sagen sie — das nicht angreifen, du sollst das nicht kosten, du sollst das nicht anrühren".
3. De Elem. Rhet., p. 251.
4. übersetzt von R. A. SCHRÖDER.
5. Isid., Et. 1, 37, 26.
6. Melanchthon gibt als Beispiel für die Hypothese: „ne bellum movendum adversus Turcas" (p. 180); für die anschließende These: „liceat ne Christiano bella gerere" (p. 181).
7. Cicero, de or. 3, 30, 120: „Ornatissimae sunt igitur orationes eae, quae latissime vagantur et a privata ac singulari controversia se ad universi generis vim explicandam conferunt et convertunt, ut ei, qui audiant, natura et genere et universa re cognita, de singulis reis et criminibus et litibus statuere possint"; vgl. LAUSBERG § 1244, s. v. infinitus.

diesen Kunstgriff (artificium). Er hat oft eine Hypothese in eine These überführt. So antwortet er auf die Anklage der Galiläer gegen Pilatus, der einige der ihren getötet hatte (Luk. 13, 2—3):

> Meinet ihr, daß diese Galiläer vor allen Galiläern Sünder gewesen sind, dieweil sie das erlitten haben? Ich sage: Nein; sondern so ihr euch nicht bessert, werdet ihr alle auch also umkommen[1].

Die Übernahme von Belegen aus der Heiligen Schrift zur Illustration literarisch-rhetorischer Phänomene ist seit Augustins, Isidors und Bedas Ausführungen geläufig. Die biblischen Zitate stehen gleichwertig neben Belegen aus antiken Autoren, denn die Heilige Schrift gilt gleich ihnen als ein Werk von sprachkünstlerischem Rang, der dadurch erwiesen wird, daß man ihren Stil mit antikem Maße wiegt und für schwer genug befindet. Zur Charakterisierung des Sprachstils der Bibel muß man sich des kritischen Vokabulars bedienen, das der rhetorischen Schultradition angehört. Der lutherische Theologe Johann Hülsemann[2] preist besonders das Alte Testament seiner sprachlichen Schönheit wegen. Voraussetzung für die Sprachbetrachtung der Bibel ist nach seiner Meinung die Einsicht, daß sie vom Heiligen Geist inspiriert sei[3]. Auch der niedrige Stil des Amos tue der göttlichen Inspiration in keiner Weise Abbruch, und es sei auch nicht so, daß er zu dem Hl. Geist als dem gelehrtesten Lehrer der Sprachen in Widerspruch stehe. Dieser selbst nämlich hatte seine Freude an der hirtenmäßigen Einfachheit und dem Geist des Hirten Amos, weil er Erhabenes seiner eigenen Welt anpaßte. So stimmte er Amos' Stil herab und lenkte ihn nach seiner Weisheit[4]. Was Hülsemann mit diesen Worten vorbringt, ist nichts anderes als die bekannte Dreistil-Lehre. „Sic styli variationem secundum triplices Rhetorum characteres in sacris voluminibus manifesto deprehendimus"[5]. Vergleiche man etwa Jesaias mit Jeremias, Hesekiel und anderen Propheten, so werde der bewundernde Leser beobachten, daß der Hl. Geist einem jeden einen eigenen Stil zurückgelassen habe, dessen er sich nicht nach Gutdünken bediente, sondern der vom Heiligen Geist selbst gelenkt worden sei. Bei Jesaias, der am Hofe unter recht vielen Königen verkehrte und Beredsamkeit lernte, ließ er eine hohe und majestätische Stillage in der Rede zurück. Bei den übrigen dagegen eine niedrige und einfache Stillage[6]. Hülsemann führt Melanchthon als Zeugen dafür an, daß man die Psalmen mit dem attischen Stil vergleichen könne, Luther beruft er für die Auffassung, der Stil Jesaias' sei demjenigen Ciceros

---

1. desgl. Luk. 13, 4—5; Melanchthon, Elem. Rhet., p. 182.
2. 1602—1661, Prof. d. Theologie in Wittenberg (1629) und in Leipzig (1646). Einflußreichster Vertreter der luth. Orthodoxie.
3. De Veteris et Novi Testamenti natura, cap. IX, § 1.
4. ebda.
5. ebda.
6. ebda.

gleich[1]. Hesekiels Stil ist nicht sonderlich beredt, aber auch nicht gerade bäurisch, sondern aus beidem gemischt. Hesekiel stellt das Göttliche, das durch alltägliche und gewöhnliche Dinge zur Erscheinung gebracht wird, in einem Stil vor, der den alltäglichen Dingen angemessen ist. Damit befolgt er die bekannte Vorschrift der Rhetoren[2]. Der gleichen Ansicht ist Alsted. Er findet in den prophetischen Büchern sämtliche Stilhöhen wieder, das Buch Jesaias ist ihm Beispiel für ein „gravissimum dicendi genus"[3]. Und Olearius preist das Buch Hiob, aus dem man, unter Anleitung des Heiligen Geistes, den rechten Gebrauch der menschlichen „Welt-Weißheit" lernen könne. So finde sich in ihm auch die „Rhetorica, die nachdrückliche Rede-Kunst in vielen denckwürdigen beweglichen Reden und Widerreden / welche voller Figuren sind / und fast lauter acumina und durchdringende Worte haben"[4].

Was Hülsemann in beredten Worten für das Alte Testament geltend macht[5], behauptet Johann Conrad Dieterich (1612—1669) für das Neue Testament, besonders für Paulus. Wer ist, so fragt er, unter den Christen dem einzigartigen Cicero, um von den Griechen zu schweigen, an Geist, Bildung und Sorgfalt (ingenium, eruditio, diligentia) zu vergleichen? Wenn man die Beredsamkeit als „copiose loquens sapientia" versteht, wer darf dann leugnen, daß Paulus' Beredsamkeit die größte gewesen ist?[6]. Dieterich lobt an den Briefen des Apostels besonders die Einhaltung der drei Stillagen und den rhetorischen Schmuck[7].

1. De Vet. et Novi Test. natura, cap. IX, § 2.
2. De Vet. et Novi Test. natura, cap. IX, § 2.
3. Alsted, Orator, p. 153. Diese Auffassung konnte er bei Cassiodor finden: „Scriptura divina multis modis genera suae locutionis exercet" (PL 70, 20).
4. Olearius, Bibl. Erklärung Anderer Theil, S. 5.
5. Über die stilistische Erhabenheit des NT vgl. cap. X; Hülsemann führt unter anderem aus, daß das NT gerade wegen der Teilhabe an der Sprache des AT durch „dignitas" und „gravitas" herausrage: „Cum sua simplicitate omnem humanae eloquentiae majestatem superet. Quando enim patres stylum sacrum vocant simplicem, non hoc volunt, quasi rudis ac ineptus, quasi inelegans et inornatus, quasi ab omnibus figuris ac schematibus oratoriis alienus, sed quod sit minime affectatus, sincerus ac omnibus usitatus, quique cum res grandes et praeclaras describat, ad captum legentium se attemperet".
6. vgl. Antiquitates Biblicae, Proleg., p. 15.
7. Antiquitates Biblicae, Proleg., p. 16: „Adeo grandia magnifice, mediocria temperate, humilia demisse, tractat, ut necessum sit erubescere, qui in illo triplex illud ab Oratore Romano (Cic. ad Brut.) descriptum dicendi genus (humile, medium, sublime) desiderant. Quem omnem ornatum oratorium, in rerum et abstrusarum et admirabilium circuitu positum, qui pie considerant, facere non possunt, quin omne tribuant punctum Apostolo".

Ob Amos oder Jesaias, Paulus oder Christus, Altes oder Neues Testament: die Bibel ist als inspiriertes Wort Gottes auch das nach Maßgabe der Antike künstlerisch wohlgesprochene Wort Gottes. Es zeichnet sich vor allen Dingen durch Wahrung des Decorum aus. Rivetus gibt nur die allgemeine Auffassung wieder, wenn er sagt:

> Cum autem Deus nihil faciat, vel proferat, nisi sapientissime et prudentissime; nec potestati ejus sive in faciendo, sive in dicendo aliquid desit, omnia etiam in Sacrae Scripturae libris a Deo dictatis observata fuisse, et ratione dispositionis, et ratione styli, quae rebus et personis conveniebant, necessario credendum est[1].

Eine oft aufgelegte und sehr umfassende Darstellung der Bibelrhetorik stammt von Bartholomaeus Westhammer (Westhemerus)[2]. Sie ist für den Gebrauch des Theologen bestimmt, der bei der Exegese wissen muß, ob er ein Wort im eigentlichen oder übertragenen Sinne zu gebrauchen hat (Erklärung der Tropen); der aber außerdem, da er gemäß der lutherischen Forderung in seiner Predigtsprache an den Stil der Bibel anknüpfen soll, eine systematische Darstellung der Stilfiguren aus der Bibel kaum entbehren kann[3]. Die knappste Darlegung der Lehre von den Tropen gibt der Braunschweiger Rektor Henricus Achemius in seiner »Technologia Rhetorica«[4]. Im Vorwort führt er folgendes aus: Von allen Lebewesen unterscheidet sich der Mensch durch die Sprache[5]. Sie ist des Geistes und des Heiligen Geistes lebendiges Ebenbild. Nichts ist erhabener als die Dinge, die die Heilige Schrift offenbart: „Sunt enim illae prorsus divinae et coelestes: sunt spirituales et aeternae, quae fundamentum salutis et columnam nostrae fidei continent". Es ist daher nicht verwunderlich, wenn die Rede von diesen Dingen und ihre Niederschriften großartig und durch die Erhabenheit der Worte und die Würde der Sätze prächtig sind[6]: „Etenim generis huius sermonis non homo, sed ipse spiritus sancti-

---

1. Rivetus, Isagoge ad Scripturam Sacram, cap. XXVIII, § 2.
2. Barth. Westhemerus, Tropi insigniores veteris atque novi testamenti, summa cura per B. W. collecti, Basil. 1528; ders., Troporum, schematum, Idiomatumque Communium Liber, Basil. 1551, 1561. Verwiesen sei außerdem auf Joachim Camerarius, Notatio Figurarum sermonis in libris quatuor evangeliorum, et indicata verborum significatio, et orationis sententia, ad illorum scriptorum intelligentiam certiorem, Lipsiae 1572.
3. vgl. Calov, Paedia Theologica, p. 325: „Ornatus Oratorius quidem, tum e praeceptis Rhetoricis communibus, tum in specie ex Oratoria Ecclesiastica constat. Sed observanda cumprimis schemata, et elegantiae in SS. literis occurrentes, quibus prae aliis, exornabitur concio".
4. Technologia Rhetorica de modificatione vocum seu de tropis, qui duobus generibus, quorum utrumq. duas species continet, comprehenduntur, e sancto bibliorum volumine collectis exemplis illustrata, Helmstedt 1591.
5. Die Quelle für dieses Argument ist Cicero, de or. 1, 8, 32.
6. so Augustin, de doctr. chr. 4, 7, 21.

tatis autor est"[1]. So sagte schon der königliche Prophet David von sich und seinen Psalmen (2. Reg. 23,2): „Spiritus Domini locutus est per me, et sermo eius per linguam meam dixit"[2]. Aus diesem Grunde muß man auch den Sinn der göttlichen Rede, die vielgestaltig ist, sorgfältig und eifrig kennenlernen dadurch, daß man Gottes Worten in frommer Verehrung dient. Daher empfiehlt sich die Beschäftigung mit den Wörtern im eigentlichen und übertragenen Sinne. Sie kommt zwei Wissenschaften zu: der Grammatik und der Rhetorik[3]. Da Achemius die Wortfiguren nicht einschließt, sondern nur die Tropen behandelt, nennt er seine Abhandlung als rhetorisches Teilgebiet auch „Tropologia"[4]. Er gibt hier, gestützt vor allem auf Augustinus, Grundsätze einer Bibelwissenschaft wieder, der es um die Kunst der Sinnerhellung der heiligen Schriften geht. Die antike Rhetorik übernimmt dabei dienende Funktion. Daß die Namen der Dinge ihr Wesen selbst ausdrücken, ist für Achemius aus der Genesis belegt: „Deus enim omnia animantia ad Adamum adduxit, ut videret, quid vocaret ea" (Gen. 2,19)[5]. Die Philosophen lehren das gleiche, so Plato im Kratylos (383a). Mit dieser Harmonisierung christlicher Offenbarung und griechischer Wissenschaft weist sich Achemius als Nachfahre der Patristik aus, die sich den Nachweis einer solchen Harmonie im Anschluß an die jüdische und frühchristliche Apologetik zum Programm machte und durch die Bibelrhetorik festigte.

Die Definitionen der Tropen (Metapher, Metonymie, Ironie, Synecdoche) entnimmt Achemius dem traditionellen Lehrgut. Ihr Sinn wird doppelt begründet: Zum ersten sind sie notwendig, da der unbegrenzten Anzahl der Dinge nur eine begrenzte Anzahl von Begriffen gegenübersteht. Zum zweiten dienen sie der „iucunditas" und der „delectatio"[6].

Aus der Fülle der zitierten Bibelstellen seien nur wenige herausgehoben. Wenn es Gen. 7,1 heißt: „Ingredere tu et omnis domus tua in arcam", so handelt es sich um eine Metonymie, denn das Haus wird für seine Bewohner genannt. Nennt man das Gefäß für den Inhalt, so benutzt man gleichermaßen eine Metonymie: „Effundens hydriam in canalibus, recurrit ad puteum" (Gen. 24, 20)[7]. Die

---

1. Technologia Rhetorica, f. A3r-v.
2. Technologia Rhetorica, f. A3v.
3. ebda.
4. Tropologia als die Lehre von den semantischen Tropen ist nicht zu verwechseln mit dem Begriff, der als sensus tropologicus der Lehre vom vierfachen Schriftsinn geläufig ist; vgl. Hrabanus Maurus, PL 108, 148; LAUSBERG § 900, 3.
5. Technologia Rhetorica, f. A6v.
6. Vier Antworten gibt Achemius auf die Frage, warum ein Tropus erfreut (f. A7v): „Primum quia exhibet speciem ingenii. 2. quia innovat, nova autem grata et suavia sunt. 3. Quia auditorem cogitatione alio deducit, quem tamen non fallit. 4. Quia admirationem excitat, quae iucunda est".
7. Beda, PL 90, 181; Technol. Rhet., f. B5v.

Ironie findet sich im 3. Reg. 18,27. Dort sagt Elias zu den Propheten Baals: „Clamate voce maiore: Deus enim est, et forsitan loquitur aut in diversorio est, aut in itinere, aut certe dormit, ut excitetur"[1]. Bei Zacharias beginnt das 11. Kapitel mit einer Metapher: „Aperi, Libane, portas tuas, et comedat ignis cedros tuas"[2]. Eine Synecdoche liegt dann vor, wenn das Wort „caro" für die ganze Menschheit gesetzt wird, wie bei Luk. 3,6: „Et videbit omnis caro salutare Dei", oder bei Joh. 1,14: „Et verbum caro factum est"[3].

Wenn Achemius die rhetorische Analyse auf die Heilige Schrift anwendet, dann stellt er damit die Rhetorik aus den gleichen Gründen wie Augustin in den Dienst der theologischen Beschäftigung[4]: um der Bibel das rechte Verständnis angedeihen zu lassen und um das Verstandene für den Leser angemessen und wirksam darstellen zu können. Mit Beda teilt Achemius die systematische Darstellung, die auf eine Unterstützung durch Belege aus den heidnischen Schriften verzichtet. Ein direktes Ausschreiben von Bedas Belegsammlung läßt sich bei Achemius allerdings nicht nachweisen, wenn sich auch unter der Fülle des dargebotenen Materials übereinstimmende Belege finden. Das wird kein Zufall sein. Bedeutsam ist jedoch allein, daß Augustins Forderung nach einem in der Rhetorik ausgebildeten Theologen und Bedas prinzipielle Zuordnung der Figurenlehre zum Bibelstudium in der Nachfolge reichlich Früchte trugen.

Die von ihnen solchermaßen propagierte Verbindung von heidnischer Bildung und christlichem Bibelstudium konnte als entscheidendes Argument im 17. Jahrhundert in größerem Rahmen noch einmal zum Tragen kommen. Die gelehrte Orthodoxie griff auf diese Zuordnung in ihrem Streit mit den angeblich bildungsfeindlichen Kreisen der Rosenkreuzer und Chiliasten, die der Erwartung der Endzeit harrten, zurück. Als Beleg sei das »Heldenbuch vom Rosengarten« von Georg Rost herangezogen[5].

Das Argument von der sprachkünstlerischen Vollkommenheit der Heiligen Schrift übernimmt Rost in seiner Polemik gegen etliche „Chiliasten und Enthusiasten", die die Kenntnis der alten Sprache und der freien Künste, insbesondere des Triviums, für unnötig erachten[6]. Diese „Enthusiastische Newling", welche die

---

1. Beda, PL 90, 184; Technol. Rhet., f. C4^v.
2. Beda, PL 90, 179; Technol. Rhet., f. C7^v.
3. Beda, PL 90, 182; Technol. Rhet., f. D^r.
4. Augustin, de doctr. chr. 3, 29, 41.
5. Georg Rost, Heldenbuch vom Rosengarten. Oder Gründlicher und Apologetischer Bericht von den Newen Himlischen Propheten / Rosenkreutzern / Chiliasten und Enthusiasten, Rostock 1622.
6. Für den Theologen ist es nötig, außer der deutschen Sprache auch Hebräisch und Griechisch zu können: „Ob nun wol solche unsere deutsche Bibel / oder die H. Schrifft in unserer Mutter Sprache / ist ein solch edel Geschenck und Gabe Gottes / das wir auch jhr Lob mit Zungen nicht gnugsam können außsprechen und erreichen /

ganze Welt zu reformieren suchen, wollen gerade diejenigen Sprachen und Künste ausmustern, „durch welche doch Gott der HERR das Evangelium hat gegeben / fortgepflanzet und erhalten[1] / und ohne welche die Schrifft in ihrem eigentlichen Sinn und Verstande nicht kan erkleret / noch die Gegenlehr und Irrthum refutirt werden / sintemahl ohne Erkentniß der Sprachen / und ohne cognition und Wissenschaft der Künste / in der Welt nichts anders ist als eitel Finsterniß"[2]. Unter Berufung auf die anerkannten Autoritäten, auf Quintilian, Hieronymus, Augustinus und Isidor verwirft er die irrige Meinung, die Bibel könne ohne Kenntnisse der „dreyen Philosophischen Instrumenten oder Künste / Grammatica, Logica und Rhetorica"[3] verstanden und erklärt werden. Aber die Propheten und Apostel selbst sind ja Zeugen seines Bildungsanspruchs. Als Schreiber der Bibel waren sie Gebildete, denn sie wurden vom Heiligen Geist in allem unterrichtet[4]: „Darauß denn folget das sie gewiß auch dieser Künste cognition und Wissenschaft haben gehabt / wie man auch siehet / das sie jhre Prophetische und Apostolische Schrifften gar künstlich disponiert"[5]. Doch nicht allein die Apostel sind „gewaltig beredt / und so fürtreffliche Rhetorici und oratores gewesen", sondern Christus selbst war in den Künsten bewandert. Er darf wohl kaum der Unwissenheit beschuldigt werden, wohnt doch in ihm die ganze Fülle der Gottheit leibhaftig (Col. 2,9)[6], hat er doch selbst auch „logice et artificiose argumentirt und disputirt wieder seine Feinde die Jüden Joan. 8. Wer von Gott ist / spricht er / der höret Gottes Wort / darumb höret jhr nicht / denn jhr seyd nicht von GOTT"[7]. Rost entwickelt aus der Bibelrhetorik an Hand der Belege aus dem Neuen Testament eine theologische Kunstauffassung mit Christus als dem Beherrscher der artes. Diese Verschmelzung von humanistischer Bildungsforderung und theologischer Begründung findet sich auch bei katholischen Autoren, die sich jedoch auf das Dogma von der sapientia Christi und auf die Belege bei Albert, Thomas und Bonaventura beziehen[8]. Das gleiche Phänomen erfährt so verschiedene Begründungen.

---

jedoch so ist es lieblich und löblich / nützlich und nötig / das wir auch die fontes wissen unnd verstehen / dar uns offtmahls einiges Wörtlein viel nachdenkkens macht"(f. 52ᵛ).

1. gemeint ist Hebräisch als die Sprache des AT, Griechisch als die des NT und Latein als die Trägersprache der Übersetzung beider Teile.
2. Rost, Heldenbuch, f. 57ʳ.
3. Rost, Heldenbuch, f. 57ʳ.
4. Er zitiert Joh. 16. Gemeint sind vielleicht die Verse 13 oder 30.
5. Rost, Heldenbuch, f. 59ʳ. So lehnt auch Hieronymus im Brief an Paulinus von Nola die Meinung ab, Petrus und Johannes seien ungebildete Fischer gewesen; vgl. CURTIUS, Europ. Lit., S. 443.
6. vgl. Col. 2, 3: „[Christus] in welchem verborgen liegen alle Schätze der Weisheit und der Erkenntnis".
7. Joh. 8, 47; Rost, Heldenbuch, f. 59ʳ.
8. vgl. CURTIUS, Europ. Lit., S. 538.

Die vollständigste und systematischste Darstellung der Figurenlehre, ausschließlich belegt mit Beispielen aus der Bibel, findet sich in Joh. Heinr. Alsteds »Triumphus Biblicus« von 1625. Alsted unternimmt es in diesem Werk, den hierarchischen Bau der Wissenschaften enzyklopädisch darzustellen und das traditionelle Bildungsgut in der Form von Bibelzitaten zu vermitteln. Das 24. Kapitel beschäftigt sich mit der „Rhetorica Sacra"[1]. Zuerst behandelt er die Tropen, darauf die Figuren. Alsted geht weit über die Figurenlehre Bedas hinaus. Den vier Tropen und ihren Nebenformen (Emphasis, Katachrese, Hyperbel, Allegorie) stellt er die Aufzählung und Illustrierung von 36 Gedanken- und 38 Satzfiguren gegenüber. Als Belege für die Metapher führt Alsted unter anderen an: „Gen. 2,1 Itaque perfecti sunt coeli et terra, et omnis *exercitus* eorum. Gen. 4,10. Ecce vocem sanguinum fratris tui, *clamantium* ad me de terra. Gen. 15,1 dicit Deus Abrahamo. *Ego sum tibi clypeus*"[2]. Für die Klimax zitiert er das berühmte Beispiel aus dem Römerbrief[3], ein Oxymoron findet sich 1. Tim. 5,6: „Nam quae in deliciis est, vivens mortua est"[4]. Die Beispiele ließen sich beliebig vermehren.

Der antiken Stillehre im biblischen Gewand läßt er eine „Oratoria Sacra" folgen, die definiert wird als „ars copiose dicendi ad imitationem scripturae sacrae"[5]. Alsted spricht über die drei Arten der Rede, über die drei Stillagen, über Invention, Disposition und Elocution und schließt dem noch eine „Poetica Sacra" an. Es muß im Rahmen dieser Arbeit genügen, auf das Werk hingewiesen zu haben, das der Forschung bisher unbekannt geblieben ist[6] und das doch beispielhaft und in seltener Deutlichkeit die Bemühung demonstriert, die Bibel auf der Grundlage der antiken Bildung als Enzyklopädie mit universalem Anspruch auszuweisen. Der Abschnitt über die „Rhetorica Sacra" ist der mit wissenschaftlicher Genauigkeit unternommene Versuch, den Beweis für die Behauptung Bedas anzutreten, die Bibel zeichne sich durch rhetorische Kunst aus und sei darin allen andern Schriften überlegen.

Bei dem Rückverweis auf die Bibelrhetorik der Kirchenväter dürfen wir jedoch einen wesentlichen Unterschied nicht aus den Augen verlieren. Die nobilitas literaria des 17. Jahrhunderts bezog sich in ihren deutschen Schriften auf die Lutherbibel[7]. Das kulturgeschichtliche Problem, nämlich die Rechtfertigung der Heiligen Schrift den gelehrten Heiden gegenüber, war nichtig geworden. Die

---

1. Triumphus Biblicus, p. 216—236.
2. Triumphus Biblicus, p. 219.
3. Triumphus Biblicus, p. 221. Röm. 5, 3—5; Augustin, de doctr. chr. 4, 7, 11.
4. Triumphus Biblicus, p. 225.
5. Triumphus Biblicus, p. 249. Zwischen die Rhetorik und die Oratorie schiebt er die „Logica Sacra" (p. 230—249).
6. Zu untersuchen wäre besonders die Wirkungsgeschichte.
7. Von den Reformierten, besonders der Herborner Schule, wird allerdings die Übersetzung von Johann Piscator, Herborn 1605—19, vorgezogen.

Rechtfertigungsmethode aber wahrt ihre Bedeutung als Gegengewicht gegen die einseitige Orientierung an den Sprachmustern der Antike und bleibt im Traditionszusammenhang der übernommenen rhetorischen Theorie noch bis in das 18. Jahrhundert hinein deutlich sichtbar.

Gerade die „deutsche Bibel / oder die H. Schrift in unser MutterSprache", dieses „edel Geschenck unnd Gabe Gottes"[1] bot die Möglichkeit, daraus „zierliche Teutsche Phrases"[2] zu sammeln. Sie war nicht allein die „Schatzkammer heiligen Wortes" (Matth. 13, 53), sondern auch das Vorratsmagazin für kluge Sentenzen, lehrreiche Gleichnisse und zierliche Ausdrücke. Aus keinem andern Buch vermochte man „gründlicher und stattlicher" die Beredsamkeit zu erlernen als aus ihr, denn es hatte „auch dem Heiligen Geist also beliebet / daß er derselben sich überal in heiliger Schrift . . . gebrauchet"[3]. Harsdörffer empfiehlt daher den Poeten, sich besonders für die geistliche Dichtung an die „schönen Machtwort der Profeten / und ihre Gedanken" zu halten, „massen keine grössere Wolredenheit / als in der H. Schrift"[4]. Der Anspruch auf den sprachlich-künstlerischen Wert der Bibel, der von den Vätern erhoben wurde, wird auch für die Lutherbibel geltend gemacht. Ein überliefertes Argument wird damit ohne Einbuße seiner Schlagkraft von einem „lateinischen" auf ein „deutsches" Werk übertragen und damit die Wirkung, welche die Bibel als Stilvorbild praktisch ausgeübt hat, theoretisch begründet.

War die Bibel geoffenbartes Wort und war sie gleichzeitig in künstlerischer Sprache geschrieben, so mußte sich Gott selbst des Redeschmucks bedient haben, ein Schluß, den Schupp folgerichtig zieht: „Soll der Jenige, der den Menschen erschaffen, und ihme die Zunge gegeben hat, nicht zierlich reden können?"[5]

In seinem Eifer, auch für die höfische Redeweise das löbliche Vorbild in der Bibel finden zu wollen, schießt Kaspar Stieler über das Ziel hinaus. In den Anmerkungen zu Kindermanns »Deutschem Redner« behandelt er die Komplementierreden und lobt Christian Weise, daß er im 2. Teil seines »Politischen Redners«[6] sich zum ersten Mal theoretisch mit den „Ehrenreden / so man Komplimenten heisset", befaßt hat. Diese Komplimente erfordern neben dem Inhalt, der in einer „süssen Einliebelung so in antragung der dienste / freundschaft / dank und wuntsche bestehet", vor allem sprachlichen Schmuck aus „schönen / auserlesenen / iedoch gebrauch- und verständlichen worten / und der geschicklichen / fertigen Erfindung

---

1. Rost, Heldenbuch, f. 52ᵛ.
2. Schupp, Teutscher Lehrmeister, S. 33.
3. Richter, Thesaurus Oratorius, Vorrede, f. Aii. Daß Richter sich dieses Argumentes im Vorwort seiner Rhetorik bedient, unterstreicht den Traditionszusammenhang, denn auch Beda hatte die gleiche Behauptung an den Anfang seiner Sammlung gestellt.
4. Harsdörffer, Gesprächspiele V, S. 33.
5. Schupp, Teutscher Lehrmeister, S. 33; vgl. Augustin, de doctr. chr. 4, 7, 21.
6. Weise, Politischer Redner, Leipzig 1679.

des decori, oder der geziemlichkeit und Wolstandes"[1]. Die stilistischen Mittel für die Komplimentierkunst stellt die Rhetorik bereit, doch nicht allein zum Ziel höflicher Färbung der Rede, sondern vielmehr zum Zwecke des Überzeugens. Denn der Sinn der Komplimente besteht darin, daß sie „sich beglaubt machen wollen / die mittel aber hierzu zugelangen / in der geschicklichen Anbringung ihrer Worte und meinung / suchen"[2]. Die Rhetorik als Überredungskunst ist der Grund und die Richtschnur jeder höfischen Rede.

Der beste Weg zum Kompliment besteht nun in der Nachahmung der anerkannt guten Autoren, denn „es ist ie / was wir tuhn / reden und handeln / nichts anders / als eine nachahmung / und wird heut zu tage wol schwerlich etwas gesagt / das nicht vorher auch gesagt worden"[3]. Stieler verweist auf Chr. Weises »Komplementier-Comödie«, auf Harsdörffers »Gesprächspiele« und auf die Bibel, „welche voller Komplimenten ist". In Abrahams Worten an die Engel (Deut. 18, 2–5) und seinen Gesprächen mit den Kindern Heth (Deut. 23, 3–20), in den Dialogen zwischen dem Knechte Abrahams, Rebecca, Laban und Bethuel (Deut. 24, 2–60) findet Stieler die „Prang- und Ehrenworte" vorgebildet, die er dem Leser unter Zuhilfenahme rhetorischer Kunstgriffe vermitteln möchte[4].

Stieler schließt seine Betrachtungen über die vorbildliche Behandlung der Komplimente in der Bibel mit der Bemerkung: „Woraus zu sehen / daß das Komplimentiren nichts neues sey / und wir dessen Kunststück den Franzosen noch lange nicht zudanken haben"[5]. Dieser Satz scheint in diesem Zusammenhang weit hergeholt; doch hat er gerade an dieser Stelle seine historische Berechtigung, denn mit der Bibelrhetorik verknüpft ist der sogenannte „Altersbeweis" der Patristik, die Heiligen Schriften seien älter als die der hellenischen Weisen und Dichter[6]. Stieler paßt ihn der neuen Situation an und benutzt ihn umgewertet und gelöst vom ursprünglichen historischen Hintergrund (Apologie des Christentums gegen die heidnische Philosophie) zur Abwehr des französischen Bildungseinflusses.

In seiner Darstellung der Figurenlehre kann auch Meyfart auf die Exemplifizierung durch Stellen aus der Bibel nicht verzichten. Wenn er in seiner Rhetorik neben antiken Zitaten biblische Belege mit heranzieht, dann nicht einfach, weil er Theologe war. Diese Begründung würde den historischen Zusammenhang und die literarische Tradition übersehen, in der Bibel und Rhetorik seit der Spätantike zusammengeknüpft sind.

---

1. Kindermann-Stieler, Teutscher Wolredner, S. 41.
2. Kindermann-Stieler, Teutscher Wolredner, S. 43.
3. Kindermann-Stieler, Teutscher Wolredner, S. 43.
4. Kindermann-Stieler, Teutscher Wolredner, S. 43 f. Stieler setzt die Liste fort mit Beispielen aus den Büchern Moses, Samuel, Daniel.
5. Kindermann-Stieler, Teutscher Wolredner, S. 44.
6. vgl. CURTIUS, Europ. Lit., S. 591, s. v. Altersbeweis.

Eine Anapher verwendet Cicero in dem Satz: „Du auf die Gerichtplätze zukommen / du deß Tagesliecht zuschawen / du vor das Angesicht dieser Männer
zukommen / darffest dich unterstehen?"[1]. Sie findet sich aber auch in dem Wort
des Propheten: „Kommet / lasset uns anbeten . . . Nemlich lasset uns niederfallen
für Frewden / . . . Lasset uns niederfallen für Trawren / . . . Lasset uns niederfallen aus Frewde und Liebe . . ." usw.[2]. Beda definiert die Anadiplose als „conge-
minatio dictionis, in ultima parte praecedentis versus et prima sequentis"[3]. Als
Beispiel zitiert er Psalm 121, 3—4. Meyfart übernimmt Definition und Beispiel
(„Unsere Füsse werden stehen in deinen Thoren Jerusalem: Jerusalem ist gebawet
das eine Stadt sey / da man zusammen kommen sol")[4], er ergänzt die Exempel-
sammlung jedoch durch Zitate aus Vergil und Augustin.

Bezeichnet man Scipio, ohne seinen Namen zu nennen, als denjenigen, „welcher
Carthago eingeäschert / und Numantia zerstöret hat", so bedient man sich der
Antonomasie. Quintilian gibt dieses Exempel in der »Institutio Oratoria« (8,6,30).
Meyfart übernimmt es, ergänzt es aber neben anderen Belegen durch ein Bibelzitat.
Saul bedient sich dieser Figur, wenn er den „StamNamen vor den rechten Namen
gebrauchet" und von David als dem Sohn Isais spricht[5]. In gleicher Weise hatte
auch Beda die Antonomasie illustriert[6].

Zur Erläuterung der Klimax führt Meyfart das durch Augustin berühmt gewordene Beispiel aus dem Römerbrief an[7]:

Wir wissen das Trübsal Gedult bringet. Gedult aber bringet Erfahrung / Erfahrung
aber bringet Hoffnung. Hoffnung aber lesset nicht zuschanden werden.

Ein Isokolon[8] findet er im 1. Johannesbrief (2,19): „Sie sind von uns außge-
gangen / aber sie waren nicht von uns. Denn wo sie von uns gewesen weren / so
weren sie ja bey uns blieben"[9].

---

1. Meyfart, Teutsche Rhetorica, S. 283.
2. Meyfart, Teutsche Rhetorica, S. 287.
3. Beda, De schematibus et tropis, PL 90, 177.
4. Meyfart, Teutsche Rhetorica, S. 257.
5. 1. Sam. 22, 13; Meyfart, Teutsche Rhetorica, S. 133.
6. PL 90, 181.
7. Röm. 5, 3—5; Augustin, de doctr. chr. 4, 7, 11; Meyfart, Teutsche Rhetorica, S. 274.
   Meyfart zitiert außerdem Röm. 8, 29—30 (S. 268) und Röm. 10, 14 (S. 274).
8. Das Isokolon besteht in der koordinierten Nebeneinanderstellung zweier oder meh-
   rerer Kola. Die Kola selbst können syntaktisch vollständige Haupt- oder Nebensätze
   sein; vgl. LAUSBERG § 719 ff.
9. Meyfart, Teutsche Rhetorica, S. 300.

Für die Synecdoche dient der 91. Psalm (Vers 7) als Beispiel[1]:

> Laß Tausend sincken hin zu deiner lincken Seiten
> Wenn der Tod samlet ein der bleichen Leichen Beuten:
> Laß zehentausend Mann hinfallen zu der Erden
> Zu deiner rechten Hand / zu leichter Aschen werden /
> Die kurtze Zeit zuvor in schweren Ehren giengen
> Wenn die geängste Seel muß mit der Marter ringen.

Quintilian definiert die Synecdoche als eine Figur, welche die Kraft hat, die Rede dadurch abwechslungsreich zu gestalten, daß die Einzahl für die Mehrzahl oder ein Teil für das Ganze (und umgekehrt) gesetzt wird. Die Dichter benutzen sie häufiger als die Redner[2]. Meyfart erläutert das oben gegebene Beispiel: „Allhier nennet der Prophet tausend und zehentausend / und verstehet eine unmeßliche Zahl darunter"[3]. Auch die „RuffFigur" (exclamatio) „stehet sehr offt in heiliger Göttlicher Schrifft / und haben solche so wohl die Propheten als Christus und die Apostel gebrauchet"[4].

Die wenigen Belege, die übereinstimmend bei Meyfart und bei Beda, Augustin und Isidor[5] vorkommen, garantieren keine direkte Abhängigkeit Meyfarts von denjenigen Schriften der Kirchenväter, in denen sie sich über die Bibelrhetorik geäußert haben. Ihre Kenntnis darf jedoch vorausgesetzt werden, denn die Beschäftigung mit patristischem Schrifttum war den Vertretern der Orthodoxie geläufig, wie allein schon die Bibelkommentare eines Olearius, Calixtus, Calov oder Gerhard zeigen.

Auffallend ist, wie wir gesehen haben, die Koppelung von Belegen aus der Antike und der Bibel. Stehen für bestimmte stilistische Phänomene Zitate aus beiden Traditionen, so bedeutet das, daß sie sich durch den Zusammenfluß gegenseitig verstärken und dadurch den exemplifizierten Stilformen ein besonderes Gewicht verleihen: Der Schriftsteller des 17. Jahrhunderts konnte in dem Nachweis zweier Quellen eine vordringliche Aufforderung zur Nachahmung gerade dieser Stilmittel sehen[6].

1. Meyfart, Rhetorica, S. 105. Es handelt sich um eine Nachdichtung.
2. Quint., inst. or. 8, 6, 19.
3. Meyfart, Rhetorica, S. 106.
4. Meyfart, Rhetorica, S. 348. Zur Beredsamkeit der Apostel vgl. noch Rost, Heldenbuch, f. 59ʳ: „So seynd auch die Apostel so gewaltig beredt / und so fürtreffliche Rhetorici und oratores gewesen / das sich jederman uber sie hat verwundert und entsetzet / wie Act. 2 stehet: Und der König Agrippas, als Paulus so herrlich perorierte ... wird in seinem Hertzen gerührt / das er mit Worten herauß bricht und spricht: Es fehlet nicht viel / du uberredest mich das ich ein Christen wurde" (Rost meint Act. 26, 28).
5. Vergil, Aen. 7, 759: Meyfart, Rhet., S. 313; Isid., Et. 1, 36, 9. Cicero, Catil. 1, 10: Meyfart, Rhet., S. 245; Isid., Et. 2, 21, 6.
6. Eine Untersuchung über die Metaphorik in der Literatur des 17. Jh., geht sie diachronisch vor, müßte diesen Sachverhalt besonders berücksichtigen.

Die Bibelrhetorik läßt sich in der gesamten Literatur des 17. Jahrhunderts, die sich auf der Grundlage der antiken Rhetorik theoretisch mit der „Wolredenheit" befaßt, nachweisen. Dabei ist es gleichgültig, ob es sich um Poetiken und damit um die Anweisung zur „oratio ligata", um „Rhetoriken" (Meyfart, Kindermann etc.), die gleichermaßen für gebundene und ungebundene Rede Verpflichtendes zu sagen haben, oder schließlich um die Briefsteller handelt. Alle drei sind ja nur besondere Ausprägungen der gleichen Gesinnung, die „nicht nur an die richtige Form der rhetorischen Behandlung [der Sprache], sondern auch an den richtigen Gehalt, d. h. ‚das' Richtige, das der sittliche Mensch als Haltung und Stellungnahme zu jedem Vorkommnis finden müsse, glaubt"[1].

In seiner »Teutschen Sekretariat-Kunst«, dieser „oratoria specialis"[2], behandelt Stieler auch ausführlich die Tropen und Figuren, denn diese Lehre muß „das Herz und Kern der Sekretariatkunst genennet werden . . . als ohn welches eine Feder tumm und stumpf / und ein Secretarius vor stumm und lebloß zu schätzen"[3]. Damit aus den lateinischen Autoren nichts erbettelt zu werden braucht[4], hält Stieler sich an Meyfart und Harsdörffer[5], da sonst in den letzten fünfzig Jahren kein vernünftiges Buch mehr auf diesem Gebiet erschienen sei. So belegt er die Klimax mit der Paulusstelle Röm. 8, 29—30. Seine Quelle: Meyfarts Rhetorik. Die Epizeuxis[6] kann nicht eindringlicher als mit Christi Worten „wahrlich, wahrlich, ich sage euch"[7] illustriert werden. Und wenn Christus sagt: „Nicht siebenmal sondern siebenzig siebenmal / das ist so oft du beleidigt wirst / solstu vergeben", so steht „die einzelne vor die mehrere Zahl" und es handelt sich um eine Synecdoche[8], die auch in einer anderen Erscheinungsform aus dem Alten Testament zu belegen war, wenn Tahmar zu ihrem Bruder Ammon spricht: „Tuhe nicht eine

---

1. Trunz, DVjs 18 (1940), Referatenheft, S. 17.
2. Alsted, Orator, p. 66: „Epistolica est oratoria specialis de ratione scribendi epistolam". — Für die Briefsteller fehlt noch immer eine eingehende Studie, die besonders den Zusammenhang mit der antiken und mittelalterlichen Rhetorik untersucht. Der Arbeit von A. Roseno, Die Entwicklung der Brieftheorie von 1655—1709, Diss. Köln 1933, mangeln die historischen Kenntnisse. Die zu den Briefstellern vorliegende Literatur wird besprochen von Jean B. Neveux, Un „parfait Secrétaire" du XVIIe siècle: „Der Teutsche Secretarius" (1655), Etudes Germaniques 19 (1964) 511—520. Neveux charakterisiert die Epistolographie im 17. Jh. als „un domaine dans l'ensemble mal connu" (p. 511).
3. Stieler, Sekretariatkunst I, Teil II, S. 235.
4. Daß es sich dabei nur um ein Rechtfertigungsargument für die Eigenständigkeit des Deutschen handelt, beweisen die zahlreichen Rückgriffe auf Aristoteles, Cicero, Quintilian im Kontext.
5. Stieler bezieht sich auf den »Poetischen Trichter« und auf die »Gesprächspiele«.
6. Epizeuxis oder geminatio, vgl. die Belege bei Lausberg § 617.
7. Stieler, Sekretariatkunst I, Teil II, S. 368.
8. Stieler, Sekretariatkunst I, Teil II, S. 350.

solche Tohrheit / und verstunde [eigentlich] die Schwächung [seiner Schwester]"[1]. Und eine Metonymie benutzte David, als er sprach: „Das sei ferne von mir / daß ich das Blut dieser Männer trinken sollte", und meinte doch „das Waßer / das sie mit Lebensgefahr geschöpfet"[2].

Die Beispiele, die Stieler gibt, sind ausgewählte Varianten aus der Fülle von Belegen für Stilfiguren, die die Bibel bietet. Doch dienen sie nicht mehr allein dem Beweis der sprachkünstlerischen Vollkommenheit der Heiligen Schrift, sondern sie werden *unter dieser Voraussetzung* zur Legitimation der eigenen Ausführungen gebraucht: Die Wohlredenheit hat göttliche Würde und sie verleiht demjenigen, der sie beherrscht, gottähnlichen Ruhm. Und nur die Unbesonnenen wissen nicht, daß sie „einem Fürsten so wol / als einem Ritter / und diesem so wol als einem Unedelen bey der Welt und ihren Gewaltigen ein Göttliches Ansehen verursache"[3]. Christus selbst bediente sich rhetorischer Finessen. Diesen Beweis erbringt Stieler in dem Kapitel „Von der scharfsinnigen Erfindung" und er zeigt damit gleichzeitig den extremsten Ausläufer der bibelrhetorischen Tradition, die hier zum Beweis der göttlichen Herkunft manieristischer Kunstgriffe eingespannt wird[4].

Stieler definiert die scharfsinnige Sentenz, das „acumen", im Anschluß an den Jesuiten Michael Radau: „Acumen est concursus seu discors concordia subjecti et praedicati in oratione"[5]. Um diese „uneinige Einigkeit" zu erreichen, gibt es verschiedene Mittel. Entweder gewinnt man sie durch „gegenstreitende Beywörter (epitheta discordantia ad subjectum) als: Eine unschuldige Schuld"[6] oder durch Metaphern, indem man den Geizigen einen harten Kieselstein nennt[7]. Stieler gibt eine lange Liste von Beispielen, die zur Fabrikation solch formaler Manierismen anregen sollen[8]. Daß es sich um solche handelt, wird belegt durch Stielers Bemerkung:

Unsere Zeiten haben einen Ekel an der einfältigen Schreibart / und begehren / daß dieselbe etwas ungebräuchliches und prächtiges mit sich führe / dahero itzo fast keiner vor einen guten Redner gilt / wer nicht durch Spitzfindigkeit die Worte zu drehen

---

1. 2. Sam. 13, 12. Stieler, Sekretariatkunst I, Teil II, S. 349. Synecdoche „genus pro specie".
2. Metonymie der Grund-Folge-Beziehung, Lausberg § 568, 3. Dort auch die Definition.
3. Kindermann-Stieler, Teutscher Wolredner, S. 4.
4. die Manierismen bei Stieler beschränken sich im wesentlichen auf dieses Kapitel.
5. Radau, Orator extemporaneus sive artis oratoriae breviarum, p. 34.
6. Das Oxymoron ist ein beliebtes manieristisches Stilmittel; vgl. H. Friedrich, Epochen der ital. Lyrik, S. 217.
7. Stieler, Sekretariatkunst I, Teil II, S. 130 f.
8. Er nennt außerdem: „ambigua verba", Paronomasie, Kunststücke mit der Etymologie eines Wortes (notatio nominis), „narrationes ingeniosae, vividae et rarae" (Stieler, ebda., S. 138 ff.).

gelernet . . . Sehen wir also / daß je wunderbarer und ungewöhnlicher diese Zusammenfügung ist / ie mehr Geist und Feuer sie zu erkennen gibt[1].

Doch muß auch im Gebrauch des Acumen die Grenze gewahrt bleiben, „die allzudunkle / gehäufete / gezwungene / geringfügige / und stachlichte Reden" sind verwerflich[2].

Der Gewährsmänner sind viele: Curtius, Plinius, Seneca, Chrysologus, Valerius Maximus, Sallust, Tacitus, aber auch Gregor von Nazianz und Synesius. Das Zeugnis aller dieser Autoren aber wird übertroffen durch die unerwarteten Scharfsinnigkeiten (inopinatum) aus dem Munde Christi selbst. Wenn er sagt: „Ihr seid das Salz der Erde. Wo nun das Salz dumm wird, womit soll man's salzen?" (Matth. 5, 13), oder: „Es ist leichter, daß ein Kamel durch ein Nadelöhr gehe, denn daß ein Reicher ins Reich Gottes komme" (Matth. 19, 24), so zielt die Rede auf einen „nicht vermeinten Schluß"[3]. „Sophismata" im Munde des Herrn: Dieses Lob manieristischer Kunstfertigkeit bezeichnet eben selbst die manieristische Übersteigerung einer Argumentation, deren historische Grundlage in der Verbindung zu suchen ist, die Rhetorik und Bibelstudium im Mittelalter eingegangen sind.

---

1. Stieler, Sekretariatkunst I, Teil II, S. 130. Die erste Hälfte des Zitats ist eine Übersetzung von Radau, Orator extemporaneus, part. I, cap. 1, quaest. 7.
2. Stieler, Sekretariatkunst I, Teil II, S. 130.
3. Stieler, Sekretariatkunst I, Teil II, S. 137.

Exkurs I

Zur Definition des Topos vgl. den Aufsatz von E. MERTNER, Topos und Commonplace, in: Strena Anglica, Festschrift für OTTO RITTER, hg. G. DIETRICH und F. W. SCHULZE, Halle 1956, S. 178—224; außerdem den Forschungsbericht von W. VEIT, Toposforschung, DVjs 37 (1963) 120—163; dort auch die Diskussion der Literatur.

Ausgehend von Aristoteles' Topik (auch Rhet. 1395 b ff.) zeigt VEIT die Genese des Begriffes auf. Er macht darauf aufmerksam, daß unter „Topos" oder „locus" nicht das Argument selbst, sondern allein der Ort zu verstehen ist, an dem ein Argument gesucht und gefunden werden kann: „Der Topos ist nicht der Beweis selbst, sondern sein Prinzip" (VEIT, S. 142). Schon MERTNER hat mit Nachdruck betont: „Locus bezeichnet eine Methode, Technik oder Norm, ein Instrument zur Auffindung einer Sache, niemals aber die Sache selbst" (MERTNER, S. 191). Der Toposbegriff von E. R. CURTIUS wird auf dieser Grundlage mit Recht inkriminiert, und es offenbart sich ein Dilemma, in dem sich die heutige Literaturwissenschaft befindet: sie arbeitet in Anlehnung an Curtius mit einem Begriff, den es in dieser Verwendung historisch nicht gegeben hat.

CURTIUS will zwar an dem antiken Begriff Topik festhalten (Europ. Lit., S. 92), er behält jedoch nur das Wort bei und verengt dessen Bedeutung zu „festes Klischee, konventionelles Gedankenschema, Gemeinplatz, tradierte Formel" (vgl. MERTNER, S. 178—185). Topos ist jedoch der Oberbegriff, unter den sich Argumente gleicher Denkstruktur, aber verschiedenen Inhalts subsumieren. „Puer senex" (vgl. CURTIUS, Europ. Lit., S. 108 f.) ist daher kein Topos, sondern allenfalls ein Argument aus dem Topos „ex contrariis". Andere Ausformungen sind möglich. Was in dem Strom der literarischen Tradition mitgeführt wird, sind die Argumente selbst, die im Rahmen einer bestimmten literarischen Aufgabe (etwa „Lob") oder einer bestimmten Situation (etwa „Apologie des Dichterstandes") immer wieder angewendet werden können.

Aber auch die Argumente dürfen nicht isoliert betrachtet werden, sondern sind im Kontext auf die Geisteshaltung zu prüfen, die sie repräsentieren: Die hohle Form kann mit neuem Inhalt angefüllt worden sein. Die Argumente können zu festen Formeln erstarren, sie müssen es nicht mit Notwendigkeit. Denn die Erfüllung des Topos als einer Denkform ist sprachlich und inhaltlich variabel. Allerdings wird der Vorgang der Klischierung durch die literarische Praxis begünstigt, denn in Florilegien, Collectaneen, Aerarien, Panantheen und Thesauri waren die Argumente gesammelt, die in den Rahmen der jeweiligen Bedürfnisse eingepaßt werden konnten. Leider ist die Funktion der Schatzkammern als den Umschlagplätzen literarischen Handelsgutes noch unerforscht. Das 17. Jahrhundert jedenfalls benutzt den Topos im antiken Sinne als Denkprinzip allgemeinster Art. Die jeweils verwendeten Argumente sind die Floskeln, Sentenzen, Exempla, Redensarten, Aussprüche etc.

Dem „locus" als Denkprinzip steht der „locus communis" zur Seite. Er hat die „formale Bedeutung ‚Thema für allgemeine Erwägungen für oder gegen eine Sache'" (MERTNER, S. 190), wird aber nicht bei allen antiken Autoren vom „locus proprius" streng getrennt. Die unscharfe Unterscheidung setzt sich in der Tradition fort, jedoch bildet sich im Humanismus eine spezielle Bedeutung von „locus communis" heraus, nämlich als Stichwort, Überschrift, „titulus". Auch diese Bedeutung hat sich im 17. Jahrhundert erhalten; vgl. S. 59 ff. dieser Arbeit.

Zu welch unzulänglichen Vereinfachungen es bei Unkenntnis der rhetorischen Tradition kommen kann, zeigt die Definition des Topos in einer Arbeit, die ein dichtungstheoretisches Argument zum Untersuchungsgegenstand hat. R. BACHEM (Dichtung als verborgene Theologie, Diss. Bonn 1955) definiert: „Topos heißt Stelle (in einem Buch) oder rhetorischer Gemeinplatz" (S. 15). An anderer Stelle (S. 30) nennt er Topoi „festgeprägte Redewendungen". Gerade das sind sie nicht. Daß der Toposbegriff dazu dienen kann, eine genaue Analyse und Begriffsfindung zu verhindern, zeigt die Arbeit von R. RÖMER (Das Motiv der Bewegung in der Sprache der SED, WW 14 (1964) 170–183). Die Autorin spricht davon, daß „in jeder Rede der führenden Funktionäre . . . die Zahl der Bewegungstopoi in die Hunderte" gehe (S. 170). Sie meint aber einfach die zahlreichen Verben der Bewegung.

Da die vorliegende Arbeit dem Versuch dient, den Formen des traditionsgebundenen literarischen Verständnisses im 17. Jahrhundert nachzugehen, muß sie eine historisch relevante Terminologie anstreben. Wir halten uns daher an den Begriff, so wie er in der antiken Rhetorik und auch im 17. Jahrhundert verstanden wurde. Die Rhetorik will das Ziel der Überzeugung nicht vermittels speziell wissenschaftlicher Belehrung, sondern vermittels des gemeinhin Angenommenen erreichen, das keiner besonderen Wissenschaft ausschließlich eigen ist. Topoi sind daher einerseits Denkprinzipien allgemeinster Art. Zum anderen dienen sie als „loci communes" im Sinne von Stichwörtern dem Bestreben, gesammeltes Material sinnvoll zu ordnen.

Exkurs II

Da der Begriff „Gemüt" wie alle Begriffe seine Vergangenheit enthält, muß seine Bedeutung im 17. Jahrhundert abgegrenzt werden von der modernen, psychologischen Definition, die das Gemüt als die Fähigkeit bestimmt, „die Mitwelt und Umwelt in sich widerklingen und aufleuchten, sie unmittelbar werden zu lassen zur eigenen Innerlichkeit als einem Horizont des Seienden, das in sich seinen Sinn und Wert trägt" (PH. LERSCH, Der Aufbau des Charakters, [3]1948, S. 123, zit. nach

J. Hoffmeister, Wörterb. d. philos. Begriffe, Hamburg ²1955, S. 256). Schiller spricht von der „inneren Freiheit des Gemüts" (Vom Erhabenen, Sämtl. Werke, hg. G. Fricke u. H. G. Göpfert, München ²1960, Bd. V, S. 492): „Das Gemüt erweitert sich nur desto mehr nach innen, indem es nach außen Grenzen findet" (Über das Pathetische, ebd., S. 525). Novalis definiert das Gemüt als eine „Harmonie aller Geisteskräfte" (Schriften, Bd. 2, hg. R. Samuel, Darmstadt ²1965, S. 613). Das Gemüt gilt so als die „einheit unsers inneren" (Grimm), als die spezifisch individuelle Signifikation der Person und als schöpferische Kraft. Das Gemüt kann Welt umfassen und Welt in sich aufnehmen.

Diese Bedeutung fehlt dem Begriff im 17. Jahrhundert vollkommen. Er dient vielmehr als Terminus für die verschiedensten Kräfte im Bereich des Seelischen und des Verstandes, die allen Menschen in gleicher Weise zukommen und die das Individuum nicht besonders auszeichnen (zur Geschichte des Begriffes sei grundsätzlich verwiesen auf den ausführlichen Artikel bei J. u. W. Grimm, Deutsches Wörterb. Bd. IV, Leipzig 1897, s. v., Sp. 3294 ff.). Denken, Vernunft und Verstand sind dem Gemüt bedeutungsverwandt.

Das Wort Gemüt dient der Übersetzung von lat. mens, aber auch lat. animus: „mens . . . Sinn / Verstand / Gemüth / Gedächtnuß"; „Animus . . . Seele / Gemüht / Muht / Hertzhaftigkeit" (Vocabularium Latino-Gallico-Germanicum, Ed. tertia, Genevae 1683, s. v.); „gemüth/n. Le coeur et courage, entendement, animus, mens" (Novum Germanico Gallico Latinum Dictionarium, Postr. Ed. emend., Genevae 1621, s. v.). Auch für lat. ingenium ist das Wort Gemüt ein Aequivalent: „Gemüth animus, mens, ingenium" (Dictionarium quatuor linguarum . . ., Viennae Austriae 1641, s. v.); „Entendement, m. Verstandt. Ingenium. de tout son entendement, Von gantzem Gemühte" (Dictionaire François-Alleman-Latin, A Geneve 1621, s. v.).

Wie weit der Begriff von der heute herrschenden Bedeutung entfernt ist, zeigt sich besonders darin, daß dem Gemüt auch der Wille zugeordnet wird. Harsdörffer definiert: „Dieses Wort [sc. Gemüt] wird genommen für den Willen des Menschen und ist von dem Verstand unterschieden / wie intellectus und mens bei den Lateinern. Weil aber der Wille / oder das Gemüt von dem Verstand regieret wird / setzet der Poet zu weilen eines für das andere" (Gesprächspiele, Bd. III, S. 228, s. v.). Die angestrebte Trennung von Gemüt (Wille) und Verstand wird von Harsdörffer im zweiten Satz wieder aufgehoben, und er kommt damit zu der Gleichsetzung, die Schottel vornimmt: „Gemüt ist unser Verstand und Wille zusammen" (Ethica, 1669, zit. nach Hoffmeister, a.a.O., S. 256). Die genaue Interpretation des Begriffs wird sich jeweils nur im Kontext vornehmen lassen.

Wir brauchen hier nur insoweit eine Abgrenzung vorzunehmen, als sie für die spezielle Aufgabe dieser Arbeit nötig ist. Die Rhetorik hat es mit der Persuasio zu tun. Sie zielt neben der rationalen (docere) vor allem auf die emotionale Beeinflussung des Hörers (delectare, movere). Die Autoren des 17. Jahrhunderts sprechen von der Bewegung des Gemütes und meinen das „Gemüt" als Sitz der Affekte, die es zu bewegen gilt. Stieler kann daher „Herz-neigung" und „Gemüts-bewegung" als „motus cordis" oder „affectus" übersetzen (Stieler, Teutscher Sprachschatz, S. 1136); „Gemütsregung" übersetzt er mit „agitatio mentis, motus animi" (ebd., S. 1567). Josua Maaler gibt in seinem Wörterbuch von 1561 für den Satz „das Gemüt bewegen und ziehen wohin einer wil": „agere, flectere animum" (zit. nach DWB, Sp. 3308).

Das 17. Jahrhundert versteht das Gemüt also nicht immer als „unser inneres der welt gegenüber, in dem man sich in sich zurückzieht" (GRIMM), auch nicht als Spiegel der Innenwelt des Ichs, sondern meint vielmehr die allgemein möglichen Zustände des menschlichen Geistes als Gesamt der rationalen und irrationalen Kräfte. Der Begriff weist in den Bereich der Medizin und der Humoralphysiologie, so wie sie im 17. Jahrhundert in der Temperamentenlehre gelehrt wurde.

ABKÜRZUNGSVERZEICHNIS

AJP	American Journal of Philology
Archiv	Archiv für das Studium der neueren Sprachen
BHR	Bibliothèque d'humanisme et renaissance
BKV	Bibliothek der Kirchenväter, Kempten und München ²1911 ff.
CC	Corpus Christianorum (Series latina)
DVjs	Deutsche Vierteljahrsschrift für Literaturwissenschaft und Geistesgeschichte
GGA	Göttingische Gelehrte Anzeigen
GRM	Germanisch-Romanische Monatsschrift
HZ	Historische Zeitschrift
PG	Patrologiae cursus completus, Series graeca (Migne)
PL	Patrologiae cursus completus, Series latina (Migne)
RF	Romanische Forschungen
RHLF	Revue d'histoire littéraire de la France
RLC	Revue de littérature comparée
WW	Wirkendes Wort
ZfdA	Zeitschrift für deutsches Altertum und deutsche Literatur
ZfdB	Zeitschrift für deutsche Bildung
ZfdPh	Zeitschrift für deutsche Philologie
ZfErz	Zeitschrift für Geschichte der Erziehung
ZrPh	Zeitschrift für romanische Philologie

VERZEICHNIS DER BIBLIOTHEKEN

7:	Göttingen UB
12:	München StB
18:	Hamburg St u. UB
21:	Tübingen UB
23:	Wolfenbüttel, Herz. Aug. B
24:	Stuttgart LB
25:	Freiburg UB
35:	Hannover LB
122:	Ulm StB
BNU Str.:	Straßburg UB

LITERATURVERZEICHNIS

1. *Texte*

Von den lateinischen und griechischen Texten der Antike und Spätantike werden nur solche Editionen aufgeführt, die für diese Arbeit von besonderer Bedeutung waren. — Die Ziffern in runden Klammern hinter dem Werktitel geben Auskunft über die Bibliothek, die das Original zur Verfügung stellte, und die Standnummer des Buches. Die Bibliotheken werden nach den Ziffern des Deutschen Gesamtkataloges angegeben.

ACHEMIUS, HENRICUS — Technologia Rhetorica de modificatione vocum seu de tropis, qui duobus generibus, quorum vtrumque duas species continet, comprehenduntur, è sancto bibliorum volumine collectis exemplis illustrata,
Helmaestadii 1591   (23: 117.42 Quodl. 8°)

ALSTED, JOHANN HEINRICH — Panacea philosophica, i. e. facilis, nova, et accurata methodus docendi et discendi Encyclopaediam . . . Accessit ejusdem Criticus, De Infinito harmonico; Id est, Tractatus brevis et perspicuus. De harmonia Philosophiae Aristotelicae, Lullianae et Rameae,
Herbornae Nass. 1610   (23: 403.17 Quodl. 8°)

ders. — Sex libris informatus: in Quorum I. Praecognita. II. Oratoria communis. III. Epistolica. IV. Methodus Eloquentiae. V. Critica. VI. Rhetorica Ecclesiastica. Accedit Consilium de Locis Communibus recte adornandis,
Herbornae Nass. ³1616   (35: IV 9b)

ders. — Thesaurus Chronologiae In quo Universa temporum et historiarum series in omni vitae genere ita ponitur ob oculos, ut fundamenta Chronologiae ex S. literis et calculo astronomico eruantur, et deinceps tituli homogenei in certas classes memoriae causa digerantur,
Herbornae Nass. 1624   (24: HB 2281)

ders. — Thesaurus Chronologiae [etc.]. Editio tertia limata et aucta, Herbornae Nass. 1637 [Vorwort von 1628],   (24: Theol. oct. 243)

ders. — Triumphus Bibliorum Sacrorum Seu Encyclopaedia Biblica Exhibens Triumphum philosophiae, iurisprudentiae, et medicinae sacrae, itemque sacrosanctae theologiae, quatenus illarum fundamenta ex Scriptura V. et N. T. colliguntur,
Francofurti 1625   (24: Theol. oct. 243)

ders. — Encyclopaedia septum tomis distincta,
Herbornae Nass. 1630   (23: 39.1—2 Quodl. 2°)

ders. — Lexicon Theologicum, In quo Sacrosanctae Theologiae Termini Dilucide Explicantur iuxta seriem locorum

179

	communium. Accedit Necessaria Monitio de lectione Novi Testamenti,
	Hanoviae 1634 (25 : K 9743)
ders.	Trifolium Propheticum Id est Canticum Canticorum Salomonis Prophetia Danielis Apocalypsis Johannis explicata,
	Herbornae Nass. 1640 (122: Schad 1081—85)
ders.	Clavis Artis Lullianae, Et Verae Logices Duos in Libellos Tributa. Id est Solida Dilucitatio Artis Magnae, Generalis, Et Ultimae, Quam Raymundus Lullus invenit,
	Argentorati 1652 (25 : K 5996 gl)
ANDREAE, JOHANN VALENTIN	Invitationis ad fraternitatem Christi pars altera. Paraenetica. I. Joh. 3. Filioli mei, non verbis aut lingua, . . .
	Argentorati 1618 (23 : 577.16 Quodl. 8°)
APHTONIUS	Progymnasmata. Cum versione Latina et methodica explicatione, atq. illustratione Praeceptorum, idoneis et ab usu non remotis exemplis, concinnata quondam privatis Discipulis, et nunc publici juris facta a Burchardo Harbart. Quibus adjecta sunt, Joh. Micraelii Progymnasmata Aphtoniana,
	Stetini et Colberge 1656 (eigenes Exemplar)
ARISTOTELES	Artis Rhetoricae libri tres ab Ant. Riccobono Latine conversi. Eiusd. Rhetoricae paraphrasis et collata Riccoboni conversione cum Maioragii, Sigonii, Victorii et Mureti conversionibus,
	Hanoviae 1630 (35 : IV 9Cª 518)
ders.	Aristotelis De arte rhetorica libri tres graece et latine editi cura Christophori Schraderi,
	Helmaestadii 1648 (23 : 35.3 Rhet. 4°)
ders.	The Rhetoric of Aristotle. With a commentary by E. M. Cope, revised and edited by J. E. Sandys, 3 vols. Cambridge 1877
ders.	The Poetics. With an English translation by W. Hamilton Fyfe, London 1960 (The Loeb Classical Library)
ARNOLD, CHRISTOPH	Kunst-spiegel / Darinnen die Hochteutsche Sprach nach ihrem merckwürdigen Uhraltertuhm / ersprießlichen Wachstuhm / und reichvölligen Eigentuhm / auf Fünfferlei Gestalten Denkzeitweis außgebildet,
	Nürnberg 1649 (24: Phil. oct. 6060)
ders.	Linguae Latinae Ornatus, Quem Ex F. Syl. Ambiano, Alstedio, Alvaro, Buchlero, Clarkio, Pareo, Scioppio, Reyhero, Vechnero, Vogelmanno et Weinhamero congessit, Itemq. Viri Celeberrimi, Johannis Michaelis Dilherri, Ad Locos Inventionis Rhetoricae Manuductionem illi adstruxit,
	Norimbergae 1657 (25 :D 4112 m)

ASLACUS, CONRADUS	Physica et Ethica Mosaica, ut Antiquissima, ita vere Christiana, Duobus libris comprehensa,
	Hanoviae 1613 (23: 519.19 Theol.)
AUCT. AD HER.	= Incerti Auctoris de ratione dicendi ad C. Herennium libri IV. Ed. F. Marx. Mit Prolegomena über die Geschichte der republikanischen Rhetorik, Leipzig 1894
BECHER, JOHANN JOACHIM	Methodus Didactica Seu Clavis et Praxis super novum suum Organon Philologicum,
	Franckfurt ²1674 (23: 101.1 Rhet. 8°)
ders.	Novum Organum Philologicum pro Verborum Copia in quavis Materia acquirenda, Das ist: Neuer Werkzeug Der Wohlredenheit / Worinnen Von jeder Sach zu reden Wörter gnugsam erfunden werden können,
	Francofurti ad Moenum ²1674 (23: 101.1 Rhet. 8°)
ders.	Commentatio orationis ex SS. Patribus congesta, atque ad promovendum orationis studium luci exposita, o. O. 1677 (35: I.3 an: Storning, Henr., Planct. eccl., Plön 1677)
BECKHER, GEORG	Orator extemporaneus; Seu Artis Oratoriae Breviarium bipartitum: Cujus Pars prior praecepta continet generalia, posterior praxin in specie ostendit,
	Varadini 1656 (eigenes Exemplar)
BELLIN, JOHANN	Etlicher der hoch-löblichen Deutsch-gesinneten Genossenschaft Mitglieder / Wie auch anderer hoch-gelehrten Männer Sendeschreiben Ehrster teil, herausgegeben von Johan Bellinen der freien Künste Meistern,
	Hamburg 1647 (24: Phil. oct. 6060)
BERGMANN, MICHAEL	Deutsches Aerarium Poeticum oder Poetische Schatz-Kammer / in sich haltende Poetische Nahmen / RedensArthen und Beschreibungen / so wohl Geist- als Weltlicher Sachen / Gedicht und Handlungen; Zu Verfertigung eines zierlichen und saubern Reims / auff allerhand fürfallende Begebenheiten,
	Landsberg a. d. Warthe ²1676 (24: Phil. oct. 3075)
BIRKEN, SIGMUND VON	Teutsche Rede-bind und Dicht-kunst / oder Kurze Anweisung zur Teutschen Poesy / mit Geistlichen Exempeln: verfasset durch Ein Mitglied der höchstlöblichen fruchtbringenden Gesellschaft Den Erwachsenen. Samt dem Schauspiel Psyche und Einem Hirten-Gedichte,
	Nürnberg 1679 (25: E 3436)
BRITIUS S. J., ANTONIUS	Summa rhetoricae Expressa è Cypriano Soario Societatis Jesu Sacerdote. Huic addita est. Ariadne Rhetorum. Seu Observationes circa praxim Oratoriae facultatis,
	Lugduni 1666 (25: D 4921 h)
BUCANUS, GUILIELMUS	Ecclesiastes: seu de formandis sacris Concionibus, in duos Tractatus tributus: quorum priore, de Methodo;

181

posteriore de ornatu Concionum agitur,
Genevae 1608 (23: 698.2 Theol.)

BUCHNER, AUGUST
Poet. Aus dessen nachgelassener Bibliothek heraus
gegeben von Othone Prätorio,
Wittenberg 1665 (23: Um)

ders.
Anleitung zur Deutschen Poeterey / Wie Er selbige
kurtz vor seinem Ende selbsten übersehen / an unter-
schiedenen Orten geändert / und verbessert hat /
heraus gegeben von Othone Prätorio,
Wittenberg 1665 (23: Um)

ders.
De Commutata Ratione Dicendi Libri Duo: Quibus in
Fine Adjuncta Dissertatio Gemina De Exercitatione
Styli,
Lipsiae 1680 (7: Ling I 2993)

BUXTORF, JOHANN
Thesaurus Grammaticus Linguae Sanctae Hebraeae.
Duobus libris methodice propositus. Adjecta Poëseos
Hebraicae accurata Tractatio,
Basilea 1609 (23: 41.2 Gr.)

CALOV, ABRAHAM
Paedia Theologica De Methodo Studii Theologici Pie,
Dextre, Feliciter Tractandi,
o. O. [Wittenberg] 1652 (35: I)

CAPPELLUS, JACOBUS
Historia Sacra et Exotica ab Adamo usque ad Augu-
stum. Demonstrationibus Mathematicis fulta et docu-
mentis Ethicis locupletata,
Sedani 1613 (23: 92.28 Hist. 4°)

CASMANNUS, OTHO
Ethica Theosophica. Methodice ex Divinae Sapientiae
fontibus deducta ac conscripta.
Francofurti 1602 (23: 394.12 Quodl.)

CAUSSINUS S. J., NICOLAUS
De eloquentia sacra et humana, libri XVI,
Editio Septima, Lugduni 1657 (25: D 361 ae)

CICERO
Ant. Riccobonus Commentarius in universam doctri-
nam oratoriam Ciceronis,
Francofurti 1596 (35: IV 9Cᵃ 519)

ders.
De oratore, ed. K. W. Piderit, Leipzig (Teubner) ⁴1873

ders.
Opera rhetorica, rec. W. Friedrich, Vol. II continens
De Oratore Libros, Brutum, Oratorem, De Optimo
Genere Oratorum, Partitiones Oratorias, Topica,
Lipsiae (Teubner) 1902

COMENIUS, JOHANN AMOS
Schola Ludus, seu Encyclopaedia viva: hoc est Praxis
Scenica Januae Linguarum et Rerum . . . Spielschule
oder lebendiger Künsten-Kreis: Das ist Schawspielige
übung Der Sprachen- und Sachen-Thür [mit d. dt.
Übertragung von Jacob Redinger],
Francofurti 1659 (23: 50.5 Gram. 8° [1])

ders.
Pampaedia, lat. u. dt.; hg. D. Tschiževskij, in Gem.
mit H. Geisler u. K. Schaller, Heidelberg 1960 (= Päd.
Forschungen 5)

COMENIUS, JOHANN AMOS	Vorspiele. Prodromus pansophiae (lat. u. dt.). Vorläufer der Pansophie. Hg., übers., erl. und mit einem Nachw. vers. von H. Hornstein, Düsseldorf 1963
CONRING, HERMANN	De Scriptoribus XVI Post Christum Natum Seculorum Commentarius, quibus scriptorum series usque ad finem seculi XVII continuatur, Wratislaviae 1727 (25: A 342)
DANAEUS, LAMBERTUS	Physica Christiana, sive Christiana de rerum creatarum origine, et usu disputatio. Tertia Editio, Genevae 1580 (23: 58.9 Phys. 8°)
DANNHAUER, JOHANN CONRAD	Pathologia Rhetorica sive disputatio de affectibus generatim ad publicam συζήτησιν proposita a Praeside Joh. C. Dannhawero, respondente Joh. Nicolao Stupano, Argentorati 1632 (BNU Str.: Bh 117904)
ders.	Epitome Rhetorica, Argentorati 1635 (25: D 4882)
ders.	Hermeneutica Sacra Sive Methodus exponendarum S. Literarum proposita et vindicata, Argentorati 1654 (23: Tb 66)
DES RUES, FRANÇOIS	L'Orateur François Ou Les Fleurs Eslites Du Bien Dire. Nouvellement recueillis dans les Cabinets des plus Eloquents personnages de ce siecle, Paris 1614 (23: 142.18 Rhet.)
DIETERICH, JOHANN CONRAD	Antiquitates Biblicae, In Quibus Decreta, Prophetiae, Sermones Consuetudines Ritusq; ac Dicta Veteris Testamenti, De Rebus Judaeorum et Gentilium, Qua sacris, qua profanis, expenduntur. Publicatae a Johanne Justo Pistorio, Gissae et Francofurti 1671 (23: 189.16 Theol. f°)
ders.	Specimen Antiquitatum Biblicarum, Quo libris tribus varia instituta, mores et ritus, Formae civitatum et Rempublicarum, inter Palaestinos, Aegyptios, Syros, Romanos, aliosq. Populos, è Sacris literis exhibentur, Marpurgi Cattorum 1642 (23: 314.2 Theol.)
DILHERR, JOHANN MICHAEL	Frommer Christen Täglicher Geleitsmann. Das ist / Neu-verfasstes Gebet-, Lehr- und Trostbüchlein, Nürnberg 1653 (24: Theol. oct. 4011)
ders.	Göttliche Liebesflamme: Das ist / Andachten / Gebet / und Seufzer / über Das Königliche Braut-Lied Salomonis / . . . Zum dritten mahl aufgelegt / vermehret und verbessert, Nürnberg 1654 (24: Theol. oct. 4020)
ders.	Contemplationes, et Suspiria Hominis Christiani. Editio altera, Priore multo emendatior. Accessit Specimen Philologiae Patrum. [enthält:] Sententiae, et modi loquendi, ex SS. Patribus. Ex Lactantio: Ambrosio: Augustino: Sidonio Apollinari: Petro Damiani: Bernhardo, Norimbergae 1660 (23: 1263.5 Theol.)

DRAUDIUS, GEORG	Bibliotheca Classica, Sive Catalogus Officinalis, Usque ad annum MDCXXIV,
	Francofurti ad Moenum 1625 (25: Hb 83)
DRESSER, MATTHAEUS	Elocutionis Rhetoricae Doctrina, Praeceptis et Exemplis, cum sacris, tum philosophicis, exposita et locupletata ut ad intelligendum et formandum orationem conducat,
	Francofurti 1578 (23: 106.2 Rhet.)
DREXEL S. J., JEREMIAS	Rhetorica Caelestis seu Attente precandi scientia,
	Monachii 1633 (25: N 9611)
ders.	Aurifodina Artium et scientiarum omnium; Excerpiendi Sollertia, Omnibus litterarum amantibus monstrata,
	Monachii 1638 (25: A 96)
FRANCK, SEBASTIAN	Außführlicher Bericht / Was von Künsten und menschlicher Weißheit zu halten sey / etwas auß der Declamation Henrici Cornelij Agrippe / von der Ungewißheit und Eytelkeit aller Künst / gezogen wieder die Kunst Narren / so auff jhr vielwissen bochen / und bawen,
	Frankfurt am Main 1619 (23: 465 Theol.)
GERHARD, JOHANN	Meditationes Sacrae. Das ist geistreiche Hertzerquikkende und lebendigmachende Betrachtungen vornemer Heuptpuncten / . . . mitgetheilet durch Iohannem Gerhardi . . . Jetzo aber auff vielfeltiges ansinnen und begeren frommer eiueriger Christen transferirt und versetzet durch Iohannem Sommerum Cycnaeum,
	Magdeburgk 1607 (23: 1138 Theol. 8°)
ders.	Methodus Studii Theologici Publicis praelectionibus in Academia Jenensi Anno 1617 exposita,
	Jenae 1620 (23: 1170 Theol.)
ders.	Postilla Salomonaea, Das ist / Erklärung etlicher Sprüche Aus dem Hohenlied Salomonis. Erster Theil / Von Advent biß auff Ostern,
	Jena ²1652 (23: 317.36 Theol.)
ders.	Patrologia sive de primitivae Ecclesiae Christi Doctorum vita ac Lucubrationibus Opusculum posthumum.
	Jenae 1653 (23: 990.15 Theol. 2°)
GESNER, SALOMON	Commentationes in Psalmos Davidis. Ed. tertia auctior et correctior,
	Wittenberg 1616 (7: 4° Th. bibl. 746/75)
GIRBERT, JOHANN	Rhetorica Ancillarum Hierosophia famulantium tertia,
	Coburgi 1633 (7: Ling I 2734)
GOTTSCHED, JOHANN CHRISTOPH	Ausführliche Redekunst, Nach Anleitung der alten Griechen und Römer, wie auch der neuern Ausländer; in zweenen Theilen verfasset, und itzo mit den Exempeln der größten deutschen Redner erläutert. Die dritte Auflage,
	Leipzig 1743 (eigenes Exemplar)

184

GROßIUS, JOHANN GEORG	Compendium Jurisprudentiae non nisi ad Sacram Scripturam accomodata tradens, Basileae 1620 (23:128.28 Quodl.)
ders.	Compendium medicinae ex S. literis depromtum, Basileae 1620 (23:327.14 Quodl.)
GRÜNWALD, MARTIN	Reicher und Ordentlicher Vorrath der Männlichen und Weiblichen Reime, Budißin 1695 (35: IV 9 Ba)
HARSDÖRFFER, GEORG PH.	Frauenzimmer Gesprechspiele / so bey Ehr- und Tugend-liebenden Gesellschaften / mit nutzlicher Ergetzlichkeit / beliebet und geübet werden mögen / Erster Theil. Aus Italiänischen / Frantzösischen und Spanischen Scribenten angewiesen / und jetzo ausführlicher auf sechs Personen gerichtet / und mit einer neuen Zugabe gemehret, Nürnberg 1644 [die weiteren Bände des benutzten Exemplars haben die Erscheinungsjahre Bd. II o. Titelblatt, Bd. III 1643, Bd. IV 1644, Bd. V 1645, Bd. VI 1646, Bd. VII 1647, Bd. VIII 1649]. (21: DK XI 35c)
ders.	Specimen Philologiae Germanicae, Continens Disquisitiones XII. De Linguae nostrae vernaculae Historia, Methodo, et Dignitate, Norimbergae 1646 (25: E 3462)
ders.	Poetischer Trichter / Die Teutsche Dicht- und Reim-Kunst / ohne Behuf der lateinischen Sprache / in VI. Stunden einzugießen, I. Teil, Nürnberg 1650; II. Teil, Nürnberg 1648; III. Teil, Nürnberg 1653 (23:182.4 Poet.)
ders.	Der Teutsche Secretarius: Das ist Formular- und Titular-Buch (...), Nürnberg 1655 (23: 104.3 Rhet. 8°)
HEERMANN, JOHANN	Sonntags- und Fest-Evangelia / Durchs gantze Jahr Auff bekannte Weisen gesetzt / und mit Fleiß auffs new überlesen, Leipzig 1644 (23: Ts 296)
ders.	Devoti Musica Cordis, Haus- und Hertz-Musica. Das ist: Allerley Geistliche Lieder / aus der H. Kirchenlehrer / und selbst-eigener Andacht / auf bekannte / und in unsern Kirchen übliche Weisen verfasset, Leipzig ²1644 (23: Ts 296)
HEINSIUS, DANIEL	De Tragoediae Constitutione Liber. Editio auctior multo. Cui et Aristotelis De Poëtica libellus, cum ejusdem Notis et Interpretatione, accedit, Lugd. Batav. 1643 (25: D 1574 d)
HERMOGENES TARSENSIS	Ars Oratoria Absolutissima, et libri omnes. Cum nova Versione è regione Contextus Graeci, et commentariis Gasparis Laurentii, Coloniae Allobrogum 1614 (25: D 2161)

HORAZ

Q. Horatii Flacci Epistolae omnes, quae exstant Pet. Gualteri Chabotii Pictonis Sanlup. Praelectionibus in omni Literatura Perfectissimis Dialect. Grammat. et Rhetorico Artificio ... explicatae,
Basileae 1615 (25 : D 6337)

ders.

Episteln, erklärt von A. Kiesling / R. Heinze, Berlin ⁵1957.

HÜBNER, CHRISTIAN E.

Zulängliche Nachricht / Von denen Berühmtesten und Nöhtigsten Historicis Chronologis Und Geographis, Die ihr Gedächtniß theils mit Profanis theils mit Ecclesiasticis Scriptis bey der Nach-Welt verewiget, Hamburg 1705 [in: Sam. Heinr. Schmidt, Durchl. Welt, Theil 4]. (7 : 8° Statist. 3406)

HÜLSEMANN, JOHANN

De Veteris et Novi Testamenti natura,
Lipsiae 1714 (BNU Str.: E 106457)

HUNOLD-MENANTES, CHRISTIAN

Academische Neben-Stunden allerhand neuer Gedichte. Nebst Einer Anleitung zur vernünftigen Poesie,
Halle und Leipzig 1713 (24: d. D. oct. 5974)

ISIDOR

Isidori Hispalensis episcopi Etymologiarum sive Originum libri XX, ed. W. M. Lindsay, 2 vol., Oxonii 1911

JUNIUS, MELCHIOR

Animorum conciliandorum et movendorum ratio, non tam dicendi summorum Magistrorum praeceptis, quam exemplis veterum Oratorum tradita: Demosthenis, Aeschinis, Dinarchi, Isocratis, Ciceronis: Historicorum itidem Thucydidis ac Livij,
Montebelgardi 1596 (25: D 363)

KECKERMANN, BARTHOLOMAEUS

Systema rhetoricae, in quo artis praecepta plene et methodice traduntur, et tota simul ratio studii Eloquentiae tam quoad Epistolas et Colloquia familiaria; quam quoad Orationes, conformatur, modusque ostenditur et Oratores dextre legendi et resolvendi; denique et Locos Communes Oratorios concinnandi,
Hanoviae 1612 (BNU Str.: Bh 114146)

KINDERMANN, BALTHASAR

Der Deutsche Redner / In welchen unterschiedene Arten der Reden auff allerley Begebenheiten Auff Verlöbnisse / Hochzeiten / Kind-Tauffen / Begräbnüsse / auf Empfah- Huldig- Glückwünsch- Abmahn- und Versöhnungen / Klag und Trost: wie auch Bitt Vorbitt und Dancksagungen,
Frankfurt a. d. Oder 1660 (23: 101.4 Rhet.)

ders.

Der Deutsche Poet / Darinnen gantz deutlich und ausführlich gelehret wird / welcher gestalt ein zierliches Gedicht / auf allerley Begebenheit / auf Hochzeiten / Kindtauffen / Gebuhrts- und Nahmens-tagen / Begräbnisse / Empfah- und Glückwünschungen u. s. f. So wohl hohen als niederen Standes-Personen / in gar kurtzer Zeit / kan wol erfunden und ausgeputzet

	werden / Mit sattsahmen / und aus den vornehmsten Poeten hergenommenen Gedichten beleuchtet,
	Wittenberg 1664 (25: E 3472 i)
KINDERMANN-STIELER	Herrn Baltasar Kindermanns Teutscher Wolredner Auf allerhand Begebenheiten im Stats- und Hauswesen gerichtet / . . . Nach heutiger Politischen Redart gebessert / und mit vielen Komplimenten / Vorträgen / Beantwortungen / . . . gemehret von dem Spaten,
	Wittenberg 1680 (12: P.o. germ. 717)
KIRCHMANN, JOHANN	Rudimenta Rhetoricae Pro Captu Scholae Lubecensis. Editio Correctior,
	Bremae 1652 (23: 19.1 Log.)
KLAJ, JOHANN	Lobrede der Teutschen Poeterey / Abgefasset und in Nürnberg Einer Hochansehnlich-Volkreichen Versamlung vorgetragen,
	Nürnberg 1645 (12: P. o. germ. 108 m)
KOEBER, JOHANN FRIEDRICH	Elementa Rhetorica, Vossio-Mitternachtiana, Denuo Edita Et Aucta. Editio Nona,
	Gerae 1696 (7: Ling I 2760)
KORTHOLT, CHRISTIAN	Variis Scripturae Editionibus Tractatus Theologico-Historico-Philologicus; Quo de Textu divinarum literarum originario, diversis ejus Translationibus, et celebrioribus operibus Biblicis, fuse agitur,
	Kiloni 1686 (25: L 674)
LAMY, BERNHARD	Apparatus Biblicus, Sive Manuductio Ad Sacram Scripturam, Tum clarius, tum facilius intelligendam. Editio Novissima Magis Adaucta Cum Figuris Aeneis,
	Lugduni 1723 (25: L 166)
LANGIUS, JOSEPH	Anthologia sive Florilegium Rerum et Materiarum Selectarum Praecipue Sententiarum Apophthegmatum Similitudinum Exemplorum Hieroglyphicorum: Ex Sacris Literis, Patribus item, aliisqu. probatis Linguae Graecae et Latinae Scriptoribus collectum,
	Argentorati 1662 (25: D 447 au)
ders.	Florilegii Magni seu Polyantheae Floribus Novissimis Sparsae, Libri XXIII. Opus Praeclarum, Suavissimis Celebriorum Sententiarum, vel Graecarum, vel Latinarum flosculis, ex sacris et profanis Auctoribus collectis. Editio novissima,
	Lugduni 1681 (25: D 454 f)
LAUREMBERG, PETRUS	Euphradia: sive Prompta ac parabilis eloquentia: Cujus praeceptis adjuti, tam docentes, quam discens studiosa iuventus, Lectiones, Orationes, Discursus de quovis oblato argumento, haut difficulter instituere, et ad alios habere poterunt. Accessit diligens Troporum et Schematum explicatio,
	Rostochi 1634 (7: Ling I 2730)

Lehmann, Christophorus	Florilegium Politicum: Politischer Blumen Garten, Darinn Auszerlesene Sententz, Lehren, Regulen und Sprüchwörter Ausz Theologis, Jurisconsultis, Politicis, Historicis, Philosophis, Poeten . . . unter 286 Tituln in locos communes zusammen getragen,
	Lübeck 1639 (25: D 3524)
Leibniz, Gottfried Wilhelm	Unvorgreiffliche Gedancken, betreffend die Ausübung und Verbesserung der Teutschen Sprache, hg. Paul Pietsch. In: Wiss. Beihefte z. Zeitschrift des Allg. Dt. Sprachvereins, Heft 30, 1908, S. 313—356
Lemnius, Levinus	Similitudinum Ac Parabolarum Quae in Bibliis Ex Herbis atque Arboribus desumuntur dilucida explicatio,
	Antverpiae 1569 (25: L 8937)
Ludovicus Granatensis	Ecclesiastica Rhetorica sive de Ratione concionandi,
	Coloniae 1594 (23: 704 Theol. 8°)
Luther, Martin	Der Deudsche Psalter. Mit den Summarien,
	Wittenberg 1541 (25: L 4317 h)
Männling, Johann Christoph	Der Europaeische Helicon, Oder Musen-Berg / Das ist Kurtze und deutliche Anweisung Zu der Deutschen Dicht-Kunst / Da ein Liebhabendes Gemüthe solcher Wissenschafft angeführet wird / Innerhalb wenigen Wochen Ein zierliches deutsches Gedichte zu machen,
	Alten Stettin 1704 (7: 8° Poet. Germ. I 92)
ders.	Expediter Redner Oder Deutliche Anweisung zur galanten Deutschen Wohlredenheit Nebst darstellenden Deutlichen Praeceptis und Regeln auserlesenen Exempeln und Curieusen Realien,
	Frankfurt und Leipzig 1718 (BNU Str.: Bh 114216)
Martinius, Matthaeus	Idea Methodica et Brevis Encyclopaedia, seu Adumbratio Universitatis. In duos distincta libellos,
	Herbornae Nass. 1606 (35: IV 2)
ders.	Lexicon Philologicum praecipue Etymologicum. Praeterea additur Glossarium Isidori emendatum cura Joannis Georgii Graevii. Editio tertia emendatior,
	Trajecti ad Rhenum 1697 (35: IV 9c)
Masen S. J., Jakob	Palaestra Eloquentiae Ligatae. Dramatica Pars III. et ultima. Quae complectitur Poësin Comicam, Tragicam, Comico-Tragicam. Praeceptis et Historiis rarioribus, cum Exemplis singulorum Poëmatum illustrata,
	Coloniae Agrippinae 1657 (25: D 4772 h)
ders.	Palaestra Oratoria Praeceptis et Exemplis Veterum lectissimis instructa, Et nova methodo, In Progymnasmata Eloquentiae, atque Exercitationes Rhetorum proprias, ad Lectionem simul et imitationem distributa,
	Coloniae Agrippinae 1659 (25: D 4902 r)
Melanchthon, Philipp	De Elementis Rhetorices. M. Crusii Quaestionibus adjectis,
	Basileae 1563 (25: D 4903 k)

MENANTES	s. Hunold-Menantes, Christian
MEYFART, JOHANN MATTHAEUS	Melleficium oratorium, In quo Eloquentiae Flores è variis oratorum viridariis defracti, et suas in areolas antehac sunt digesti, Ita, ut non Phrases pro Tyronibus, nec sententiae pro Philologis, sed venustissimae Romanae suadae deliciae apponantur, Lipsiae 1628. Melleficii Oratorii Tomus Secundus, in quo Tituli, qui videbantur desiderari, supplentur, priores vero augentur, Lipsiae 1633 (23: 82.2 u. 3 Rhet. 8°)
ders.	Teutsche Rhetorica / Oder Redekunst / Darinnen von aller Zugehör / Natur und Eygenschafft der Wohlredenheit gehandelt / Auch wie dieselbe in unsere teutsche Muttersprach füglichen zubringen, Coburg 1634 (23: 88.1 Rhet. 8°)
MITTERNACHT, JOHANN SEBASTIAN	Gerh. Joh. F. Vossii Elementa Rhetorica, Jam plurimum aucta, atque in Libros, Capita et Paragraphos distributa, Opera M. Joh. Sebastiani Mitternachts . . . Editio Sexta, Multisque in locis auctior, Lipsiae 1684 [1. Ausg. Jena 1646] (7: Ling. I 2993)
MOLLER, ALHARDUS	Viridarium Epistolicum, Das ist: Ein Lust-Garte / Vieler / mit anmuhtiger Wort-Zierligkeit / und edlen Red-arten / jetzt beliebtem Styli nach eingekleidten Send-Schreiben, Magdeburg und Helmstedt 1655 (23: 101.4 Rhet.)
ders.	Tyrocinium Poeseos Teutonicae, Das ist: Eine Kunst- und grund- richtige Einleitung zur Deutschen Verß- und Reimkunst, Braunschweig o. J. [Widm. von 1656] (23: 122.11 Poet. 8°)
MOLLER, MARTIN	Meditationes Sanctorum Patrum. Schöne / Andechtige Gebet / Tröstliche Sprüche / Gottselige Gedancken / Trewe Bußvermanungen / Hertzliche Dancksagungen / . . . Aus den heyligen Altvätern Augustino, Bernhardo, Taulero, und andern / fleissig und ordentlich zusammen getragen und verdeutschet, Görlitz 1590. Altera Pars. Aus den heyligen Altvätern Cypriano, Hieronymo, Augustino, Bernhardo, Anshelmo, Görlitz 1591 (23: 869 Theol. 8°)
MORHOF, DANIEL GEORG	Polyhistor, sive de notitia auctorum et rerum commentarii. Quibus praeterea varia ad omnes disciplinas consilia et subsidia proponuntur. Editio Secunda Auctior, Lubecae 1695 (25: A 385 a)
ders.	Unterricht von der Teutschen Sprache und Poesie / Deren Ursprung / Fortgang und Lehrsätzen / Sampt dessen Teutschen Gedichten / Jetzo von neuem ver-

	mehret und verbessert / und nach des Seel. Auctoris eigenem Exemplare übersehen / zum andern mahle / Von den Erben / herauß gegeben,
	Lübeck und Franckfurt 1700 (25: E 3479 0a)
MÜLLER, ADAM	Zwölf Reden über die Beredsamkeit und deren Verfall in Deutschland,
	Leipzig 1816 (12: P. o. germ. 958 m)
MÜLLER, ERICH	Tabulae Rhetoricae ex Aristotele, Cicerone et Quintiliano potißimum adornatae. Editio Secunda,
	Bibliopolae Hildesiensis 1636 (7: Ling I 2680)
ders.	ΕΙΣΑΓΩΓΗ in Rhetorica, potißimum Aristotelis, In usum Scholae Veteris Hildesiae adornata,
	Bibliopolae Hildesiensis 1643 (7: Ling I 2680)
NEUKIRCH, JOHANN GEORG	Academische Anfangs-Gründe, Zur Teutschen Wohlredenheit, Brief-Verfassung und Poesie, Der Studirenden Jugend zum Besten in Deutlichen Regeln und Exempeln,
	Braunschweig 1729 (23: Ac)
NEUMARK, GEORG	Poetische Tafeln / Oder Gründliche Anweisung zur Teutschen Verskunst aus den vornehmsten Authorn in funfzehen Tafeln zusammen gefasset / mit ausführlichen Anmerkungen erklähret / Und den Liebhabern Teutscher Sprache und derer kunstmeßigen Reinigkeit zu sonderbahrem Gefallen an den Tag gegeben [Anmerkungen von Martin Kempen],
	Jena 1667 (25: E 3483 d)
ders.	Der Neu-Sprossende Teutsche Palmbaum. Oder Ausführlicher Bericht / Von der Hochlöblichen Fruchtbringenden Gesellschaft Anfang / Absehn / Satzungen / Eigenschaft / und deroselben Fortpflantzung . . . hervorgegeben Von dem Sprossenden,
	Weimar o. J. [1668] (25: E 4048 0)
NEUMEISTER, ERDMANN	Specimen dissertationis Historico-Criticae De Poetis Germanicis hujus seculi praecipuis,
	o. O. 1695 (21: Dg 9)
OLEARIUS, JOHANN	Biblische Erklärung Darinnen / nechst dem allgemeinen Haupt-Schlüssel Der gantzen heiligen Schrifft / I. Bey einem ieden Buch 1. Die Benahmung. 2. Die Summarische Verfassung . . . II. Bey ieglichem Capitul 1. Die Summarische Vorstellung. 2. Die richtige Abtheilung,
	Leipzig 1678 (eigenes Exemplar)
OMEIS, DANIEL	Gründliche Anleitung zur Teutschen accuraten Reim- und Dichtkunst / durch richtige Lehr-Art / deutliche Reguln und reine Exempel vorgestellet. Hierauf folget eine Teutsche Mythologie,
	Nürnberg 1704 (23: Um)

OPITZ, MARTIN	Die Psalmen Davids und Episteln Der Sontage und Fürnembsten Feste deß gantzen Jahrs, Dantzigk 1639 (BNU Str.: Bh 112657)
OPITZ, MARTIN	Buch von der deutschen Poeterei, hg. Wilhelm Braune, Tübingen 1954 (Neudrucke deutscher Literaturwerke, begründet von W. Braune, hg. R. Alewyn und L. E. Schmitt, Nr. 1)
PANCRATIUS, ANDREAS	Methodus concionandi, Monstrans Verum Et necessarium artis Rhetoricae in Ecclesia usum, Witebergae 1574 (23: Ti 369)
ders.	Christliche Catechismi-Predigten / Darinnen die Heiligen Zehen Gebott / nach Rhetorischer Disposition / mit sonderm Fleiß erkläret . . . an Tag geben von Salomonem Codomanum, Frankfurt am Main 1604 (23: 106.3 Theol. 4°)
PESCHWITZ, GOTTFRIED VON	Jüngst-Erbauter Hoch-Teutscher Parnaß / Das ist / Anmuthige Formeln / Sinnreiche Poetische Beschreibungen / und Kunst-zierliche verblühmte Arten zu reden / aus den besten und berühmtesten Poeten unserer Zeit / mit Fleiß zusammen getragen / und / auff drängliches Anhalten guter Freunde / Der Poetisirenden Jugend zu Nutz heraus gegeben, Jena 1663 (12: P. o. germ. 1058 q)
PONTANUS, JACOB	Poeticarum institutionum Libri Tres. Eiusdem Tyrocinium Poeticum, Ingolstadii 1594 (25: D 4777 n)
PRASCH, JOHANN LUDWIG	Gründliche Anzeige / Von Fürtrefflichkeit und Verbesserung Teutscher Poesie. Samt einer Poetischen Zugabe, Regenspurg 1680 (12: P. o. germ. 1095 p)
QUINTILIAN	M. Fabii Quintiliani oratoriarum institutiorum libri XII. Joach. Camerarii, Joh. Sichardi aliorumque opera illustrati, Basileae 1548 (35: IV 9Cª 520)
ders.	Institutionis oratoriae libri XII, ed. L. Radermacher, 2 vols., Leipzig (Teubner) 1907—1935
RADAU S. J., MICHAEL	Orator extemporaneus, sive artis oratoriae breviarium. Olim a Georgio Beckhero, Elbingensi editum, nuper vero Michaeli Radau S. J. . . . Accesserunt B. Z. Boxhorni Ideae Orationum, Lipsiae 1664 (25: D 4912)
RICHTER, DANIEL	Thesaurus Oratorius Novus. Oder Ein neuer Vorschlag / wie man zu der Rednerkunst / nach dem Ingenio dieses Seculi, gelangen / und zugleich eine Rede auf unzehlich viel Arten verändern könne, Nürnberg 1660 (35: Lg 1240)

RINCKART, MARTIN	Summarischer Discurs und Durch-Gang / Von Teutschen Versen / Fußtritten und vornehmsten Reim-Arten, Leipzig 1645 (7 : 8° Poet. germ. I 1294)
RIST, JOHANN	Rettung der Edlen Teutschen Hauptsprache / Wider alle deroselben muhtwillige Verderber und alamodesirende Auffschneider, Hamburg 1642 (24 : Phil. oct. 6060)
RIVETUS, ANDREAS	Isagoge, seu Introductio generalis, ad Scripturam Sacram Veteris et Novi Testamenti, Lugduni Batavorum 1627 (23 : 196.3 Theol.)
ROST, GEORG	Heldenbuch vom Rosengarten. Oder Gründlicher und Apologetischer Bericht von den Newen Himlischen Propheten / Rosenkreutzern / Chiliasten und Enthusiasten / Welche ein new Irrdisch Paradiß und Rosengarten auff dieser Welt ertrewmen / und allerley Schrifftlose und Untheologische paradoxa und Irrthumb in der werthen Christenheit / öffentlich außsprengen, Rostock 1622 (24 : Kirch. G. q^t 1899)
ROTTH, ALBRECHT CHRISTIAN	Vollständige Deutsche Poesie / in drey Theilen / Deren der I. Eine Vorbereitung / In welcher die gantze Prosodia enthalten / . . . II. Eine fernere Anleitung . . . III. Eine richtige Einleitung zu den vor andern so beniemten Poetischen Gedichten, Leipzig 1688 (18 : A 23739)
SANCTIUS S. J., GASPAR	In Canticum Canticorum Commentarij. Cum expositione Psalmi LXVII. Quem in Canticis respexisse videtur Salomon, Lugduni 1616 (23 : 25 Theol. 4°)
SCALIGER, JULIUS CAESAR	Iulii Caesaris Scaligeri a Burden, viri clarissimi, Poetices libri septem . . . Ex recognitione Iosephi Scaligeri. Editio Quarta, s. l. [Heidelberg] 1607 (eigenes Exemplar)
SCHELWIG, SAMUEL	Entwurff / Der Lehrmäßigen Anweisung Zur Teutschen Ticht-Kunst, Wittenberg 1671 (7 : Poet. germ. I 60)
SCHOTTEL, JUSTUS GEORG	Teutsche SprachKunst / Darinn die Allerwortreichste / Prächtigste / reinlichste / vollkommene / Uhralte Hauptsprache der Teutschen auß jhren Gründen erhoben / dero Eigenschafften und Kunststücke völliglich entdeckt / und also in eine richtige Form der Kunst zum ersten mahle gebracht worden. Abgetheilet in Drey Bücher, Braunschweig 1641 (25 : E 3501 b)
ders.	Ausführliche Arbeit Von der Teutschen HaubtSprache / Worin enthalten Gemelter dieser HaubtSprache Uhrankunft / Uhraltertuhm / Reinlichkeit / Eigenschaft /

	Vermögen / Unvergleichlichkeit / Grundrichtigkeit / zumahl die SprachKunst und VersKunst Teutsch und guten theils Lateinisch völlig mit eingebracht. Abgetheilet In Fünf Bücher,
	Braunschweig 1663 (25: E 3501)
SCHUPP, JOHANN BALTHASAR	Doct: Joh: Balth: Schuppii Schrifften,
	o. O. u. J. [Hanau 1663] (25: E 7169)
ders.	Der Teutsche Lehrmeister. Mit einer Einleitung u. Anmerkungen hg. Paul Stötzner, Leipzig 1891 (Neudrucke pädag. Schriften Nr. 3).
SCULTETUS, ABRAHAM	Medulla Theologiae Patrum: Qui a temporibus Apostolorum ad Concilium usq. Nicenum floruerunt,
	Ambergae 1598 (23: 259 ad 261 Theol. 4°)
ders.	Axiomata concionandi practica, Edita per M. Christianum Kyfertum,
	o. O. u. J. (23: 403.17 Quodl.)
SIEBER, JUSTUS	Davids / Des Israelitischen Königs und theuren Prophetens Harffen-Psalme / nach Sang-üblichen Weisen in Teutsche Lieder versetzt,
	Pirn 1685 (35: I 157/Z 13)
STIELER, KASPAR	Teutsche Sekretariat-Kunst / Was sie sey / worvon sie handele / was darzu gehöre / welcher Gestalt zu derselben glück- und gründlich zugelangen / was maßen ein Sekretarius beschaffen seyn solle / worinnen deßen Amt / Verrichtung / Gebühr und Schuldigkeit bestehe / auch was zur Schreibfertigkeit und rechtschaffener Briefstellung eigentlich und vornehmlich erfordert werde, heraus gegeben von dem Spahten,
	Nürnberg 1673 [Bd. II 1674] (23: 35.1 Rhet.)
ders.	Der Teutschen Sprache Stammbaum und Fortwachs / oder Teutscher Sprachschatz / Worinnen alle und iede teutsche Wurzeln oder Stammwörter / soviel deren annoch bekant und ietzo im Gebrauch seyn / nebst ihrer Ankunft / abgeleiteten / duppelungen / und vornemsten Redarten / mit guter lateinischen Tolmetschung und Kunstgegründeten Anmerkungen befindlich, gesamlet von dem Spaten,
	Nürnberg 1691 (25: E 3627 m)
TALAEUS, AUDOMARUS	Rhetorica, E. P. Rami Regii Professoris Praelectionibus Observata,
	Francofurti 1575 (25: D 4923 ad)
TESMARUS, JOHANNES	Exercitationum Rhetoricarum Libri VIII. Quorum Primi quinque Analytici sunt, Exempla ex illustribus Poetis, Historicis, et Oratoribus . . . Reliqui tres Synthetici sunt, dispositionem adumbrantes Carminum, Epistolarum, Orationum, quibus exaedificandis et illustrandis iidem dicendi usum sibi comparabunt,
	Amstelodami 1657 (35: IV 9Ca 554)

THILO, VALENTIN	Pathologia oratoria sive adfectuum movendorum ratio, Regiom. 1647 (23: 142.29 Rhet. 12°)
ders.	Topologia oratoria, Seu Praxis Locorum Dialecticorum, in oratoriis, Brevibus Praeceptis exposita, Classicis Exemplis confirmata, Distinctis Ideis seu Thematum Dispositionibus illustrata, Amstelodami [2. Aufl.] 1653 (23: 140.34 Rhet. 12°)
TITZ, JOHANN PETER	Zwey Bücher Von der Kunst Hochdeutsche Verse und Lieder zu machen, Dantzig 1642 (21: Dh 102)
TREUER, GOTTHILF	Deutscher Dädalus / Oder Poetisches Lexicon, Begreiffend ein Vollständig-Poetisches Wörter-Buch in 1300. Tituln / aus der berühmten Poeten . . . Schrifften gesammlet . . . außgefertiget zum Andernmal. Mit einer Vorrede Herrn Augusti Buchners, [2 Bde.], Berlin [2. Aufl.] 1675 (24: Phil. oct. 6416)
TSCHERNING, ANDREAS	Deutscher Getichte Früling, Breßlaw 1642 (7: 8° Poet. Germ. II 6612)
ders.	Unvorgreiffliches Bedencken über etliche mißbräuche in der deutschen Schreib- und Sprach-kunst / insonderheit der edlen Poeterey. Wie auch Kurtzer Entwurff oder Abrieß einer deutschen Schatzkammer / Von schönen und zierlichen Poëtischen redens-arten / umbschreibungen / und denen dingen / so einem gedichte sonderbaren glantz und anmuht geben können, Lübeck 1659 (7: Phil. oct. 6426)
TYMPIUS, MATTHAEUS	Dormi secure: Vel Cynosura Professorum ac studiosorum eloquentiae, in qua centum et viginti Themata oratoria. De novo emendata et thematis aliquot aucta. Tres partes, Coloniae Agrippinae 1620 (7: 8° Ling IV 5644)
URSINUS, JOHANN HEINRICH	Arboretum Biblicum, In quo Arbores et frutices passim in S. Literis occurrentes, Notis Philologicis Philosophicis, Theologicis, exponuntur et illustrantur, Norimbergae 1663 (25: L 8977)
VOSSIUS, GERHARD	Oratoriarum Institutionum Libri Sex. Editio secunda ab autore recognita et altera parte aucta, Francofurti 1617 (25: D 368 a)
ders.	De Logices et Rhetoricae Natura et Constitutione Libri II, Hagae-Comitis 1658 (25: B 2340 d)
WESTHEMERUS, BARTHOLOMAEUS	Tropi insigniores veteris atque novi testamenti, summa cura per Bartholomeum Westhemerum collecti, Basileae 1528 (23: 962 Theol. 8°)
ders.	Troporum, Schematum, Idiomatumque Communium Liber, ex omnibus Orthodoxis Ecclesiae patribus singulari industria tam collectus, quam in ordinem con-

venientissimum, hoc est Alphabeticum, dispositus: ut sine omni scrupulo studiosus rerum divinarum, Veteris et Novi Testamenti scripta, quae phrasim peculiarem, et loquendi modos Hebraico more proprios habere, et nodos prius etiam Theologis summis incognitos, dissolvere queat,
Basileae 1561 (23: 66 Theol. 4°)

WINKELMANN, HANS JUST Nutz- und Schutzschrift Vor Das merkwürdige Alterthum / erspriesliches Wachsthum / Christliche Gewonheit und kunstmässige Lehrart Der Gemälden / Sinnbildern / Lehrgeschichten / Gleichnüssen / Beyspielen / und Gedächtniskunst,
Oldenburg 1657 (23: Lo Sammelbd 81)

ders. [Stanislaus Mink von Weinsheim, Pseud.] PROTEUS. Das ist: Eine unglaubliche Lustnützliche Lehrart / in kurzer Zeit ohne Müh Deutsch- und Lateinische Vers zumachen / auch einen Französischen und Lateinischen Brief zuschreiben / Dem Hochlöblichen Frauenzimmer und der anwachsenden Jugend zu nutzlicher Ergötzlichkeit fürgestellet,
Oldenburg 1657 (23: Lo Sammelbd 81)

WITTE, HENNING Diarium Biographicum, In quo scriptores seculi post natum Christum XVII. praecipui . . . concise descripti magno adducuntur numero. Ex variis, tam editis, quam aliunde acquisitis monumentis literalis, indefesso studio ac maximo labore confectum,
Gedani et Rigae 1688—91 (25: A 875)

ders. Memoriae Theologorum nostri seculi clarissimorum renovatae,
Francofurti 1674 (23: 334.1 Hist.)

ders. Memoriae Philosophorum, Oratorum, Poetarum, Historicorum, et Philologorum nostri seculi clarissimorum renovatae,
Francofurti 1679 (23: 334.5 Hist.)

ders. Repertorium Biblicum . . . Editio Secunda,
Rigae 1689 (BNU Str.: E 161733)

ZEILLER, MARTIN 606 Episteln oder Send-schreiben Von allerhand Politischen Historischen und anderen sachen gestellt und verfertiget,
Marburg [2. Aufl.] 1656 (23: 36.2 Rhet.)

ZESEN, PHILIPP VON Hoch-Deutscher Helikon / oder Grundrichtige Anleitung zur Hoch-deutschen Dicht- und Reim-Kunst,
Jena [4. verm. Aufl.] 1656 (23: Um)

ders. Salomons / des Ebreischen Königes / Geistliche Wohllust oder Hohes Lied; In Palmen- oder dattel-reimen / . . . fürgestellet durch Filip von Zesen,
Amsterdam 1657 (25: E 7546)

ZWINGER, THEODOR

Theatrum Humanae Vitae Theodori Zvingeri Bas. Tertiatione Novem Voluminibus locupletatum interpolatum, renovatum Jacobi Zvingeri Fil. recognitione, Basileae s. a. [1604?]   (25 : A 7605 f)

2. Literatur

ALEWYN, R.

Vorbarocker Klassizismus und griechische Tragödie. Analyse der „Antigone"-Übersetzung des Martin Opitz, Darmstadt ²1962

ders.

Deutsche Barockforschung. Dokumentation einer Epoche, Köln, Berlin 1965 (= Neue Wissenschaftliche Bibliothek, Literaturwissenschaft 7).

ALTANER, B.

Patrologie. Leben, Schriften und Lehre der Kirchenväter, Freiburg-Basel-Wien ⁶1960

ARBUSOW, L.

Colores Rhetorici, hg. H. Peter, Göttingen ²1963

ARGAN, G. C.

La „Retorica" e l'arte barocca, in: Retorica e Barocco, Atti del III Congresso Internazionale di Studi Umanistici, a cura di Enrico Castelli, Roma 1955, p. 9—14

ATKINS, J. W. H.

Literary Criticism in Antiquity. A sketch of his development, 2 vols., London ²1952

AUERBACH, E.

Sermo humilis, RF 64 (1952) 304—364

ders.

Epilegomena zu Mimesis, RF 65 (1953) 1—18

ders.

Mimesis. Dargestellte Wirklichkeit in der abendländischen Literatur, Bern ³1964

BACHEM, R.

Dichtung als verborgene Theologie. Ein dichtungstheoretischer Topos vom Barock bis zur Goethezeit und seine Vorbilder, Diss. Bonn 1955

BALDWIN, CH. S.

Medieval Rhetoric and Poetic (to 1400), Gloucester, Mass. 1959 (Repr.)

ders.

Ancient Rhetoric and Poetic, interpreted from representative works, Gloucester, Mass. 1959 (Repr.)

BARWICK, K.

Die Gliederung der rhetorischen τέχνη und die Horazische Epistula ad Pisones, Hermes LVII (1922) 1—62

ders.

Das rednerische Bildungsideal Ciceros, Abh. d. sächs. Akad. d. Wiss. zu Leipzig, phil.-hist. Klasse, Bd. 54, Heft 3, Berlin 1963

BEHRENS, I.

Die Lehre von der Einteilung der Dichtkunst vornehmlich vom 16. bis 19. Jahrhundert, Beihefte zur Zeitschrift für romanische Philologie, Heft 92, Halle 1940

BERGHÖFFER, CHR. W.

Martin Opitz' Buch von der deutschen Poeterei, [Diss. Göttingen] Frankf. a. M. 1888

BESTE, WILH.

Die bedeutendsten Kanzelredner der älteren lutherischen Kirche von Luther bis Spener, 3 Bde., Leipzig 1856—1886

BEUMANN, H.

Topos und Gedankengefüge bei Einhard, Arch. f. Kulturgesch. 33 (1951) 337—350

BLASS, FR.   Die attische Beredsamkeit, 4 Bde., Leipzig ²1887—1898
BÖCKMANN, P.   Formgeschichte der deutschen Dichtung, Bd. 1, Hamburg 1949
BORINSKI, K.   Die Antike in Poetik und Kunsttheorie, Leipzig 1914
ders.   Die Poetik der Renaissance und die Anfänge der litterarischen Kritik in Deutschland, Berlin 1886
BRINKMANN, H.   Zu Wesen und Form mittelalterlicher Dichtung, Halle 1928
BRINKSCHULTE, ED.   Julius Caesar Scaligers kunsttheoretische Anschauungen und deren Hauptquellen, Bonn 1914 (= Renaissance und Philosophie Bd. 10)
BUCK, AUG.   Italienische Dichtungslehren vom Mittelalter bis zum Ausgang der Renaissance, Tübingen 1952
ders.   Die „studia humanitatis" und ihre Methode, Bibl. d'humanisme et renaissance 21 (1959) 273—290
ders.   Romanische Dichtung und Dichtungslehre in der Renaissance, DVjs 33 (1959) 588—607
BÜTOW, A.   Die Entwicklung der mittelalterlichen Briefsteller bis zur Mitte des 12. Jahrhunderts, mit besonderer Berücksichtigung der Theorien der ars dictandi, Diss. Greifswald 1908
CAMPENHAUSEN, H. VON   Lateinische Kirchenväter, Stuttgart 1960 (Urban-Bücher Bd. 50)
ders.   Griechische Kirchenväter, Stuttgart ³1961 (Urban-Bücher Bd. 14)
CAPLAN, H.   The Four Senses of Scriptural Interpretation and the Medieval Theory of Preaching, Speculum vol. IV (1929) 282—290
ders.   Classical Rhetoric and the Medieval Theory of Preaching, Classical Philology 28 (1933) 73—96
CASTOR, GR.   Pléiade Poetics. A Study in Sexteenth-Century Thought and Terminology, Cambridge 1964
CONRADY, K. O.   Die Erforschung der neulateinischen Literatur. Probleme und Aufgaben, Euphorion 49 (1955) 413—445
ders.   Lateinische Dichtungstradition und deutsche Lyrik des 17. Jahrhunderts, Bonn 1962 (= Bonner Arbeiten zur deutschen Literatur Bd. 4)
                           Dazu: Rez. von L. Forster, Götting. Gelehrte Anzeigen 216 (1964) 63—69
CURTIUS, E. R.   Dichtung u. Rhetorik im Mittelalter, DVjs 16 (1938) 435—475
ders.   Mittelalterlicher und barocker Dichtungsstil, Modern Philology 38 (1941) 325—333
ders.   Mittelalterliche Literaturtheorien, ZrPh 62 (1942) 417—491
ders.   Die Lehre von den drei Stilen in Altertum und Mittelalter, RF 64 (1952) 57—70

CURTIUS, E. R. Europäische Literatur und lateinisches Mittelalter, Bern
²1954. Dazu: Rez. von E. Auerbach, RF 62 (1950)
237—245

ders. Gesammelte Aufsätze zur Romanischen Philologie,
München und Bern 1960

DILTHEY, WILH. Die Funktion der Anthropologie in der Kultur des 16.
und 17. Jahrhunderts, in: W. Dilthey, Ges. Schriften,
Bd. 2, Stuttgart u. Göttingen ⁶1960

DOCKHORN, K. Wordsworth und die rhetorische Tradition in England,
Nachr. der Akad. d. Wiss. in Göttingen, phil.-hist.
Klasse, Jg. 1944, S. 255—292

ders. Die Rhetorik als Quelle des vorromantischen Irratio-
nalismus in der Literatur- und Geistesgeschichte,
Nachr. d. Akad. d. Wiss. in Göttingen, phil.-hist.
Klasse, Jg. 1949, S. 109—150
Dazu: Rez. von H. Friedrich, RF 65 (1953) 174—176

ders. „Memoria" in der Rhetorik, Archiv für Begriffsgesch.
9 (1964) 27—35

EHRISMANN, G. Studien über Rudolf von Ems. Beiträge zur Geschichte
der Rhetorik und Ethik im Mittelalter, SB Heidelberg,
phil.-hist. Klasse, 1919

EIZEREIF, H. „Kunst: eine andere Natur." Historische Untersuchungen zu einem dichtungstheoretischen Grundbegriff,
Diss. Bonn 1952 (Masch.)

FABER DU FAUR, C. v. German Baroque Literature. A catalogue of the
collection in the Yale University Library, New Haven,
Yale University Press, 1958

FARAL, ED. Les Arts Poétiques du XIIᵉ et du XIIIᵉ Siècle.
Recherches et Documents, Paris 1923

FISKE, C. Cicero's de Oratore and Horace's Ars Poetica, University of Wisconsin Studies in Lang. and Lit., No. 27,
Madison 1929

FRICKE, G. Die Sprachauffassung in der grammatischen Theorie
des 16. u. 17. Jahrhunderts, Zeitschrift f. dt. Bildung 9
(1933) 113—123

FRIEDRICH, H. Epochen der italienischen Lyrik, Frankfurt am Main
1964

FUHRMANN, M. Das systematische Lehrbuch. Ein Beitrag zur Geschichte der Wissenschaften in der Antike, Göttingen
1960

GARIN, E. Geschichte und Dokumente der abendländischen Pädagogik I, Mittelalter, Hamburg 1964 (rde Bd. 205/206)

ders. Geschichte und Dokumente der abendländischen Pädagogik II, Humanismus, Hamburg 1966 (rde Bd. 250/251)

GÖBEL, M. Die Bearbeitungen des Hohenliedes im 17. Jahrhundert, Diss. Leipzig 1914

GOMPERZ, H. Sophistik u. Rhetorik. Das Bildungsideal in seinem
Verhältnis zur Philosophie des V. Jahrhunderts, Leipzig
und Berlin 1912

GRANT, M. A. and
G. C. FISKE

Cicero's „Orator" and Horace's „Ars Poetica", Harvard Studies in Classical Philology, Vol. XXXV, Cambridge (Mass.) 1924, p. 1—74

GRÄSSE, JOH. GG. TH.

Lehrbuch einer allgemeinen Literärgeschichte aller bekannten Völker der Welt von der ältesten bis auf die neueste Zeit, Bd. III, 1 (Das sechzehnte Jahrhundert), Leipzig 1852, Bd. III, 2 (Das siebzehnte Jahrhundert), Leipzig 1853

HACK, R. K.

The Doctrine of Literary Forms, Harvard Studies in Classical Philology XXVII (1916) 1—66

HALLIER, CH.

Johann Matthaeus Meyfart. Ein Beitrag zur Geschichte der lutherischen Orthodoxie, Diss. Frankfurt 1928

HALM, C.

Rhetores Latini minores, Lipsiae 1863

HENDRICKSON, G. L.

The origin and meaning of the ancient characters of style, American Journal of Philology 26 (1905) 249—290

HOCKE, G. R.

Manierismus in der Literatur. Sprach-Alchimie und Esoterische Kombinationskunst, Hamburg 1959 (rde 82/83)

HOWES, R. F., (HG.)

Historical Studies of Rhetoric and Rhetoricians, Cornell Univ. Press, Ithaca, N. Y., 1961.

HÖPFNER, E.

Reformbestrebungen auf dem Gebiete der deutschen Dichtung des 16. und 17. Jahrhunderts, Jahresbericht des Kaiser-Wilhelm-Gymnasiums in Berlin VI, Berlin 1866, S. 3—45

JENNRICH, W. A.

Classical Rhetoric in the New Testament, The Classical Journal 44 (1948/49) 30—32

JENSEN, CHR.

Herakleides von Pontos bei Philodem und Horaz, SB Berlin, phil.-hist. Klasse 1936, S. 292 ff.

JOACHIMSEN, P.

Aus der Vorgeschichte des „Formulare und Deutsch Rhetorica", ZfdA 37 (1893) 24—121

ders.

Frühhumanismus in Schwaben, Württemberg. Vierteljahrshefte f. Landesgeschichte, N. F. V (1897) 63—126, 257—291

ders.

Loci communes. Eine Untersuchung zur Geistesgeschichte des Humanismus und der Reformation, Luther-Jahrbuch 1926, S. 27—97

KAYSER, JOH.

De veterum arte poetica quaestiones selectae, Diss. Leipzig 1906

KAYSER, W.

Die Klangmalerei bei Harsdörffer. Ein Beitrag zur Geschichte der Literatur, Poetik und Sprachtheorie der Barockzeit, Leipzig 1932 (= Palaestra 179)

ders.

Lohensteins Sophonisbe als geschichtliche Tragödie, GRM 29 (1941) 20—39

ders.

Die Wahrheit der Dichter, Hamburg 1959 (rde Bd. 87)

KORTE, G.

P. Christian Brez O. F. M. Ein Beitrag zur Erforschung des barocken Schrifttums, Franziskanische Forschungen, Heft 1, Werl i. W. 1935

KROLL, WILH.

Studien über Ciceros Schrift de oratore, Rhein Museum LVIII (1903) 552—597

KROLL, WILH.   Cicero und die Rhetorik, Neue Jb. f. d. Klass. Altertum 11 (1903) 681—689

ders.   Die historische Stellung von Horazens Ars Poetica, Sokrates 72 (1918) 81—98

ders.   Rhetorik, in: Pauly-Wissowa, Real-Encyclopädie, Suppl. VII, Stuttgart 1940, p. 1039—1138

LANGE, KL.   Geistliche Speise. Untersuchungen zur Metaphorik der Bibelhermeneutik, Diss. Kiel 1962

LAUSBERG, H.   Handbuch der literarischen Rhetorik. Eine Grundlegung der Literaturwissenschaft, 2 Bde., München 1960
Dazu: Rez. von A. Rüegg, ZrPh 77 (1961) 550—551
Rez. von K. Dockhorn, GGA 214 (1962) 177—196
Rez. von W. Schmid, Archiv 200 (1964) 451—462

LUNDING, E.   Stand und Aufgaben der deutschen Barockforschung, Orbis litterarum 8 (1950) 27—91

LUNDING, E.   Die deutsche Barockforschung. Ergebnisse und Probleme, WW 2 (1951/52) 298—306

MARKWARDT, B.   Geschichte der deutschen Poetik, Bd. I: Barock und Frühaufklärung, Berlin ²1958

MARROU, H.-I.   Saint Augustin et la fin de la culture antique, Paris 1938

MENENDEZ Y PELAYO, M.   Historia de las Ideas Esteticas en España, Madrid 1940

MERCHANT, I. M.   Seneca the Philosopher and his theory of style, American Journal of Philology 26 (1905) 44—59

MERTNER, E.   Topos und Commonplace, in: Strena Anglica, Festschrift für Otto Ritter, hg. G. Dietrich und F. W. Schulze, Halle 1956, S. 178—224

MÜLLER, G.   Neue Arbeiten zur deutschen Barockliteratur, Zeitschrift f. dt. Bildung 6 (1930) 325—333

ders.   Neue Arbeiten zur deutschen Barockliteratur, Zeitschrift f. dt. Bildung 9 (1933) 646—651

ders.   Neue Barockforschung, Dichtung und Volkstum 36 (1935) 108—119

MUNTEANO, B.   L'Abbé Du Bos esthéticien de la persuasion passionnelle, Revue de littérature comparée 30 (1956) 318—350

ders.   Principes et structures rhétoriques, Revue de littérature comparée 31 (1957) 388—420

ders.   Humanisme et Rhétorique. La survie littéraire des rhéteurs anciens, Revue d'Histoire Littéraire de la France 58 (1958) 145—156

ders.   Constantes humaines en littérature. L'éternel débat de la „raison" et du „coeur". In: Stil- und Formprobleme in der Literatur. Vorträge des VII. Kongresses der Internationalen Vereinigung für moderne Sprachen und Literaturen Heidelberg, hg. P. Böckmann, Heidelberg 1959, S. 66—77

NORDEN, ED.   Die Composition und Litteraturgattung der Horazischen Epistula ad Pisones, Hermes XL (1905) 481—528

NORDEN, ED.   Die antike Kunstprosa vom VI. Jahrhundert v. Chr. bis in die Zeit der Renaissance, 2 Bde., Darmstadt ⁵1958

OHLY, FR.   Vom geistigen Sinn des Wortes im Mittelalter, ZfdA 89 (1958) 1—23

PAULSEN, FR.   Geschichte des gelehrten Unterrichts auf den deutschen Schulen und Universitäten vom Ausgang des Mittelalters bis zur Gegenwart, 2 Bde., Leipzig 1896/97

PERRIN, P. G.   Text and reference books in rhetoric before 1750. Part. of diss. Univ. of Chicago 1936, Chicago 1940

PETERSEN, P.   Geschichte der Aristotelischen Philosophie im protestantischen Deutschland, Leipzig 1921

PÖGGELER, O.   Dichtungstheorie und Toposforschung, Jahrbuch für Aesthetik und allg. Kunstwissenschaft Bd. V, Köln 1960, S. 89—201

QUADLBAUER, FR.   Die antike Theorie der genera dicendi im lateinischen Mittelalter, Österr. Akad. d. Wiss., phil.-hist. Klasse, Sitzungs-Ber., Bd. 241, 2, Wien 1962

RITTER, G.   Die geschichtliche Bedeutung des deutschen Humanismus, HZ 127 (1923) 393—435

SCHERER, E. CL.   Geschichte und Kirchengeschichte an den deutschen Universitäten. Ihre Anfänge im Zeitalter des Humanismus und ihre Ausbildung zu selbständigen Disziplinen, Freiburg 1927

SCHIAFFINI, ALFR.   Rivalutazione della Retorica, ZrPh 78 (1962) 503—518

SCHÖNE, ALBR.   Emblemata. Versuch einer Einführung, DVjs 37 (1963) 197—231

ders.   Das Zeitalter des Barock. Texte und Zeugnisse, München 1963 (= Die deutsche Literatur. Texte und Zeugnisse. Im Verein mit H. de Boor etc. hg. W. Killy, Bd. 3)

SCHULTE, H. K.   Orator. Untersuchungen über das ciceronianische Bildungsideal, Frankfurter Studien zur Religion und Kultur der Antike, Bd. XI, Frankfurt a. M., o. J. [1935]

SPINGARN, J. E.   A History of Literary Criticism in the Renaissance, New York ²1908

STACKELBERG, J. V.   Das Bienengleichnis. Ein Beitrag zur Geschichte der literarischen Imitatio, RF 68 (1956) 271—293

STEFANINI, L.   Retorica, Barocco e personalismo, in: Retorica e Barocco, Atti del III Congresso Internazionale di Studi Umanistici, a cura di Enrico Castelli, Roma 1955, p. 217—223

SÜSS, WILH.   Ethos. Studien zur älteren griechischen Rhetorik, Leipzig und Berlin 1910

ders.   Das Problem der lateinischen Bibelsprache, Hist. Vierteljahrsschrift 27 (1932) 1—39

TAGLIABUE, G. M.   Aristotelismo e Barocco, in: Retorica e Barocco, Atti del III Congresso Internazionale di Studi Umanistici, a cura di Enrico Castelli, Roma 1955, p. 119—195

THOLUCK, A. Lebenszeugen der lutherischen Kirche aus allen Ständen vor und während der Zeit des dreißigjährigen Krieges, Berlin 1859

TOPITSCH, E. Der Gehalt der Ars poetica des Horaz, Wiener Studien 66 (1953) 117—130

TRUNZ, E. Der deutsche Späthumanismus um 1600 als Standeskultur, Zeitschrift für Geschichte der Erziehung 21 (1931) 17—53
Wiederabdruck in: Deutsche Barockforschung. Dokumentation einer Epoche, hg. R. Alewyn, Köln, Berlin 1965, S. 147—181

ders. Die Erforschung der deutschen Barockdichtung, DVjs 18 (1940) Ref.-Heft

ders. Weltbild und Dichtung im deutschen Barock, in: Aus der Welt des Barock, Stuttgart 1957, S. 1—35

UNGER, H. H. Die Beziehungen zwischen Musik und Rhetorik im 16. bis 18. Jahrhundert, [Diss. Berlin] Würzburg 1941

VEIT, W. Toposforschung. Ein Forschungsbericht, DVjs 37 (1963) 120—163

VOLKMANN, R. Die Rhetorik der Griechen und Römer, Leipzig ³1901

VOSSLER, K. Poetische Theorien in der italienischen Frührenaissance, Berlin 1900

WEHRLI, FR. Der erhabene und schlichte Stil in der poetisch-rhetorischen Theorie der Antike. In: Phyllobolia. Festschrift für Peter von der Mühll, hg. O. Gigon, Basel 1946, S. 9—34

ders. Die antike Kunsttheorie und das Schöpferische, Museum Helveticum 14 (1957) 39—49

WEINBERG, B. A History of Literary Criticism in the Italian Renaissance, 2 vol., Chicago 1961

WEINRICH, H. Das Ingenium Don Quijotes. Ein Beitrag zur literarischen Charakterkunde, Münster 1956 (= Forschungen zur romanischen Philologie, Heft 1)

ders. Münze und Wort. In: Romanica, Festschrift für G. Rohlfs, hg. H. Lausberg und H. Weinrich, Halle 1958

ders. Die clarté der französischen Sprache und die Klarheit der Franzosen, ZrPh 77 (1961) 528—544

ders. Semantik der kühnen Metapher, DVjs 37 (1963) 325—344

WELLEK, R. The concept of baroque in literary scholarship, The Journal of Aesthetics and Art Criticism 5 (1946) 77—109

WUNDT, M. Die deutsche Schulmetaphysik des 17. Jahrhunderts, Tübingen 1939

WYCHGRAM, M. Quintilian in der deutschen und französischen Literatur des Barocks und der Aufklärung, Friedr. Mann's Pädagog. Magazin, Heft 803, Langensalza 1921

ZIELINSKI, THADD. Cicero im Wandel der Jahrhunderte, Leipzig ²1908

SACHREGISTER

A

acumen 150, 158, 161, 172
admiratio 89, 163 A. 6
Affektenlehre 83, 85, 87
Allegorie 54 f., 158 f.
  s. a. Ironie, Metapher
Altersbeweis 140, 168
Amphibolie 73
amplificatio 34, 49, 53 f., 59, 98
Anadiplose 84, 86, 94, 169
Anapher 87 A. 6, 97, 169
Anastrophe 73
Anekdote 31
Angemessenheit s. decorum
Antike; Entsprechung von — und Bibel
153, 156, 163; Parallelbelege aus — und
Bibel 156 f., 159 f., 169 f.; Verhältnis des
17. Jh.s zur — 7 f.; antike Literatur als
Vorbild 10, 114
Antonomasie 169
Apologie des Dichters 14, 37 ff., 129 ff.
  s. a. Argumente
Apostel als Gebildete und Redner 165, 170
Archaismen 68, 153
Argumentation 10, 14, 37 A. 4, 39, 114
Argumentationssystem 113 ff.
Argumente 43, 51, 54, 59 f., 81, 116, 174 f.
— Dichter und Pöbel 129 f.
— Klage über die Vielschreiberei 130
— Mitglied einer erlesenen Minderheit 133
— natura et ars 116 f.
— Rede als Abbild der Seele 74, 129
— Reimschmied 119, 130
— gegen die Verleumdung der Bibelsprache 137
— in allen Wissenschaften erfahren 123
ars dictaminis 12, 29 A. 1, 102
artes liberales 9, 63, 116
Asyndeton 135
Auszierung s. elocutio
Autorität; — der Antike 8, 69 A. 3; —
Luthers 152 f.; — der Kirchenväter 23,
87, 97, 114, 136 ff., 142 ff.

B

Barbarismus 38 A. 2
Begabung s. natura
belehren s. docere
Beschreibung s. descriptio
Bewunderung s. admiratio
Bibel 9, 62 f., 67, 114; Entsprechung von
Antike und — 153, 156, 163; Parallelbelege aus Antike und — 156 f., 159 f.,
169 f.; — als Autorität für Naturerkenntnis 155; — als medizinische Autorität
155 A. 2; — als Autorität für das praktische Leben 156; decorum in der — 162;
Inspiration der — 160; Ironie in der —
141, 158, 163 f.; Klimax in der — 166,
169, 171; — als Sprachkunstwerk 23,
137 ff., 160, 164, 166 f.; — als literarische
Quelle 157 f., 167; — als Vorbild für den
Endreim 141; — als Vorbild für Komplimente 167 f.; — enthält alle Wissenschaften 154
Bibelautoren als Gebildete 138 f., 165
Bibelexegese und Rhetorik 141, 162
Bibellatein 141
Bibelrhetorik 46, 137, 158 ff.
Bibelstil; niedriger Stil der Bibel 97, 137,
160; hoher Stil der Bibel 161
Bildung 116; literarische — 9;
  s. a. Universalbildung
Bildungsfeindlichkeit 116
Briefsteller s. Epistolographie

C

character dicendi 101 A. 1
Chiliasten 164
Christus als Redner 56, 159 f., 165, 172 f.
color 34, 145 f.
consensus eruditorum 69

D

decorum 15, 41, 67 f., 104 ff., 118 f., 135,
162, 167 f.; — vitae 105 f.; rhetorische
Psychologie des — 110; — in der Bibel 162
  s. a. Stil
definitio 45 f.; — per negationem 48

delectare s. docere
delectatio 78, 136, 163
descriptio 45 ff., 49, 148 f.
— des Rathauses 46
— der Liebe 47 f.
— des Menschen 48
— der Gottesfurcht 48
— des Freundes 48 f.
Deutlichkeit s. perspicuitas
Dichter; Apologie des — 14, 37 ff., 129 ff.;
  Aufgabe des — 88 f., 115; — als Idealbild 116 ff.; — als Lügner 145; Wesen
  des — 114 f.
  s. a. Redner; Reimschmied
Dichterlektüre 38
Dichtkunst; — als Amme aller Wissenschaften 126; Aufgabe der — 53; Definition der — 27; — schließt alle Künste in
  sich 125 f.
Dichtung; Aufgabe der — 29 f., 112, 113;
  Nutzen der — 92; — eine Art Redekunst
  14, 79
  s. a. decorum, docere, Prosa, Stil, Wirkung
dispositio 10, 14, 27, 32, 40, 42
docere, delectare, movere 34, 79 f., 82,
  84 ff., 92 f.
  s. a. persuasio
Dreistiltheorie s. Stil
Dummheit des Publikums 74

E
Elite 74, 129 ff., 133
Ellipse 135
elocutio 10, 12, 14, 27, 32 f., 40, 42, 66 ff.,
  76, 106
Eloquenz 26, 28, 30, 66
Emblem 121
enumeratio partium 49, 98 f., 113, 148
Epanalepse 84, 94 f.
Epanorthosis 87, 94, 98 (Definition)
Epistolographie 12 ff., 171
Epistrophe 36, 87, 94
Epizeuxis 36, 86, 149, 171
Erfindung s. inventio
eruditio 8 f., 51, 59
Ethos 99, 107, 109 A. 2
  s. a. Pathos
exclamatio 85, 87 A. 6, 95, 149, 170
exemplum 9, 14, 54

F
Fabel 31, 145
Figuren, rhetorische; ihre Bedeutung 82 f.,
  84 f.
Figurenlehre 33, 79, 83 ff., 89, 136, 171
  s. a. Affektenlehre, decorum, Rhetorik,
  Stil
Florilegien 8

G
Gebet 31
Gelehrsamkeit s. eruditio
Geisteskultur s. Metapher
Gemeinplatz s. Topik, loci communes
Gemüt 175 ff.
Gleichnis 54 f., 56, 74, 97; — der Bibel 56
  s. a. Metapher
Gott als Sprachkünstler 167
gradatio s. Klimax

H
historia 156
Homer als Vorbild 126 f.
Homiletik 11 f., 139
Homoeoteleuton 36
Humanismus 8 ff., 25, 67
Hypallage 95
hypotyposis s. enumeratio partium

I
imitatio 9 f., 11, 20
ingenium 51, 65, 117 ff.; Mangel an — 130
  — und iudicium 118 f.
Inspiration s. Bibel
inventio 10, 11 f., 14, 27, 32, 41 ff., 50, 63, 118
Ironie in der Bibel 141, 158, 163 f.
iudicium 69 A. 7, 118 f.

K
Kirchenlied 31 f.
Kirchenväter; — als Autoritäten 23, 97,
  114, 136 ff., 142 ff.; — als Stilvorbilder 23,
  144, 147, 149; — als Vorbilder für dich-
  tungstheoretische Fragen 145 ff.
Klage über die Vielschreiberei 130 f.
Klarheit s. perspicuitas
Klimax 94, 100, 149; — in der Bibel 166,
  169, 171
Komödie 31 f., 109 ff.

— und Poetik 27 ff., 31 ff., 35; — als Stillehre 83 f.; Wirkungsgeschichte der — 113
Roman 31

S

Sachwissen 7, 9, 40, 125
Scharfsinnigkeit s. acumen
Sentenzen 8, 97
similitudo 54 f.
Sprache; — als Abbild der Person 25; als Ebenbild des Hl. Geistes 162; — als Unterschied zu den Tieren 25; — als Zeichensystem 52 f., 72
Sprachgesellschaften 69
Sprachreinheit 68 ff.
Sprachtheorie des 17. Jh.s 40 A. 5, 52 f., 72
Sprichwörter 97
Stil; Definition des hohen — 97; hoher — in der Tragödie 109; mittlerer Stil 98; niedriger Stil 97, 100; Sachbezogenheit des — 102; Vergils Werke als Stilvorbild 94 f., 102 f.; Dreistiltheorie 91 f., 160; ständische Interpretation der Dreistiltheorie 101 f.; Funktion der rhetorischen Stillehre 16
s. a. decorum, Kirchenväter, Manierismus, Rhetorik
Symploke 36, 86
Synecdoche 84, 86, 95

T

taedium des Publikums 78
Topik 43ff., 57ff., 174f.; Lullianische — 31
s. a. Argument, locus, locus communis
Tragödie 31 f., 109 ff.

U

Überproduktion 131
Universalbildung 7, 40, 92, 122 ff.
Universalität der Gegenstände 40, 125 f.
Urteilskraft s. iudicium

V

varietas 78
Vergleiche 54 f.
s. a. Gleichnis, Metapher
Verständlichkeit s. perspicuitas
Verweisfunktion des Wortes 40 A. 5
Vielschreiberei 130 f.
Vollkommenheitsideal 124 f.

W

Wahrscheinlichkeit 49, 82, 89
Wirklichkeit 111 f.
Wirkung 79, 81 ff., 91; — als Funktion des Stils 16 f., 22
Wohlredenheit s. Eloquenz
Vergils Werke als Stilvorbilder 94 f., 102 f.

Z

Zeichenhaftigkeit der Sprache 52 f., 72

WICHTIGE WERKE
FÜR DEN GERMANISTEN

Dieter Bassermann   Der andere Rilke
Gesammelte Schriften aus dem Nachlaß · Herausgegeben von
Hermann Mörchen · 251 Seiten · Leinen · 14,80 DM

Peter Hallberg   Die isländische Saga
Aus dem Schwedischen von Hans-Georg Richert · 191 Seiten
Halbleinen · 10,80 DM

Volker Klotz   Bertolt Brecht
Versuch über das Werk · 3. wesentlich erweiterte und verbesserte
Auflage · 146 Seiten · broschiert · 11,80 DM

Bonaventura Tecchi   W. H. Wackenroder
Aus dem Italienischen von Claus Riessner
85/XXIII Seiten · Englische Broschur · 9,80 DM

René Wellek/Austin Warren   Theorie der Literatur
Aus dem Englischen von Edgar und Marlene Lohner · 418 Seiten
mit Anmerkungen, Bibliographie, Namen- und Sachregister
Leinen · 27,50 DM

Christian Wilke   Die letzten Aufzeichnungen Felix Hartlaubs
etwa 200 Seiten · broschiert · etwa 18,— DM

VERLAG DR. MAX GEHLEN

WICHTIGE WERKE
FÜR DEN GERMANISTEN

Karl Hauck   Zur Germanisch-Deutschen Heldensage
Sechzehn Aufsätze zum neuen Forschungsstand
XV/449 Seiten · Leinen · 24,– DM

Andreas Heusler   Die altgermanische Dichtung
Unveränderter Nachdruck der 2. neubearbeiteten und vermehrten
Ausgabe
250 Seiten mit 62 Abbildungen im Text · Leinen · 22,– DM

Hans Fromm   Der deutsche Minnesang
Aufsätze · X/456 Seiten · Leinen · 24,– DM

Günther Müller
Die deutsche Dichtung von der Renaissance bis zum Barock
262 Seiten mit 185 Abbildungen im Text und 15 Bildtafeln
Leinen · 38,– DM

Günther Müller   Geschichte des deutschen Liedes
336 und 48 Seiten Lieder-Anhang · Leinen · 24,– DM

Julius Schwietering   Die deutsche Dichtung des Mittelalters
311 Seiten mit 130 Abbildungen im Text und 16 Bildtafeln
Leinen · 38,– DM

Oskar Walzel   Gehalt und Gestalt im Kunstwerk des Dichters
412 Seiten mit 22 Abbildungen im Text und 3 Bildtafeln
Leinen · 38,– DM

HERMANN GENTNER
VERLAG